中世のうわさ

情報伝達のしくみ

新装版

酒井紀美

吉川弘文館

目次

挿図

表

本書で取りあげた「うわさ」の舞台

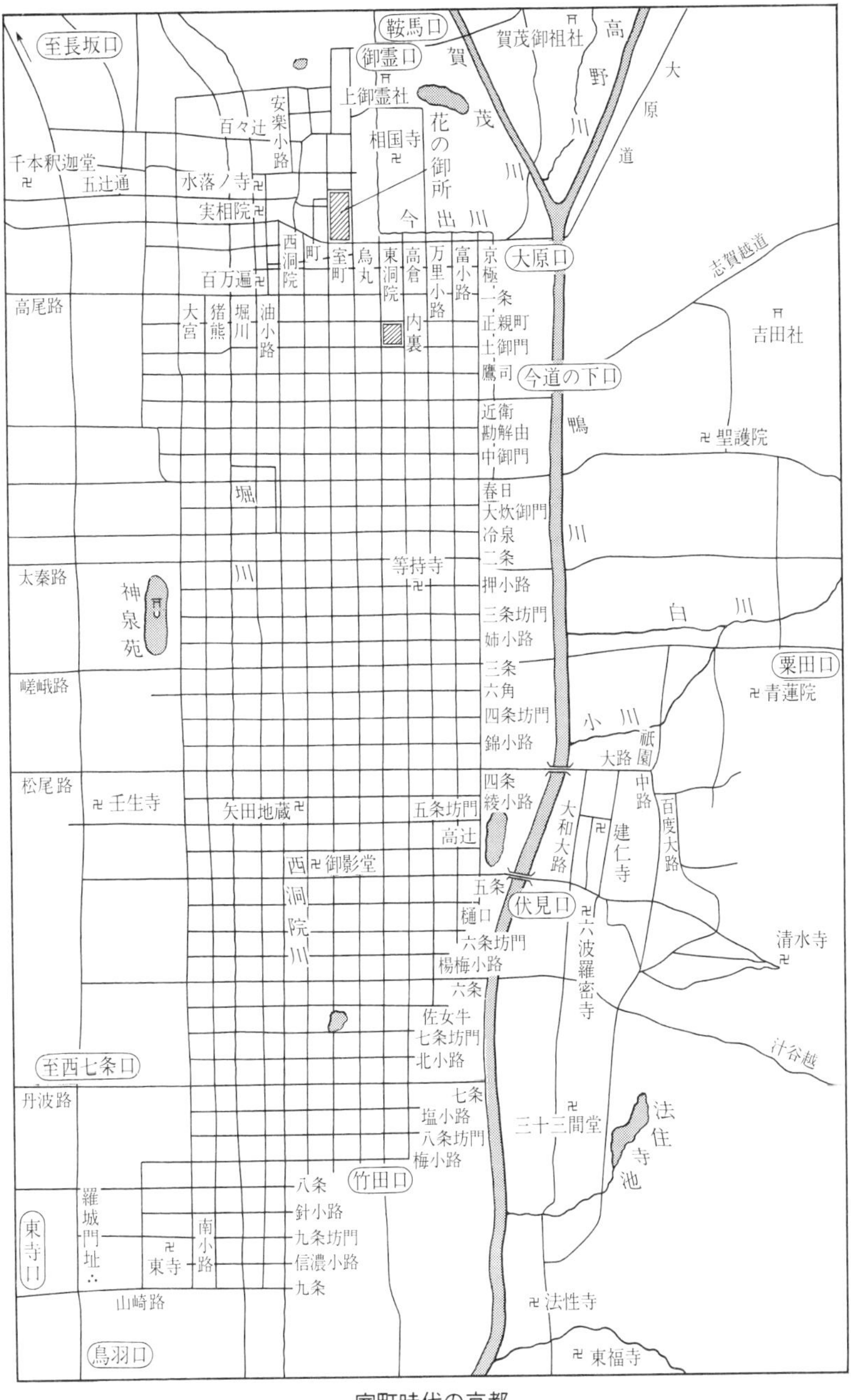
至長坂口
鞍馬口
賀茂御祖社
高野川
大原道
御霊口
上御霊社
賀茂川
安楽小路
百々辻
相国寺
花の御所
千本釈迦堂
五辻通
水落ノ寺
実相院
今出川
西洞院
町
室町
烏丸
東洞院
高倉
万里小路
富小路
京極
大原口
志賀越道
百万遍
一条
正親町
土御門
鷹司
今道の下口
高尾路
大宮
猪熊
堀川
油小路
内裏
吉田社
近衛
勘解由
中御門
鴨川
聖護院
春日
大炊御門
冷泉
二条
堀川
等持寺
押小路
三条坊門
姉小路
三条
六角
四条坊門
錦小路
太秦路
神泉苑
白川
粟田口
青蓮院
嵯峨路
小川
祇園大路
四条
綾小路
中路
百度大路
松尾路
壬生寺
矢田地蔵
五条坊門
高辻
大和大路
建仁寺
西御影堂
西洞院川
五条
伏見口
樋口
六波羅密寺
清水寺
六条坊門
楊梅小路
六条
佐女牛
七条坊門
北小路
汁谷越
至西七条口
丹波路
七条
塩小路
三十三間堂
法住寺池
八条坊門
梅小路
八条
竹田口
針小路
九条坊門
信濃小路
九条
羅城門址
東寺
南小路
東寺口
山崎路
法性寺
東福寺
鳥羽口

室町時代の京都

はしがき

人間の語るどんなことばも、時代に応じてそれぞれに違った響きをもっている。「うわさ」ということばもまた例外ではない。

今、「うわさ」と聞くと、私たちは「ゴシップ」とか「くちコミ」とかのような小さな範囲の非公式な情報というイメージをいだいてしまう。堂々と伝えるものというより、なにか少し秘密めいたひそやかなささやき、といった印象をぬぐいえない。一方、世界の各地で起こっている出来事は、テレビや新聞などのマスメディアを通じ、刻々とニュースとして大量に私たちのもとまで送られてくる。そのなかで「うわさ」は、そうした公的な広範囲の情報とは異質のもの、さして重要ではないものとして受けとめられている。

けれども、ずっと以前の時代にはそうではなかった。日本の中世社会の場合を考えてみれば、それがよくわかる。そこには、新聞やラジオやテレビなどのようなメディアはもちろんない。人びとのもとには、どこからも公式の見解など伝えられてはこない。大きな戦争が起こっても、新しい法が出されても、それをすべての人に知らせるための特別な手段などなかった。そこでは、人びとの口から耳へと伝えられる「うわさ」が頼りであった。もちろん中世社会には、人びとのあいだを多くの文書が行きかっていたし、人びとの集まる辻などには札が立てられて情報が伝えられることもあった。また、今日残されている膨大な古文書や古記録を見ても、この時代がいかに文字による伝達手段を大きく進展させていたかがよくわかる。しかし、それでもなお、日々の出来事の大半は「うわさ」によって広く伝えられていたのである。人びとの語る「うわさ」を抜きにしては、必要な情報を手に入れることは不可能であった。

そのような日本の中世社会に生きていた人びとにとって、「うわさ」とはいったいどのようなものだったのだろうか。彼らが「うわさ」に対していだいていた感覚は、おそらく今日の私たちのそれとは、ずいぶん違っていたことだろう。

◇　◇

おぼしきこといはぬは、げにぞ、はらふくるる心ちしける。かかればこそ、むかしの人は、ものいはまほしくなれば、あなをほりては、いひいれ侍りけめ。

「思っていることを言わずにいるのは、本当に腹のふくれる心地がします。そうだからこそ、昔の人は、ものを言いたくなったならば、穴を掘っては、そのなかに言い入れたのでしょう」ということばだけを見ると、まるであの、「王様の耳はロバの耳だよ！」と叫んだ床屋の話ではないだろうかと思われるかもしれない。しかし、これははるか遠い外国の物語のなかではなく、日本の平安時代の歴史物語『大鏡《おおかがみ》』の序に書かれていることばである。この歴史物語の全体を動かしていく二人の話し手のうちの一人、一九〇歳の翁大宅世継《おおやけのよつぎ》が、このように語ったとされている。興味深い話を聞いて、心に思うことが生じてきたとき、それを他の誰かに話さずにいることは、昔の人びとにとっても、なかなかにむずかしかったようである。それを語り合う相手がいないときには、なおさら、誰かに話したい、聞いてもらいたいと思う。それがかなわないなら、穴を掘って土の中に言い入れるという形ででもいいから話しておきたいという心理、これが「うわさ」を広めていく原動力である。「うわさ」の根源の力は、ここにある。こうして、人びとの口から耳へ、口から耳へと「うわさ」は広がっていく。そして、それはしばしば、実際にその「うわさ」の拡大に一役かった当の人びとの思惑をはるかに超えて、思いもかけない範囲にまで広がっていった。

彼らは、人から聞いた情報をただテープレコーダーのように機械的につぎの人に伝えるのではない。耳で聞いたそれをいったん自分のなかに取り込み、内容を再構成し、そして自分自身のことばにしてつぎの人に伝える。つぎの人もまた、そしてつぎの人もまた。こうして、なま身の人間の口や耳を通して伝えられ広がっていく「うわさ」には、それにかかわった膨大な人びとの意識、願いや望み、心配や恐れ、それらがないまぜになって、何層にも重なり合って刻みこまれていくことになる。それは、まるで多くの人間の手仕事によって織りあげられた織物のようである。

それだけに、「うわさ」を通してその時代の人びとの意識を探ろうという試みは、とても重要な意味をもっている。ひとつのまとまった書物のなかで展開される整然とした考え方とは違って、中世の人びとの日常のなかでの肉声が、そこからは聞こえてくるにちがいない。しかし、「うわさ」は絶えず動き続けている。動きながら広がっていく。私たちが目のあたりにできる現代社会の「うわさ」であっても、そのシッポをつかまえるのは容易なことではない。口から耳へという経路で広まる「うわさ」は、文字や映像のようなはっきりした痕跡を残してはくれないからである。ましてや、遠く古い中世という時代の「うわさ」を、たまたま残されている史料を手がかりにして追いかけるというのは、無謀な試みというべきかもしれない。

うまく中世の「うわさ」のシッポをつかまえられるかどうか、心許ないかぎりではあるが、ともかくも、中世社会の具体的な場面に登場してくる「うわさ」の姿をできるかぎり浮き彫りにしてみたいと思う。

料金受取人払郵便

本郷局承認

3864

差出有効期間
2022年7月
31日まで

郵便はがき

113-8790

東京都文京区本郷7丁目2番8号

吉川弘文館 行

愛読者カード

本書をお買い上げいただきまして、まことにありがとうございました。このハガキを、小社へのご意見またはご注文にご利用下さい。

お買上**書名**

＊本書に関するご感想、ご批判をお聞かせ下さい。

＊出版を希望するテーマ・執筆者名をお聞かせ下さい。

お買上
書店名　　区市町　　書店

◆新刊情報はホームページで　http://www.yoshikawa-k.co.jp/

◆ご注文、ご意見については　E-mail:sales@yoshikawa-k.co.jp

ふりがな ご氏名	年齢　　歳　男・女
〒 □□□-□□□□ ご住所	電話
ご職業	所属学会等
ご購読 新聞名	ご購読 雑誌名

今後、吉川弘文館の「新刊案内」等をお送りいたします(年に数回を予定)。
ご承諾いただける方は右の□の中に✓をご記入ください。　□

注 文 書

月　　日

書　　名	定　価	部　数
	円	部
	円	部
	円	部
	円	部
	円	部

配本は、○印を付けた方法にして下さい。

イ．下記書店へ配本して下さい。
(直接書店にお渡し下さい)

(書店・取次帖合印)

書店様へ＝書店帖合印を捺印下さい。

ロ．直接送本して下さい。
代金(書籍代＋送料・代引手数料)は、お届けの際に現品と引換えにお支払下さい。送料・代引手数料は、1回のお届けごとに500円です(いずれも税込)。

＊お急ぎのご注文には電話、FAXをご利用ください。
電話 03－3813－9151(代)
FAX 03－3812－3544

（ご注意）

・この用紙は、機械で処理しますので、金額を記入する際は、枠内にはっきりと記入してください。また、本票を汚したり、折り曲げたりしないでください。

・この用紙は、ゆうちょ銀行又は郵便局の払込機能付きＡＴＭでもご利用いただけます。

・この払込書を、ゆうちょ銀行又は郵便局の渉外員にお預けになるときは、引換えに預り証を必ずお受け取りください。

・ご依頼人様からご提出いただきました払込書に記載されたおところ、おなまえ等は、加入者様に通知されます。

・この受領証は、払込みの証拠となるものですから大切に保管してください。

収入印紙
課税相当額以上
貼　付

印

この用紙で「本郷」年間購読のお申し込みができます。

◆この申込票に必要事項をご記入の上、記載金額を添えて郵便局でお払込み下さい。

◆「本郷」のご送金は、４年分までとさせて頂きます。
　※お客様のご都合で解約される場合は、ご返金いたしかねます。ご了承下さい。

この用紙で書籍のご注文ができます。

◆この申込票の通信欄にご注文の書籍をご記入の上、書籍代金（本体価格＋消費税）に荷造送料を加えた金額をお払込み下さい。

◆荷造送料は、ご注文１回の配送につき500円です。

◆入金確認まで約７日かかります。ご諒承下さい。

振替払込料は弊社が負担いたしますから無料です。

※領収証は改めてお送りいたしませんので、予めご諒承下さい。

お問い合わせ　〒113-0033・東京都文京区本郷７―２―８
吉川弘文館　営業部
電話03-3813-9151　FAX03-3812-3544

この場所には、何も記載しないでください。

払込取扱票

02 東京

通常払込料金加入者負担

口座記号番号 00100-5-244

金額 千 百 十 万 千 百 十 円 ※

加入者名 株式会社 吉川弘文館

料金

備考

各票の※印欄は、ご依頼人において記載してください。

ご依頼人・通信欄

フリガナ

※お名前

郵便番号　電話

※ご住所

※

◆「本郷」購読を希望します

購読開始　　号より

1年 1000円 (6冊)　3年 2800円 (18冊)
2年 2000円 (12冊)　4年 3600円 (24冊)
(ご希望の購読期間に○印をお付け下さい)

日附印

裏面の注意事項をお読みください。(ゆうちょ銀行)(承認番号東第53889号)

これより下部には何も記入しないでください。

切り取らないでお出しください。

記載事項を訂正した場合は、その箇所に訂正印を押してください。

振替払込請求書兼受領証

口座記号番号 00100-5-244 通常払込料金加入者負担

加入者名 株式会社 吉川弘文館

金額 千 百 十 万 千 百 十 円 ※

ご依頼人 おなまえ ※　　様

料金

日附印

備考

この受領証は、大切に保管してください。

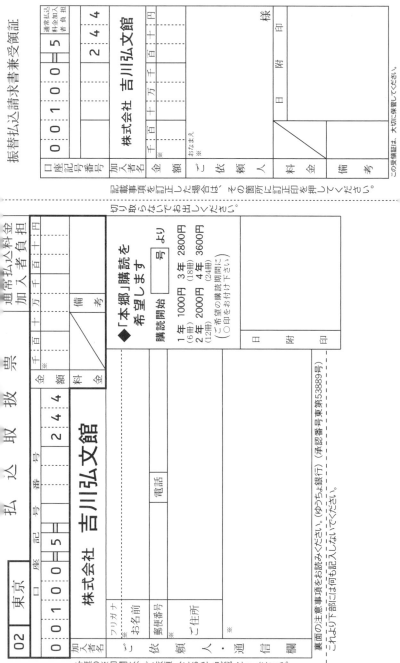

一　「うわさ」の力

「すさむ」は「すさぶ」「すさまじ」と同義語で人間の力では制御できずなりゆきのままになるという意がある。人意を越えて口から口へ勝手に広がっていくという、それ自体生きもののようなもの、「たましい」のあるもの、それが中世の「口遊《くちずさみ》」であった。

（瀬田勝哉「神判と検断」）

「うわさ」の守備範囲

ここにひとつ注目すべき指摘がある。

ジャン・ノエル・カプフェレによれば、情報伝達において、さまざまなメディアは、それぞれの守備範囲をもっているという。そして、それはまた、時代によっても変化していく。

――うわさは、もっとも古くからあるメディアであり、文字が書かれる以前では、口伝えの伝達が社会におけるコミュニケーションの唯一の経路であった。

――新聞、ラジオ、オーディオ・ヴィジュエルの爆発的発達も、うわさを消滅させはしなかった。

――それぞれのメディアは、それぞれの守備範囲をもつことになった。

このように、「うわさ」は新聞やラジオ・テレビなどの機械メディアが未発達な古い時代ほど、広い守備範囲をもっていたというのである。たしかに日本の中世社会の場合を考えてみても、「うわさ」は、今日の社会におけるよりもずっと多くの重要な情報を伝えている。戦争が起こった、大きな災害があった、反乱が起きているなどといった、今日ならば即時に新聞やテレビがニュースとして伝えるであろう「出来事」も、「うわさ」として広く人びとに伝えられている。今日の「うわさ」がもっている守備範囲よりもはるかに広い守備範囲を、中世の「うわさ」はフォローしていた。「うわさ」は、人びとにニュースをもたらす情報源として、今日よりもずっと大きな役割を果たしていたのである。

中世の人びとが書き残した日記のいくつかを開いてみると、そのことがよくわかる。貴族の日記であれ僧侶の日記であれ、「うわさ」について記していないものは皆無といってもいいほどである。わたしたちが今日、テレビや新聞によって伝えられる情報のうずのなかで暮らしているのと同様、中世の人びとは、「うわさ」によって伝えられる同時代の情報のなかで生きていたのだから、その記事が日記に頻繁に登場するのは当然のことなのにちがいない。つまり、さまざまなマスメディアの発達していない遠い昔の方が、「うわさ」はもっと大きな守備範囲をもっていたわけだから、それだけ「うわさ」の姿を追いかける手がかりは、今よりも数多く残されていることになる。

ニュースが「うわさ」によって広まっていく社会、口伝えの情報が大きな比重をもっていた社会、それが中世であった。そう考えると、なんだか勇気がわいてきた。それを力にして、中世の「うわさ」を追いかけるための第一歩を踏み出すことにしよう。

「うわさ」を意味することば

まず最初は、「ことばさがし」から始めたい。

中世の文書や記録に出てくる「うわさ」を意味することばを探し出してみると、「風聞《ふうぶん》」「口遊《くゆう／くちずさみ》」「人口《じんこう》」「雑説《ぞうせつ》」「巷説《こうせつ》」「沙汰《さた》」「謳歌《おうか》」など、とてもたくさんのことばがあって、その多様さに驚かされる。守備範囲の広い分だけ、それを意味することばも多種多様なものがあったということなのかもしれない。それらを並べてゆっくりながめていると、これらのことばは、人びとの口から耳へと伝えられて広がっていくという「うわさ」の特性を、じつに明瞭に表現したものであることに気づく。

まず、「うわさ」の出発点には、生きた人間の口と耳がある。口は話し、耳は聞く。そこで、これを縦軸と横軸のなかに置いてみることにする。そして、身体としての口と耳、その機能としての「言う」と「聞く」、これをそれぞれに配置する。そのうえで、この座標軸のなかに「うわさ」を意味する多様なことばを位置づけてみると、つぎのような図ができあがる。

「沙汰」ということばだけがうまく落ちついてくれないけれど、「うわさ」を意味する他のすべてのことばは、「耳」と「聞く」、「口」と「言う」「説く」「歌う」「謡う」という、対応する二つの系列軸の範囲のなかにうまくおさまることになる。たとえば、「うわさ」を意味することばのうち、「聞く」という語が入っていることばはというと、「風聞」「伝聞《でんぶん》」があげられる。「口」という語が入っていることばには、「人口」とか「衆口《しゅうこう》」「口遊」などがある。「言う」とか「説く」「歌う」などといった口の機能をあらわす語を含むものは、それぞれとてもたくさんあって、全部をあげることができないほどである。おそらく、この座標軸のなかにあげたことば以外にも、まだまだ出てくるにちがいない。

ただ、「耳」という語を含むことばには、「聴き耳《きみみ》」とか「早耳《はやみみ》」「豊聡耳《とよとみみ》」などがあるが、いずれも「語られたことばをよく聞きわける能力」「ほかの人には聞こえないことばを聞き取る能力」を意味するものであって、直接「うわさ」を意味することばではない。それゆえ、「耳」の座標軸のところは空白になっている。

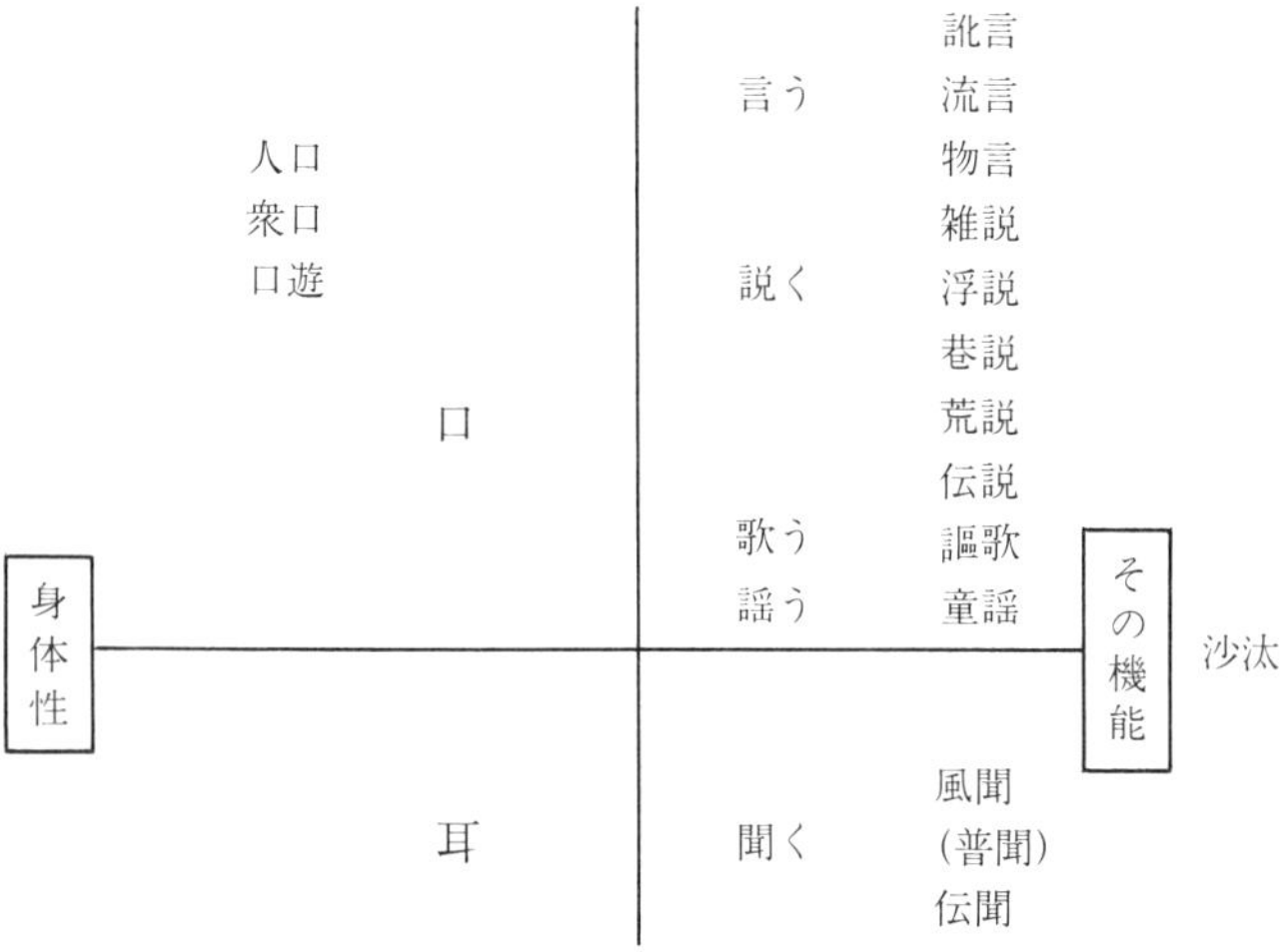

「うわさ」を意味することば

さて、このように位置づけてみると、「うわさ」を意味する中世の多様なことばは、そのいずれもが「うわさ」のメディアとしての特性、すなわち生きた人間の口や耳を媒介項として拡大していくという性質を、文字どおりそのまま表現していることがよくわかる。また、実際に「うわさ」がなされている場面においては、「耳」で「聞く」という行為が受動的であるのに対して、「口」で「言う」という行為は能動的で積極的な意味をもっている。「口」で「言う」「話す」ということを抜きにしては、「うわさ」の拡大などありえないからである。そう考えれば、この座標軸の上半分の方に「うわさ」を意味することばが数多く集中し、「頭でっかち」な図になってしまっているのは、当然のことなのかもしれない。

童謡と京童

シッポをつかませず、しかも実際その広がりに一役かった人びとの想像をはるかに超えたところまで広がっていく「うわさ」、それを中世の人びとはどのようなものと考えていたのだろうか。

十世紀半ば、諸神が入京するという流言が京中に広まった。そして、摂津国《せっつのくに》に志多良《しだら》神と称される神とその神輿《しんよ》をかついだ多くの群衆があらわれ、市を成し、歌舞《かぶ》をしながら、川辺《かわべ》郡、豊島《てしま》郡、島下《しましも》郡、島上《しまがみ》郡と移動して、ついには石清水八幡宮《いわしみずはちまんぐう》に移座したという（『本朝世紀』第七）。戸田芳実氏は、そこで歌われたとされる「童謡《わざうた》」六首、そのうちでもとくに、

月は笠着る　八幡は種蒔く　いざ我等は　荒田《あらた》開かむ

の一首から、この神輿にまつられた志多良神は、新しく中世社会を出発させるうえで中核となった富豪層と一般農民層の新たな神である、と位置づけられた。

ここで歌われた「童謡」というのは、「誰が作るともなく世間にはやる歌」「民衆のあいだに流行する作者不明のはやり歌」のことである。私はこれも「うわさ」を意味することばのひとつと考えて、先の座標軸の右上のグループに入れておいた。この「童謡」をめぐっては、興味深い話がある。平安時代中期に成立した「聖徳太子伝暦《しょうとくたいしでんりゃく》」に見える話である。

（敏達《びだつ》天皇）九年、庚子《かのえね》、夏六月、人ありて奏《そう》して曰《いわ》く、土師連《はじのむらじ》八島あり、唱歌絶世なり、夜、人ありて来り相和して争い歌う、音声《おんじょう》常にあらず、八島これを異として、追い尋ぬるに住吉浜《すみよしはま》

> に至る、天暁《てんぎょう》海に入ると言えり、太子側に侍りしに奏して曰く、是熒惑星《けいこくせい》也と、天皇大いに驚き之を問う、何の謂《いい》ぞと、太子奏して曰く、天に五星あり、五行を主《つかさど》り、五色を象《かたど》る、歳星色青くして東を主る、木なり、熒惑色赤くして南を主る、火なり、此の星降化《こうか》して人となり、童子の間に遊ぶ、好んで謡歌《ようか》を作り、未然の事を歌う、蓋《けだ》し是星歟《か》と、天皇はなはだ喜ぶ、

敏達天皇の九年夏六月、奏上する人がいていうことには、「土師連八島という者がおります。歌を歌わせれば世に比べものもないほどすぐれています。ある夜、人が彼のところにやってきて、八島と互いに調子をあわせ、競いあって歌を歌いました。その人の音声は普通の人のものとはとても違っていましたので、八島はこれを異なことと思って、その後を追いかけて尋ねていきますと、住吉の浜に至り、空が明けるころには海に入っていってしまいました」とのことだった。そのとき、すぐそばにいて聞いていた九歳になる聖徳太子が、「それは熒惑星でしょう」と天皇に申し上げた。天皇はおおいに驚いて、「それはどういうことだ」と太子に問い返した。太子は答えて、「天には五つの星があります。木・火・土・金・水の五つで、それぞれ五色を象っています。歳星は青色をしていて東の空をつかさどっている木星です。熒惑星というのは、色は赤く、南の空をつかさどっている火星です。この星は、地上に降りてきて人の姿に変わり、童子たちのあいだに入っていって一緒に遊び、好んで歌を作って、まだ起こってはいない未来の出来事を予言するような歌を歌うといわれています。今度もきっと、この星がやってきたのにちがいありません」といった。わずか九歳の聖徳太子が、誰も知らな

い星の行動をこのように察知することができたのだというのである。
「豊聡耳皇子《とよとみみのみこ》」とか「耳聡王子《みみさとのおうじ》」とか呼ばれて、普通の人間の能力をはるかに超えた超越的な神的な存在だとされる聖徳太子、その驚くべき力を示す神話のひとつとしてこの話があるのだが、聖徳太子の神格化という点だけでなく、この話にはもうひとつ重要な意味が含まれているように思われる。空から火星が地上に降りてきて、人の姿に変身して、「童子」のなかにまじって歌を歌う。その歌は、未来のことを予言する内容の歌だという。ここには、人びとのあいだに流行する歌の背後には、人間の力を超えた熒惑星という星の力が大きくかかわっているのだ、という考え方が示されている。鎌倉時代末期の「聖徳太子伝記」にも同じこの話があるが、そこでは、聖徳太子の答えたことばとして、つぎのように書かれている。

是は熒惑《けいいじん》星と申す星なり、人間に軍兵・飢渇《きかつ》・不熟等の災難あらんと欲するの時は、彼星童子《かのほし》に形を現し、人間の者に相交りて、未来善悪の事を歌に作りて披露す、天に口無し、人の囀《さえずり》を以て事とすと云えり、

聖徳太子は、「これは熒惑星という星です。人の世に戦乱や飢えや不作などの災難が起こるようなときには、この星が童子の姿に変身して地上にあらわれ、人びとのあいだにまじって未来の吉凶について歌を作り、広く人びとに知らせてくれるのです。天には口がありません。けれども、人のさえずりのなかに天はその意志を伝えています」と、語ったとされている。神は「童子」の姿をもって人の

世に化現《けげん》し、「童子」にまじって遊ぶなかで、その意志を人びとに伝えるという。つまり「童子」というものは、神が変身した姿であり、また神の意志を人びとに伝える使いでもある、という二重性をもっていることになる。いずれにしても、中世の人びとにとって、「童子」は神に近い存在であった。「天に口無し、人の囀を以て事とす」というのは、つまり、天には口がないけれども、人の口を通して、その歌やことばを通じて、天は自分の意志をこの世界に伝えてきている。熒惑星が未来のことを予言するやり方も、直接自分自身で語るのではなく、「童子」の歌う歌のなかに自分の考えをこめているのだ。「天に口無し、人の囀を以て事とす」という短いことばの意味するところは、このようなものであった。当時の人びとが、「誰の作ったでもないのに、どこからともなく流行してくる歌」を「童」の「謡」と称した背景には、きっとこの話が意識されていたものと思われる。人間の目には見えないけれども、厳として存在する天の意志というものを、彼らは「童謡」のなかに強く感じていたにちがいない。鎌倉時代の説話『続古事談《ぞくこじだん》』第二の第二二話にも、「星ナドノ童謡《わざうた》シテ言イ出デタルカ」という表現があり、星が「童謡」にたくして自らの意志を人びとに伝えるという観念は、相当に広く行きわたっていたようである。

ここまで考えてきて、ふと気づいたことがある。「此比《このごろ》都ニハヤル物、夜討強盗謀綸旨《にせりんじ》」に始まる有名な「二条《にじよう》河原《がわら》の落書《らくしよ》」(「建武記《けんむき》」)は、後醍醐《ごだいご》天皇の建武《けんむ》政権《せいけん》や当時の社会の風潮に対する批判と風刺《ふうし》に満ちあふれた傑作であるが、その最後は「京童《きようわらんべ》ノ口スサミ、十分一ソモラスナリ」で結

「うわさ」する人びと（「信貴山縁起絵巻」）

ばれている。ここに出てくる「京童」については、都に住む若者や一般大衆をさすことばとされ、「京童の口遊」とは、そうした彼らの総意を示すもの、というふうに理解されている。「口さがない京雀《きようすずめ》」と同じような言いまわしだともいわれている。けれども、それが京の人びとの民意を意味するものだとしても、なぜ「童」という語で表現されているのか、口遊する存在としてなぜ京の「童」が登場するのか、という疑問は残されたままであった。しかし、ここまで「童謡」をめぐる一連の説話を追いかけてきてみると、やはりそれは「京童」でなければならなかったのだと思う。「童」の「謡」に熒惑星の意志がこめられているのと同様に、京「童」の「口遊」のなかにも人間の力だけではとらえきれないものの考えが秘められている、中世の人びとはそう考えていたのではないだろうか。それゆえに、「京童の口遊」の一端をもらしたという

「二条河原の落書」は、神の意志を背景にした的確な鋭い批判を時の政治や社会に対してつきつけ、人びとの心に大きなインパクトを与えることになったのである。

天狗と天狐

驚くほどの早さで広がっていく「うわさ」、その驚異的な広がり方のスピードについても、当時の人びとは自分たちの力を超えたものの存在を感じとっていた。

『太平記《たいへいき》』巻五の「大塔宮熊野落《おおとうのみやくまのおち》」につぎのような話がある。後醍醐天皇の息子大塔宮護良親王《もりよししんのう》が大和から熊野へと逃げていくなかで圧倒的な敵の軍勢に取り囲まれて危機一髪というとき、思いがけず強力な味方があらわれ、それを追い散らしてくれた。九死に一生をえた大塔宮は味方に馳せ参じたものたちに、「それにしても、いったいどのようにしてこの事態を知ったのか」と尋ねたところ、

昨日の昼程に、年十四、五ばかりに候し童の、名をば老松《おいまつ》といえりと名乗て、「大塔宮明日十《と》津《つ》川《がわ》を御出あって、小原《おばら》へ御通りあらんずるが、一定《いちじょう》道にて難に逢わせたまいぬと覚ゆるぞ、志を存ぜん人は急ぎ御迎に参れ」と触れ廻り候つる間、御使《みつかい》ぞと心得て参りて候、

とのことであった。これはただごとではないと思った大塔宮が、長い年月肌身離さずもっていたお守りを見ると、その袋の口がすこし開いていた。いよいよ不思議に思ってなかを開くと、北野天神《きたのてんじん》の神体を金銅で鋳造して入れてあったのだが、その眷属《けんぞく》の老松明神の神体が全身に汗をかき、足には土が

ついていたという。

同じく『太平記』巻一〇の「新田義貞謀反事《にったよしさだむほん》、付天狗越後勢《てんぐえちごぜい》を催すの事」にも、思うほどの勢力を集めることができないまま鎌倉をめざしていた新田義貞のもとに、越後の一族が二千騎ばかり駆けつけてくる、という話がある。義貞が、「急なことで知らせることもできなかったのに、どうしてこのことを知ったのか」と尋ねると、

去る五日の御使とて天狗山伏《やまぶし》ひとり、越後の国中を一日の間に、触れ廻りて通り候し間、夜を日に継いで馳せ参って候、

と答えた。ここでも新田義貞の蜂起を伝えたのは、一人の「天狗山伏」であった。しかも、この「天狗山伏」は、一日のうちに越後中を駆けまわるという驚異的な早わざをやってのけたというのである。

こうした話は『太平記』のような物語にだけ見られるのではない。南北朝内乱期に、三条公忠《さんじょうきんただ》という貴族が書いた日記にも、つぎのような記事がある。

（貞治二年七月）十日、丁丑《ひのとうし》、今日洛中《らくちゅう》鼓騒《こそう》す、武士等馳せ集《つど》うと云々、……或る説に、戌《いぬ》の刻ばかり、甲冑を帯たる者二騎、四条町辺《あたり》より京中を馳せ匝《めぐり》て、将軍既に没落の由、高声に告ぐるの間、諸大名等馳せ集うと云々、天狐《てんこ》の所為歟《しょいか》と云々、（『後愚昧記《ごぐまいき》』）

貞治二年（一三六三）七月十日の洛中は、武士らが大勢馳せ集まってきて騒然とした雰囲気につつまれていた。結局のところ、佐々木導誉《ささきどうよ》以下の大名が、幕府の当時執事《しつじ》であった斯波義将《しばよしまさ》の父斯波高経《たかつね》

を伐とうと動き、一方の高経も用心のため武士を集結させた。そのために起こった騒動だということであった。ある説によれば、甲冑に身をかためた騎馬の者が二人、四条町あたりから京中を走りまわって、「将軍はすでに没落したぞ」と大声で人びとに告げ知らせたために、諸大名らが急ぎ馳せ集まってきて、このような騒動になったらしい。これは「天狐のしわざか」といわれている。

将軍没落という「うわさ」が広がり、それを耳にした武士たちが走りまわり、洛中は騒然としてくる。対立する勢力の動きも急を告げている。そうした洛中の混沌とした状況をもたらしたのは、二人の騎馬武者が声高に触れまわった結果らしい。不穏な動きと喧騒のなかで、人びとはさまざまなアンテナをはりめぐらし、語り合い、事態の理解につとめた。そうした人びとのあいだを駆けめぐったのが、「将軍没落」という知らせであった。ここでも、「うわさ」を広めているのは、人間を超えた「天狐のしわざ」とされている。

その広がっていく経路を誰にもつかませないまま、あっという間に拡大していく「うわさ」。その思いがけないスピードと予想を超えた広範囲な広がり方を目のあたりにして、中世の人びとはそこに人間の力をはるかに超えた神や天狗や天狐の関与があったと考えた。そして、それはまた、伝えられる「うわさ」の信憑性を増幅させ、「うわさ」に大きな力を与えることになる。「うわさ」のもっている超越性と神話的な力、これは今日の「うわさ」には見られない性格である。この独自の力こそ、これから中世の「うわさ」について考えていくうえでのキーポイントになってくるだろう。

二　事件と「風聞」

うわさは、各人の参加によって生み出される集団的作品である。うわさは、伝説そのものとなって、町から町へと伝播する。それは、生きた民間伝承である。

（ジャン・ノエル・カプフェレ

『うわさ　もっとも古いメディア』）

中世にも多くの事件があった。のちの時代に歴史の年表に載せられるような政治的大事件から、小さな村を舞台にしたささいなもめごとに至るまで、じつに多種多様な事件が起こっている。ここでは、そうしたなかからとくに、「うわさ」と深く関連して史料にあらわれてくる事件を取りあげることにする。具体的な事件の展開を追うことによって、「うわさ」というものが中世社会のなかでどのような役割を果たしていたのかが、明瞭に浮かびあがってくると思うからである。

1　国中で風聞す

天を仰ぎ地に臥して泣く

鎌倉時代の初めごろ、仁治三年（一二四二）二月から三月にかけて、安芸国《あきのくに》安摩荘《あまのしょう》内の衣田嶋《えだじま》と宮《みや》内荘《うちのしょう》とのあいだで、ひとつの事件がもちあがっていた。衣田嶋の小公文《しょうくもん》紀為宗《きのためむね》が二月九日の夕刻、厳島社《いつくしましゃ》領宮内荘の住人俊士《しゅんじ》次郎・三郎兄弟らの手で殺害されたという。

殺害事件のあらましは、つぎのようなものであった。

衣田嶋の小公文である紀為宗は、自分の銭と出挙米《すいこまい》とを、倍々の利益を得るため厳島神社領宮内荘の住人俊士次郎・三郎兄弟に預けていた。数年を経て、為宗は急に銭が必要となった。そこで、預けておいた銭を返してもらおうと、宮内荘まで海を渡って催促をするために出かけて行った。ところが、俊士次郎・三郎兄弟と一味の者たちが甲冑で武装して待ち構えており、二月九日の午後四時ごろ、ちょうど為宗が彼らの家から出ようとするところを、襲いかかって殺害してしまった。

これを知った為宗の子息らは、天を仰ぎ地に臥し、涙を流して泣いた。そして、「為宗が、俊士次郎らの昔からの親の敵《あだ》だとか宿敵だというのならまだしも、銭や出挙物を貸してもらっておきながら、その貸し主を殺害してしまうなんて思いもよらないことで、こんなにひどい仕打ちはない。しかも、この俊士次郎に対しては、その元服の儀式に、親に代わって烏帽子《えぼし》をかぶらせる烏帽子親に為宗がなってやったほどで、とても親密なつきあいをしてきた。倍々の利益を生む銭や出挙米を預けていたのも、為宗が並々ならぬ厚意を彼ら兄弟にいだいていたからである。そのほかにも、彼らは為宗から多くの恩を受けている。それなのに、わけもなく不当に殺害してしまうなんて、とうてい許すことなどできない」と、理不尽な現実を前にして、その胸の内をぶちまけている（「安摩荘内衣田嶋荘官百姓等解《げ》」／「巻子本《かんすぼん》厳島文書」七一号）。

倍々の利物

ここで、紀為宗が「利倍のために」俊士次郎たちに預けておいたという「銭と出挙物」とは、どのようなものをいうのだろうか。

出挙とは「利付きの貸し出し」のことで、春に種籾《たねもみ》として農民に稲を貸し付け、秋の収穫期に利子を加えて返弁させるものである。ここでは、俊士次郎自身が春に蒔く種籾に窮して為宗から借りたというのではなく、俊士次郎が農民に貸し付ける際の元手になる出挙物を為宗から融通してもらったのである。つまり、俊士次郎が高利で出挙物を貸し付け利潤をえるために、その資金面の援助を為宗にしてもらっていたのだと思われる。数年にわたって預けおかれた出挙物は、毎年貸し付けられ、もとの分に利子が加わってふくれあがり、俊士次郎の手元に蓄えられていく。それだからこそ、為宗の子息たちは、父は「倍々の利物」を預けていた。それはたいへんな恩恵を俊士次郎たちにもたらしたはずだ。それなのに恩を仇で返すなんて、と憤慨し嘆き悲しんでいるのである。

しかし紀為宗は、なんらの見返りを得ることなく無償で「銭と出挙物」を俊士次郎に預けたわけではなかった。数年たってから、急な入用があるのですぐにも返してほしいと返済を求めたとき、為宗は最初に預けておいた額に利分を加えて要求している。俊士次郎への預けおきは、為宗自身の経済活動の一環であった。ただ預けおいたというのではなく、返済時には利子を生むことを期待して預けられていた。つまり、彼らは互いにもちつもたれつ、ともに利潤の追求のために協力しあっていたのである。

ところで、衣田嶋小公文紀為宗は、ときには「衣田嶋住人中権守《なかごんのかみ》」とも呼ばれていた。あるときは、安摩荘内衣田嶋の荘官紀為宗であり、またあるときは衣田嶋住人中権守というふうに、臨機応変に使いわけていたようである。彼の父か祖父かはわからないが、年月日未詳の「中権守書状」が一通残さ

れている。そこには、

野坂《のさか》堤《つづみ》内田《のうちだ》ハ、二月〔　　〕少々打開申候《うちひらきもうしそうろう》なり、尚々開発仕候《つかまつりそうらわ》ばやと存候《ぞんじそうろう》なり、

（「野坂文書」一二八号）

と書かれていて、衣田嶋の中権守という人物が、野坂堤の内田を二月に少し開墾し、さらにもっと広く開発するつもりだと語っている。おそらく、殺害された紀為宗自身も、一方で衣田嶋の小公文として荘園の管理・維持につとめつつ、他方では、その財力を軸にして、田地の開発や経営に力をそそぎ、さらには出挙米を貸し出して利分を取り立て、また市場で物を売り買いするといった経済活動にも手を広げる富裕な住人であったにちがいない。

一ヵ月の空白

殺害事件のあったのが二月九日。そして、衣田嶋の荘官百姓らが、宮内荘の荘園領主である厳島神社に訴えたのが三月十二日。この間、じつに一ヵ月以上の空白がある。

その間、「天を仰ぎ地に臥して泣涕した」子息たち、さらには衣田嶋に住む他の多くの百姓たちは、為宗の死をただただ嘆き悲しみ、手をこまねいていただけなのだろうか。

それは、決してそうではない。その一ヵ月あまりのあいだ、為宗の子どもたちはもちろん、衣田嶋の荘官や百姓らは、あらゆる手をつくして、動きまわっていた。それを示すのが、厳島に訴えるとき

に添えられた三通の証拠文書である。

副《そ》え進《まい》らする
牒状《ちょうじょう》案文《あんもん》二通
返牒状《へんちょうじょう》一通　両牒返事也

と書かれているのがそれである。これによれば、まず衣田嶋の方で、事件のあった二月九日からさほど日数もたっていない二月十九日、すでに犯人が宮内荘の俊士次郎たちであることをつかみ、宮内荘の政所《まんどころ》に対して、事件の状況を知らせるとともに、その身柄を衣田嶋の側に引き渡すようにと要求している。殺害事件発生から十日たらずのあいだに、事件を捜査し、誰が犯人なのかをはっきりさせるため、子息らはもちろんのこと、衣田嶋に住む荘官や百姓たちはあちらこちらと奔走した。そして、そこに浮かびあがってきたのが、宮内荘の住人俊士次郎と三郎兄弟だったというわけである（「安摩荘内衣田嶋牒案」／「巻子本厳島文書」六八号）。

一方、牒状を受け取った宮内荘預所代《あずかりどころだい》のいうことには、「衣田嶋からの最初の牒状に返事を出さないでいたところ、権守の子息らが宮内荘にやってきて、くわしい事情を説明して訴えました。そこで、すぐに訴えられている俊士次郎を呼び出し、双方にその言い分を主張させることにしました」とのことであった。ここに、原告である衣田嶋の子息らと、被告である宮内荘の俊士次郎とが、互いの言い分をぶつけあう、臨時の小さな法廷が開かれることになった。

ミニ法廷

宮内荘の預所代は、事件が起こったとされる「根元《こんげん》の日」のことについて、傍士次郎に尋問した。次郎はつぎのように答えた。

あの権守は、私にとって、この世に二人といない烏帽子親です。「預けおいた銭に利分を加えて返してもらいたい」とおっしゃるので、あちこち走りまわって工面をし、受け取った銭一両貫に一倍の利を加えた銭を佐東《さとう》の市のあたりに準備して、権守を待っておりました。ところが、権守は思いがけなく宮内の家の方にやってきて、「銭を受け取りたい」といわれる。「返済すべき銭は市場の方に用意していますので、佐東の市でお返しいたします」と返答したら、権守は了承して佐東の方に向かいました。権守には、従者の三郎男《おのこ》ともう一人の道づれがいて、三人一緒に石道《いしみち》越えの道を行きました。次郎は、いささか己斐《こい》のあたりに用事がありましたので、海からの道を通って佐東の市に向かいました。そのようなわけで、次郎自身は佐東では権守に会うこともなく、都維那《ついな》の所従《しょじゅう》だけが酒を買ってきて権守を饗応し、銭を弁済いたしました。権守は、銭を受け取ると即座にその場を退出し、その後、行方が知れなくなったのです。あの権守が、佐東に向かったのを見知っている証人は、宮内荘の在地の男女のなかに数多くいます。

次郎はこのように強く抗弁し、あくまでも自分は権守の殺害事件とは無関係だと主張した（「宮内荘預所代返牒案」／「巻子本厳島文書」七〇号）。

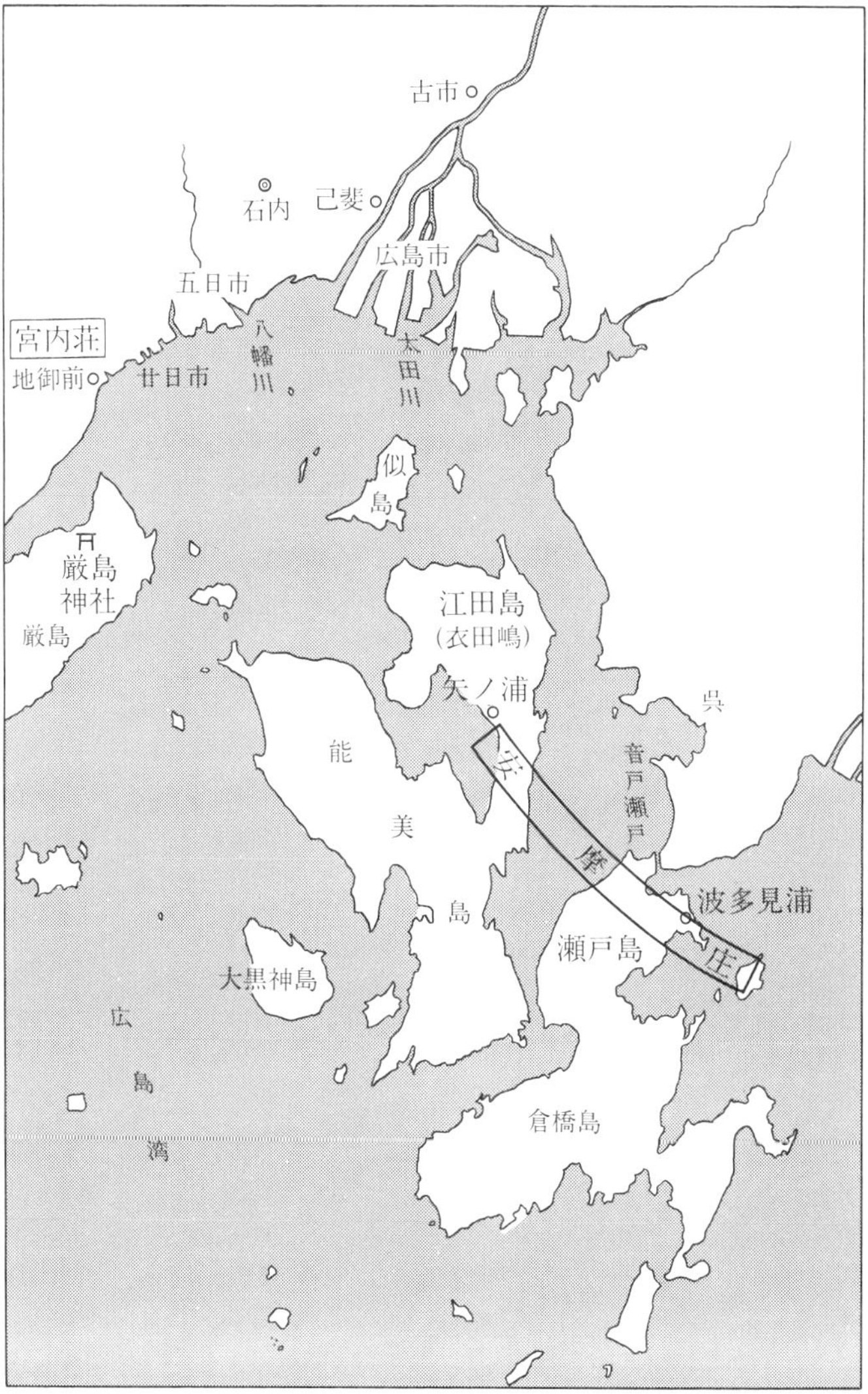

小公文殺害事件の位置関係

ここで、この事件の舞台になっている場所がどこなのか、地図を広げて見ておくことにしよう。現在の広島湾に浮かぶ江田島《えだじま》、これが安摩荘内の衣田嶋である。安摩荘はさらに東南の瀬戸島《せとじま》や音戸《おんど》などの沿岸島嶼《とうしょ》に広がっており、室町時代初めころの応永四年（一三九七）六月日「厳島社領注進状」（「巻子本厳島文書」八号）には、「社家進止領家分……安摩荘五箇浦」とあって五つの浦から成る荘園であったことがわかる。衣田嶋の西には厳島があり、そこには衣田嶋荘官百姓らが解状を出してこの事件に対する裁許を求めた厳島神社がある。そのほぼ北の対岸に「宮内《みやうち》」と「地御前《ちごぜん》」という地名が見える。ここが厳島社領宮内荘のあった場所である。紀為宗すなわち中権守が海を渡って衣田嶋から宮内に出かけたと記されている状況は、この地図を見ればよくわかる。また、俊士次郎が借りた銭と利分を用意して待っていたと主張している「佐東の市」というのは、広島市の北、太田川に沿った場所に「古市《ふるいち》」という地名があるが、そこにあった。また、権守は宮内から「石道越えの道」をとって佐東に向かった、と次郎がいっているその「石道」というのは、古市の西南の山のなかにある「石内《いしうち》」という場所にあたる。「石内は古くは石道と称した」といわれているからである。また、俊士次郎がそこに用事があり、「海の道」を通って行くことにしたという「己斐《こい》」は、宮内荘から船に乗って海に出、海岸に沿って進み、そこから太田川をすこしさかのぼったところに位置している。次郎は、この「己斐」で用事をすませて、さらに川をさかのぼって「佐東の市」に行ったけれども、権守とは会えずじまいに終わったという。

宮内荘側の結論

さて、俊士次郎の抗弁を聞いた宮内荘の預《あずかり》所代《どころだい》は、「次郎のこのような白状は、十分に筋が通っていて信ずるに足るものではないか」という判断を下した。そのうえで、このミニ法廷の裁定者である彼は、権守が佐東に行き着いたのかそうでないのか、その真偽をただすために、原告である子息ら、被告である俊士次郎兄弟、それに政所代の使者と地頭兵衛尉《ひょうえのじょう》の所従などを同行させて、佐東に遣わして尋問させている。しかし、子息らの懸命の問いかけにもかかわらず、そこではなにもはっきりした証言は、得られなかったようである。

宮内荘側が出した最終的な結論は、俊士次郎たちは潔白だ、というものであった。そして、

まったく件《くだん》の権守、佐東辺《あたり》に其の日時見え来たらざるの由、証人出来《しゅったい》せば、決訴を遂げ真偽を糺《ただ》す、また殺害の様《さま》を見聞く人あり、また道路の側《そば》、野山の中において、其の躰を求め出だし、

埋め隠すの骸骨を掘り出ださば、

という条件を提示した。宮内荘側がいうのには、一つは、その問題の日時に権守が佐東のあたりには絶対にこなかったし、見なかった、そういう証人が出現すれば、訴えの可否を決定し真偽をただすことにする。二つ目には、権守が殺害される様子を見たり聞いたりした人があらわれること。そして三つ目に、道のわきでも野山のなかでも、とにかく権守の死体そのものを探し出し、埋め隠されているならばその骸骨を掘り出すこと。この三つの場合が起こったならば話は別だが、今のようにさしたる

証拠もなしに訴えてきても、信用するわけにはいかない。

これまでも、たとえ本当に罪を犯したものであっても、神領から放り出したりした例がない。まして、傻士次郎兄弟はなんらはっきりした証拠もないのに、殺害事件の犯人とされている。その言い分は理にかなっており、とうてい罪を犯したとは思えない。宮内荘としては、そういう彼らを追放したり衣田嶋側に引き渡したりすることなど絶対にできない。これが、宮内荘側の結論であった。

ことここに至れば、権守の子息たちや衣田嶋の荘官百姓らにとって、事件を在地で解決する道は閉ざされてしまった。在地の荘園同士で「牒」をやりとりし、また実際に子息らが宮内荘に出向き、双方の言い分を主張しあって事件の解決をはかるというやり方は、このミニ法廷での決裂によって不可能となった。衣田嶋側に残された方法は、あくまでも力づくで傻士次郎兄弟を罰するか、あるいはさらに上級の権力に訴えて裁定を求めるかのどちらかしかない。彼らの選んだのは、厳島神社へ訴訟をするという方法であった。そこにいたったのが三月十二日。殺害事件が起こった二月九日から、一ヵ月以上の時間が経過していた。

けれども、その一ヵ月あまりは、今見てきたように、決して空白のうちに過ごされたのではない。殺害された権守の子息たちや血縁者、さらには同じ衣田嶋に住む荘官や百姓たちが、状況把握と犯人捜査のために走りまわった。また、訴えられた傻士次郎兄弟を取りまく宮内荘の方でも、その荘官は、訴えてきた子息らと傻士次郎を対決させる場をもうけて双方の主張を聞き、問題の現地にも、使者を同行させて尋問させるなど、小さな法廷としての機能を果たしている。事件の当事者と、彼らの属している集団とが一体となって、互いの主張をぶつけあい、問題の解明につとめている姿が、ここにはよくあらわれている。

自力の世界

中世社会について語られるとき、しばしば「それは自力の世界であった」と表現される。たとえば、ここでの殺害事件のような事件が起こった場合でも、他の第三者にその捜査や解決をゆだねるのではなく、事件の被害者の血縁者や同じ場に生活している集団が、いちはやく動き出し、事件の状況把握につとめ、犯人を捜査し、さらにはその処罰までをも実行するというやり方が、中世社会にあっては普通であった。これを、自力救済と呼んでいる。また当事者主義といわれることもある。

このような、何事も自分たちの手の届く範囲で解決していこうという姿勢、それは、中世の人びとのもっていた強い集団への帰属意識を軸にして、はじめて実現できるものであった。たとえば、この紀為宗（＝中権守）の殺害事件でも、まず最初に動き出したのは子息らであった。そして、つぎにそれを支えたのが衣田嶋の住人らである。一方、犯人として糾弾されることになった俊士次郎兄弟の側にも、当然に血縁者や従者たちがいたし、同じ宮内荘内に住む荘官や百姓らがついていた。そこで、ミニ法廷が開かれ、俊士次郎は抗弁の場を与えられている。

多くの場合、さまざまな事件は、こうした在地のレベルで解決されていくのが常であった。それは、なんら文書として残されることがないまま、終わりを告げる。ここで見てきた場合でも、在地の二つの荘園のあいだで決着がついてしまえば、三通の牒はそれぞれの現地に残されて今日まで伝えられたかどうかわからない。領主の厳島神社に衣田嶋側から訴えが出され、その証拠文書として互いの荘園がかわした三通の牒の案文が副進文書《ふくしんもんじょ》として添えられていたからこそ、のちの時代の私たちは、厳島神社の文書のなかからそれを見つけ出し、一ヵ月あまりの空白のあいだに在地で起こっていた事態を目のあたりにすることができたのである。

それにしても、自力の世界の二つの集団間のやりとりは、なかなかに迫力のあるものであった。それは同時に、直接性という大きな力を失ってしまっている今日の私たちに、重い問題点をつきつけているように思われる。

「風聞」の重み

さて、一ヵ月あまりの在地での動きは、ついに決裂してしまった。そこで衣田嶋側では、上級権力である領主厳島神社の方に訴えるにいたるのだが、この「安摩荘衣田嶋荘官百姓等解」には、興味深い点がある。

署判の部分には、「衣田嶋百姓等分」として貞友など十人の有力百姓の名と略押があり、「荘官分」

として国侍《くにざむらい》紀宗則《きのむねのり》・惣追捕使《そうついぶし》藤原重高・惣公文《そうくもん》平守澄の三人が花押《かおう》をすえている。これは訴えの主体を明示したもので、とくに問題はない。しかし、さらにその上の部分に、つぎのような証言がつけ加えられている。

申状のごとく、衣田嶋小公文為宗、伊津岐嶋《いつくしま》御神領之住人のために殺害せらるる条、国中風聞するの間、承り及ぶ条、顕然たるの間、署判を加う、

矢野浦
惣公文中原惟道（花押）
波多見《はたみ》浦
惣公文中原有道

これは、「衣田嶋荘官百姓等の申状のとおり、小公文の為宗が厳島神領の住人によって殺害されたことは、国中で風聞しているところです。私たちも、まちがいなくそのことを聞き及んでいますので、ここに署判を加えます」と、矢野浦と波多見浦の惣公文が証明したものである。

この矢野浦と波多見浦というのは、衣田嶋と同じ安摩荘のなかにあって、前にあげた地図にも「矢野浦」「波多見」という地名が見える（二七ページ参照）。

先に見てきたように、宮内荘の預所代は、ミニ法廷での傍士次郎の言い分を埋にかなったものと認め、衣田嶋から出向いていった子息らは、実際に殺害を目撃した証人を見つけ出してくるか、それと

も埋め隠されている為宗の死骸を掘り出すか、とにかく明瞭な証拠を出さないかぎり俊士次郎の引き渡しを認めるわけにはいかないと、突っぱねられてしまった。たしかに、「このような明確な証拠なしには、俊士次郎を犯人と断定するわけにはいかない」という宮内荘側の主張は、今日の私たちから見ても納得のいく合理的なものである。

それに対して、衣田嶋側としては、これに対抗できるだけの証拠か証人を立てなければならなかった。そうでなければ、この訴訟に勝つことはできないし、為宗の殺害事件を解決することができない。そこで衣田嶋荘官百姓らが出してきた切り札が、この「国中風聞」という証言であった。為宗が厳島社領の住人に殺害されたと国中の人びとが「うわさ」しているという事実と、それを聞き及んでいると証明する証人と、これがあれば、宮内荘側とわたりあうことができる。そう考えて、解状の自分たちの署判の上の部分に、矢野浦と波多見浦の惣公文二人の証言と署判を書き載せたのである。このやり方は、今日の私たちから見ると、どうしても効果的な意味のある反論とは思えない。

けれども、これが切り札としての働きを成しえたのが中世という時代だった。そうでなければ、衣田嶋の側でわざわざ、厳島神社への訴状に「国中で風聞されている内容」と「それを聞き及んでいるという近隣の証言」とを訴状に載せるはずがない。実際の目撃証言や、死骸そのものというような即物的で決定的な証拠に対して、「国中風聞」という事実が、それに十分に対抗しうるものだと彼らは考えていたにちがいない。いわゆる「物証」といわれるものに匹敵するような地位を、「国中風聞」

は社会的に占めていた。

こう考えると、中世社会のなかで「風聞」というもののもっていた重みは、今の社会でのそれとは違って、私たちの想像をはるかに超えるものであったことがよくわかる。

2　人口に乗る

悪党と「風聞」

鎌倉幕府の法のなかで、よく「風聞《ふうぶん》」とともにあらわれてくるのが悪党《あくとう》である。「御成敗式目《ごせいばいしきもく》」の第三二条には、こう定められている。

一、盗賊・悪党を所領の内に隠し置く事、

右、件《くだん》の輩《ともがら》、風聞ありといえども露顕せざるによって断罪に能《あた》わず、炳誡《へいかい》を加えず、しかるに国人《こくじん》等差し申すの処、召し上《のぼ》するの時はその国無為《ぶい》なり、在国の時はその国狼藉《ろうぜき》なりと云々、よって縁辺の凶賊においては、証跡《しょうせき》に付きて召し禁《いまし》むべし、

「御成敗式目」では、悪党の行動が広く「風聞」によって伝えられているという事実を指摘したうえで、「うわさ」にのぼっていてもはっきりとした証拠があってその罪が露顕しないかぎりは、処罰を加えられないとしている。「風聞」だけでは悪党を断罪することはできない。あくまでも、国人たち

が罪状と犯人を名ざしで告発することが必要である。それを受けて、疑いのある者をまず捕縛し、鎌倉に留めおいている期間にその国で何事も起こらず、その者の緊縛を解いて在国を許した期間に狼藉が起こるというのであれば、その事実をたしかな証拠として、断罪することができる。逆に、当人が鎌倉に留めおかれているのに国で狼藉が起こったというのなら、その者には明白なアリバイがあるのだから、その身の潔白が証明される。

本条のねらいは、「風聞」のなかで跳梁する悪党を、なんとかして実際に断罪できる場に引きずり出すことにあった。こうして悪党は、鎌倉幕府の基本法である「御成敗式目」のなかに、「風聞」と切っても切れないかかわりをもって登場してくる。

見隠し聞き隠し

鎌倉幕府は、悪党を禁断するため、寛元三年（一二四五）、諸国の守護《しゅご》・地頭《じとう》につぎのように命令した。

悪党行為を禁止し断罪するために、諸国の守護や地頭らが為すべきことは、すでに式目に載せられている。ところが、そうした措置がとられていないとの聞こえがある。悪党について知っていることがあれば、「見隠し聞き隠し」することなく注進《ちゅうしん》する旨の「起《き》請文《しょうもん》」を、諸国の御家人《ごけにん》らに書かせて提出させることにした。しかし悪党の動きはなお断絶しないという。諸国の守護や地頭は、悪党に対して一段ときびしい懲罰を加えるべきである。しかし、それでもなお「悪党蜂起の聞こえ」がある在所の守護や地頭については、その職をやめさせ、別人を任命することにする。

（「鎌倉幕府追加法」一二五二条）

このように幕府は、なかなか強硬な策をとった。守護や地頭らはその国や所領内での悪党禁断に責任があるのに、そこに「悪党蜂起の聞こえ」が絶えないというのでは、その職務を果たせていない、というのが解任の理由なのである。

ところで、御家人たちから出させたという、「見隠し聞き隠しをしない旨の起請文」とは、どのようなものなのだろうか。

「見る」というのは、今日のようにカメラやビデオなどのない当時にあっては、当然その場に居合わせて直接に見ることしかありえない。「聞く」という場合は、直接その場で聞いたこともあるが、広く「風聞」として「うわさ」されていることを耳にする場合も含まれる。つまり、「聞き隠し」というのは、「風聞」によって悪党に関する情報を耳にしているのに、それを隠しておくことをも意味していた。幕府は御家人たちに対して、ともかくも、悪党にかかわることを見たり、「風聞」として聞き及んでいるならば、すべてを隠さずに訴え出るよう命じている。こうでもしないことには、「うわさ」のなかで動きまわっている悪党を処断の場に引きずり出すことなど、とうていできなかったからである。

翌年の寛元四年（一二四六）十二月七日、

近日、国々で夜討や強盗が蜂起しているという風聞が広まっている。これは、各地の地頭らが、悪党を自分の所領にかくまっているからである。すみやかに、その地頭の名を注進せよ。その所職や所領を没収して、別人に充《あ》て行なうものである。（「鎌倉幕府追加法」二五四条）

幕府は、このように各国の守護に命じている。本来は、治安を維持すべきはずの地頭たちのなかに、悪党に深くかかわりをもち、自分の所領内にかくまっているものさえいる。とんでもないことである。そこで幕府は、さらに情報収集の範囲を拡大するため、つぎの手を打った。「悪党について、決して見聞き隠しをしません」という「起請文」を、地頭や御家人らだけでなく、さらには在地の住人や沙汰人たちにまで対象を拡大して書かせることにした（「鎌倉幕府追加法」三〇七・三一九・三二〇条）。

幕府はこのように、広く「風聞」として伝えられる悪党の行動を、なんとかしてキャッチしようとやっきになっている。

人口に乗るの輩

弘長二年（一二六二）五月二十三日、執権《しっけん》北条《ほうじょう》長時《ながとき》と連署《れんしょ》北条政村《まさむら》は、六波羅《ろくはら》探題《たんだい》北条時茂《ときしげ》に宛て、十か条の命令を出した。その最後の一〇条目には、

一、悪党張本《ちょうほん》の事、

殊に人口《じんこう》に乗るの輩《ともがら》においては、聞き及ぶにしたがい、その身を関東に召し進むべきなり。
（「鎌倉幕府追加法」四一六条）

と記されている。

「悪党張本」として「人口に乗るの輩」、つまり悪党たちの中心的存在であると人びとに「うわさ」され、多くの人の口にのぼるような者については、それを聞きつけたならばすぐに、その身柄を捕らえて、鎌倉に連行するように、というのである。

さらに、弘安七年（一二八四）五月二十七日には、悪党であるという「風聞の説」があれば、「分明の証拠」がなくても、地頭や御家人に聞いてみて、「風聞によってその名前を聞き及んでいます」と彼らが明言すれば、捕らえて六波羅に召し進めるようにと命じている（「鎌倉幕府追加法」五三三条）。

このような一連の幕府法は、今日の常識からすれば、ずいぶん無茶なことのようにみえる。はっきりした証拠もないのに、「うわさ」され、「人の口」にのぼっているというだけで、悪党にされてしまうのではたまらない。

「御成敗式目」の段階では、「国人等が差し申し」、その身を鎌倉に召し進めて、そのあいだに国で悪党行為があるかないかによって、悪党かどうかの判断を下すとしていた。ところが、だんだん後になればなるほど、悪党の活動は活発になり、幕府はその取り締まりに追われるようになる。アリバイをたしかめたり、明白な証拠が出てきてはじめて断罪するというのでは、悪党の禁圧はおぼつかない。

しかも、悪党の活動はしきりに人びとの口にのぼっている。「風聞の説」に比重をかけざるをえない状況になってきたのである。

都鄙名誉の悪党

ところで、幕府法ではさかんに「悪党蜂起の由、其の聞こえあり」と表現されているが、じっさいに悪党の行動は、それほど「風聞」として人びとの口にのぼっていたのだろうか。

正和四年（一三一五）十一月、南禅寺領《なんぜんじりょう》播磨国矢野別名《はりまのくにやのべつみょう》の雑掌覚真《ざっしょうかくしん》は、悪党たちの動きについて、つぎのように訴えている。

矢野荘をとりまく坂越荘《さこしのしょう》・小犬丸保《こいぬまるのほ》・那波浦《なばうら》・下揖保荘《しもいぼのしょう》の地頭らとその家人、そして同じく近隣の上揖保《かみいぼ》や書写《しょしゃ》の御家人たちが、矢野荘の悪党寺田法念《てらだほうねん》とその一族に加担し、数百人もの大悪党集団にふくれあがった。彼らは、矢野荘に乱入し、政所や数十宇の百姓の家を焼き、年貢米を奪い取った。さらに、荘内に城郭を構えて悪党らの拠点とし、悪行を重ねている。こうした悪党たちの動きは、「近隣の耳目を驚かせ」、一人として知らない者がいないほどで、悪党の張本である寺田法念は、「都鄙《とひ》名誉の悪党」である。

（「南禅寺領播磨国矢野別名雑掌覚真申状案」／「東寺百合文書」ヲ函二一／『相生市史　七』編年文書五二〇号）

数百人ともいわれる悪党の大集団は、近隣の人びとの耳目《じもく》を集め、その張本人の名は、播磨国だけで

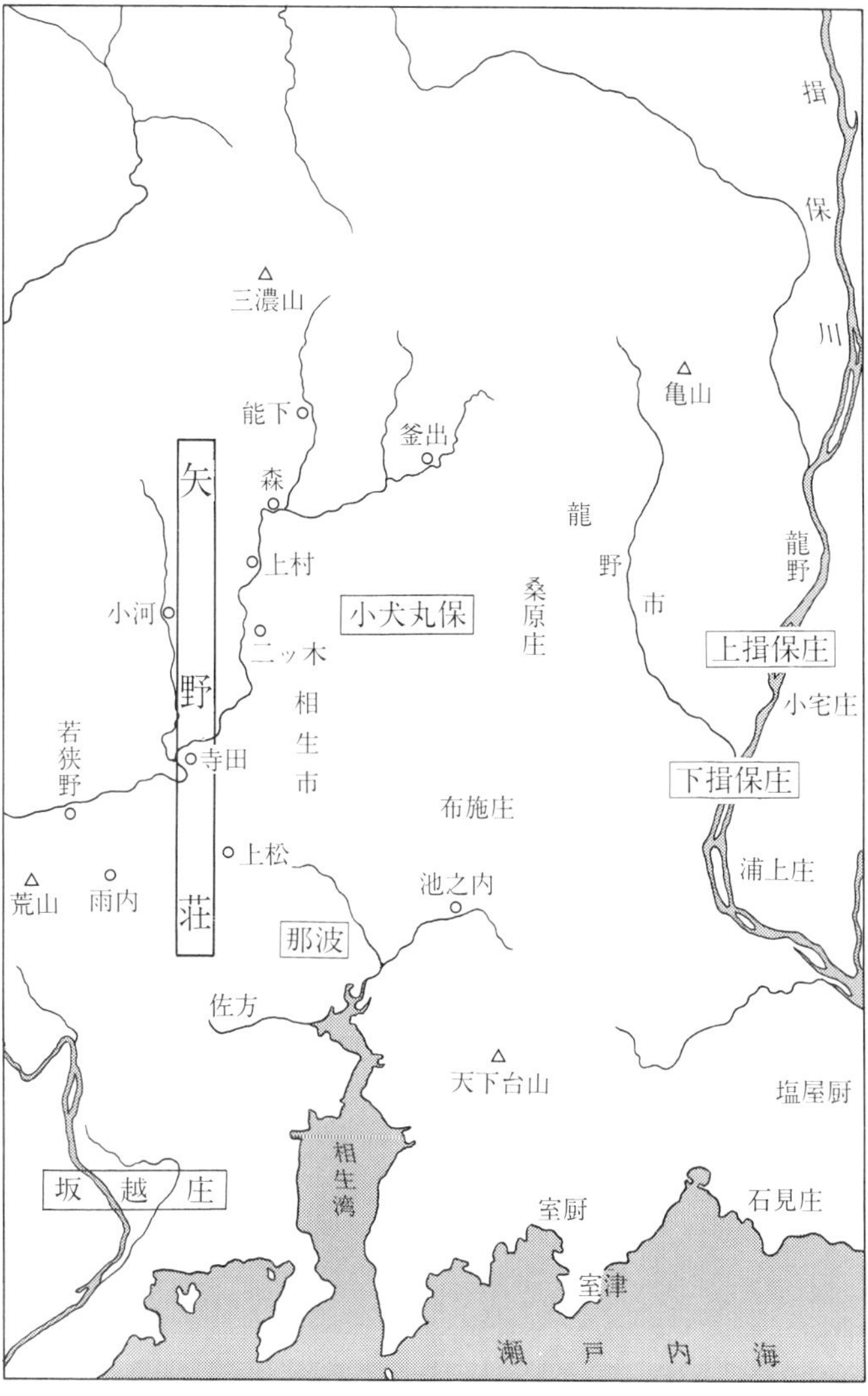

矢野荘に乱入した悪党の本拠地

なく近隣各地にまで知れ渡っているという。「近隣の耳目を驚かす」「国中に其の隠れなし」「都鄙名誉の悪党」という表現には、その悪行ぶりを強調するための誇張もあるにちがいない。それでも、悪党集団の行動が近隣の人びとの耳目を集め、広く「うわさ」となって、各地にその行動が伝えられていたことは事実であろう。

先に見たように、幕府は「風聞の説」を的確に把握するために、「地頭や御家人等が差し申さば」という条件をつけている。しかし、鎌倉時代末期のこの時期には、その地頭や御家人たちが中心となって、これほど大規模な悪党行動を展開しているのである。こうした状況では、地頭や御家人らを中軸にした幕府の悪党禁圧策は、さしたる効果をあげなかった。

名誉、国中を謳歌す

やはり鎌倉時代の終わりごろ、伊賀国黒田荘《いがのくにくろだのしょう》の悪党たちも活発な動きをする。悪党らは荘内に、武具兵杖《へいじょう》を集め、弓箭鉾楯《ゆみやりほこたて》を整えて武装して、領主の東大寺に納めるべき年貢を奪い取り、土民らの住宅を焼き払うなど、狼藉《ろうぜき》のかぎりをつくしている。

東大寺はこのように非難し、彼らを「遠流《おんる》無期の重科《じゅうか》」に処してくれるようにと訴えている（「東大寺衆徒《しゅと》等重申状土代《どだい》」／『大日本古文書　東大寺文書　十』七四号）。これは、鎌倉時代の末、徳治二年（一三〇七）のことであった。

また、東大寺は、つぎのようにも訴えている。

これら悪党については、すでに正応四年（一二九一）に院宣《いんぜん》が出され、翌五年には六波羅の召文《めしぶみ》が出され、以来数か度にわたって召文が付けられた。悪党交名《きょうみょう》も作って、悪党たちの名前も明らかである。それなのに、彼らは幕府方から捕らえられることもなく、今でも荘内で土民らをなやまし、強盗や山賊などの悪行をくりかえしている。

（「東大寺衆徒等申状土代」・「東大寺衆徒重申状土代」／『大日本古文書　東大寺文書十』八三・八四号）

この時期、東大寺は、ことばのかぎりをつくして、悪党らの悪行を非難している。

悪党たちは、院宣を畏《おそ》れ慎むでもなく、武家の威力を恐れるふうもない。領主である東大寺の命令など、まったく軽んじて、すこしも従がおうとはしない。東大寺から使者を下向させて召し捕らえようとしたが、かえってその使者の方が打擲《ちょうちゃく》蹂躙《じゅうりん》されるありさまで、もはや寺の力など及ぶところではない。悪党たちの濫吹《らんすい》悪行《あくぎょう》は日増しにさかんになり、手がつけられない。荘内に城郭を構えて多くの悪党等を常駐させ、武家の使節がやってきたときだけ城郭を撤去し、使節が帰れば、もとどおり自分たちの家に還住し、再び城郭を作って、いよいよ悪行狼藉のかぎりをつくす。幕府の使節がやってきても、そのときかぎり。いたちごっこの堂々めぐりをしているにすぎない。

東大寺は、さじを投げた格好である。ここでも、悪党について、

国中の謳歌、もってのほかの次第なり、
強盗山賊の名誉、国中を謳歌す、
天下名誉の悪党、

などと表現されており（「東大寺衆徒等申状土代」／『大日本古文書　東大寺文書　十』七五・八一・九一号）、彼ら悪党の動きは、国中のいたるところで言いはやされ、その「うわさ」は国中を駆けめぐっていた。

一荘土民、漏るるところなし

こうして、鎌倉末期の三十年ほどのあいだ、黒田の悪党らは荘内を根拠地にして自由に行動しつづけた。

嘉暦二年（一三二七）閏《うるう》九月、黒田荘一荘の土民たちは千人から二千人にものぼるというのに、ほんのひとにぎりの五、六人の悪党らを鎮圧できず、荘家が滅亡のふちに立たされてしまったと、東大寺は嘆いている。

なぜわずか五、六人にすぎない悪党らが荘内で活発に動くことができるのか。それは、彼らが、縁者の住宅に籠もり居りて、いよいよ悪行を致すからである。

そう東大寺は考えて、悪党をかくまったり援助したりしている縁者たちの「交名注文」を作り、六波羅探題に、悪党とともに、その縁者たちも鎮圧してくれるようにと要請した（「六波羅御教書案」／『大

東大寺

日本古文書　東大寺文書　十』一〇二号）。

けれども、悪党を支えていたのは縁者ばかりではない。同年六月日の「衆徒等申状」に、

物庄土民等、彼の悪党等に同心せしめ、寺家の使者を追放し、路次を切り塞いで、悪行を致すの条、上古いまだ聞かざる狼藉、言語道断の次第なり、

（『大日本古文書　東大寺文書　十』九六号）

とあるように、「路次を切り塞いで、年貢課役を打ち止どめる」という行動は、「物庄土民等」が「同心」して行なわれた。ひとにぎりの悪党とその縁者たちだけで、荘園領主や幕府勢力の圧力に対抗できたわけではない。その背後には、千人とも二千人ともいわれる一荘《いっしょう》の土民らの「一味《いちみ》同心《どうしん》」があった。

翌嘉暦三年（一三二八）十月には、一荘の土民たちが一人も漏れることなく、「神水《しんすい》起請《きしょう》」に及んだ。神水を飲んで彼らは、黒田坂など黒田荘に通じる路次を

すべて掘り塞いで、「今後は永久に、寺家の使者を荘内に入らせたりはしないぞ」と誓い合った（「東大寺衆徒等重申状土代」『大日本古文書　東大寺文書　十』一〇六号）。荘内に外部の勢力を侵入させない方法、それは、道を「切り塞ぎ、掘り塞いで」塹壕を掘ると、そこに枝や葉が生い茂ったままの木を逆さにした「逆茂木《さかもぎ》」をめぐらせて、バリケードを作るというものであった。これはもう、ひとにぎりの悪党らの行為というよりも、一荘の土民すべてが参加した「土一揆《つちいっき》」である。

3　「落書起請」と「風聞」

一国落書

鎌倉幕府が、御家人《ごけにん》や沙汰《さた》人・住人たちに、「見隠し聞き隠し」をしないという「起請文《きしょうもん》」を書かせて、悪党に関する情報収集をはかっていた同じころ、大和国《やまとのくに》では興福寺《こうふくじ》が、大和の国中の悪党について、なにか聞き及んでいる分があれば、その名前を「落書《らくしょ》起請文」をもって注進《ちゅうしん》するようにと命令していた。弘安八年（一二八五）三月のことである。

　そのうちの一通には、つぎのように書かれている。

ウヤマ《（敬）》テマウス《（白）》キシヤウモン《（起請文）》事、

ヲ、セニシタカテシルシマウシ候、北野深生房・カサキノ安介・アイワウ・ヒサワウ・フクチノイヤマツ・ソノケニムワモレス候、水間常賢房・テツ(マカ)カサノ弥源二・カサキニヲ、ク悪人候、モシソラコト(空言)ニテ候ハヽ、日本国大神・セウシン(小神)ハツ(罰)ヲカウフリ(蒙)候へシ、

（「大東家文書」六二号／『春日大社文書　六』）

これは、「敬《うやま》って白《もう》す起請文の事」と書き始められている。ほかに、「ミキ(右)一国ラクシヨノ事」（「大東家文書」五五号／『春日大社文書　六』）と始まるものもある。これは、大和の国中に命令され、一国規模で実施されたもので、「一国落書」と呼ばれていた。「仰せに従って記し申し候」とあるように、興福寺の命令に従って、この「落書」は書かれている。書き手の自発性によるものではない。

署名のところには、なにも書かれてはいない。他に「某敬白」と書いたものもあるが、いずれにしても、書き手が誰なのかわからない。このように、匿名で告発するのが「落書」である。

「北野深生房」以下、悪党の名前をずらりと列挙したあと、最後に、「もし、空言《そらごと》にて候わば、日本国の大神・小神の罰を蒙《こうむ》り候べし」と書かれている。「もしも、嘘やいつわりの告発をしたならば、自分自身の身の上に、神々の罰をこうむるのが当然です」という、この「起請の詞《ことば》」が加わって、単なる「落書」ではなく、「落書起請文」となる。

本当のことを書かなければ、神の罰を自分の身に受けなければならない。しかも神の罰というのが、「現世にては白癩黒癩の苦を受け、当来にては無間地獄《むげんじごく》に堕ち、永く出期あるべからず」という、きびしいものであったから、そうそう安易に嘘やいつわりの告発はできない。そういうわけで、「落書

起請文」には大きな信頼がおかれていた。

聞き及ぶ範囲

ところで、三十通あまり残されている、この弘安八年の大和一国落書には、

また強盗・人殺し・山賊などの悪行者は、フクチの岩松ならびに銭司《ぜず》の弥源次左衛門一党をぞ承り及び候、このほかは知らず候、（「春日神社文書」六四五号／『春日大社文書　三』）

悪人等の事、近辺承り及び候は、北野源六…（「春日神社文書」六四六号／『春日大社文書　三』）

ナラ内ニカクレイテ、所々カウタウヌスミヲシラカスルトコソ、ウケタマハリ候へ、（「大東家文書」五六号／『春日大社文書　六』）

などと書かれていて、いずれも悪党の名前やその悪行について、「承り及ぶかぎり」のことを注進している。つまり、「うわさ」などによって耳に入ってきたことを、残らず書き上げている。

もちろん「一国落書」といっても、それぞれの「落書」で、悪党の居所としてあげられている場所は、一定の範囲に限られている。たとえば、最初にあげた「落書起請文」は、「北野」「笠置」「福智」「水間」「松笠」などに住んでいる悪党の名前が書かれている。これらはいずれも、奈良の町から東の方の山のなか、「東山内《ひがしさんない》」と呼びならわされている地域に位置している。「落書起請文」を書いた人は、それぞれに、自分が「うわさ」として聞き及んでいる範囲の悪党について告発しているのであっ

て、その地域は、それぞれの「落書」で、おのずと限られていた。

そこで、他に残されている「落書起請文」についても、悪党の住んでいる所やその活動場所として出てくる地名を一覧にしたのが表1である。

これを地図のうえに落としてみると、五二ページのようになる。

1から12までの「落書」に出てくる地名は、いずれも春日社の奥山から東部の山間地域に位置する。なかには、「銭司《ぜず》」のように木津川《きづがわ》を越えた山城国《やましろのくに》の地名まで登場する。それぞれの「落書」が示す範囲は、大きかったり小さかったりするが、全体として見ると、大和東山内と呼ばれる地域のうちの北部一帯でひとつのまとまりを作っている。13から18までの地域は、布留社《ふるしゃ》（石上神社《いそのかみじんじゃ》）の勢力圏である。この「落書」のなかでも「山辺郡《やまのべ》七十余郷」などと表現されているが、室町時代には、「布留五十余郷」と呼ばれる強固な地域結合が形成される地域である。22に出てくる「外山《とび》」は桜井《さくらい》のすぐ東にある。ここから橿原《かしわら》までは相当離れている。また23に見える地名は、それよりさらに北西の十市《とい》から坊城《ぼうじよう》へとつながる地域。24に出てくる地名は、さらに南の高市郡から御所《ごせ》市にまで広がっている。25は、「坂」つまり奈良坂から、「寺家」すなわち興福寺、そしてその東の「高畠」へと、奈良の町の東の一角をおおっている。26の「辰市《たついち》」は奈良の西南、八条町・東西九条町・杏《からもも》町の一帯である。最後の27は、平群《へぐり》郡の法隆寺《ほうりゆうじ》周辺でひとつのまとまりを作っている。

こうして見てみると、それぞれの「落書」ごとにひとまとまりの範囲があり、全体として見ると、いくつかの地域が浮かびあがってくる。このとき、大和一国落書として書かれた「落書」は膨大な数にのぼったはずだが、そのほとんどは今に伝わっていない。ここに表示できたものは、「一国落書」のほんの一部にすぎない。

しかしそれでも、交通路に沿って、あるいは信仰を共通の媒体として、さらには政治的な対立と結

表1　悪党に関係する地名

番号	地名	月日	史料名
1	北野・フクチ（福智）・銭司	三・二三	「春日神社文書」六四五
2	北野・桃加野（桃香野）・福地（福智）	三・二三	「春日神社文書」六四六
3	北野・小楊生・大楊生・フクチ（福智）・新薬師・ナラ（奈良）	三・二三	「大東家文書」五六
4	北野・カサキ（笠置）・フクチ（福智）・水間・テ〈マカ〉ツカサ（松笠）		「大東家文書」六二
5	キタノ（北野）・水間・フクスミノマヒタニ（福住の米谷）		「大東家文書」六三
6	福智・モ、カ野（桃香野）・北野・神部内坂原郷・春日山・ハフ山（芳山）		「大東家文書」六五
7	前谷（米谷）		「春日神社文書」六四八
8	まひたに（米谷）		「春日神社文書」六四九
9	（米谷）	三・	「春日神社文書」六五〇
10	福住米谷	三・	「大東家文書」五八
11	福住前谷（米谷）	三・	「大東家文書」五九

12	前谷（米谷）・ふくち（福智）・かさき（笠置）	三・	「大東家文書」六〇
13	椙本・井戸堂・田井庄	三・	「春日神社文書」四〇五
14	フル（布留）ノ大明神・すき本（椙本）・菅田・河原庄・岸田・四条・ヲウチ（庵治）・佐保・山へノコヲリ七十ヨカウ（山辺郡七十余郷）	三・	「春日神社文書」五三七
15	布留大明神・すき本（椙本）・菅田・河原庄・岸田・四条		「春日神社文書」五三八
16	布留大明神・スキモト（椙本）・チシヤワラ（苣原）・キシタ（岸田）・タイ（田井）・カハラ庄（河原庄）・四条・佐保	三・二四	「春日神社文書」六五二
17	布留宮・チシヤウラ（苣原）・スキ本（椙本）・モヽノ尾（桃尾）・ナカムラ（中村）	三・	「大東家文書」五七
18	布留大明神・すきもと（椙本）・河原庄・きし田（岸田）・四条・中村		「大東家文書」六一
19	イチ（市）・よこ井（横井）		「春日神社文書」三八一
20	田原・いち（市）		「春日神社文書」六五三
21	ソウ（添）ノ上郡横井・八嶋		「大東家文書」六四
22	トヒ（外山）・カシハラ（橿原）		「春日神社文書」三八二
23	トウチ（十市）・防生（坊城）	三・二三	「春日神社文書」三八三
24	高市郡増田池尻・南喜殿・室・梨荘（梨子荘）・越智・多田		「辰市家文書」二
25	サカ（坂）・寺家・高畠		「春日神社文書」六四七
26	タツイチ（辰市）		「春日神社文書」六五一
27	イケノウチ（池之内）・イマコウ（今国府）・ホウリシ（法隆寺）・アント（安堵）	三・二二	「大東家文書」五五

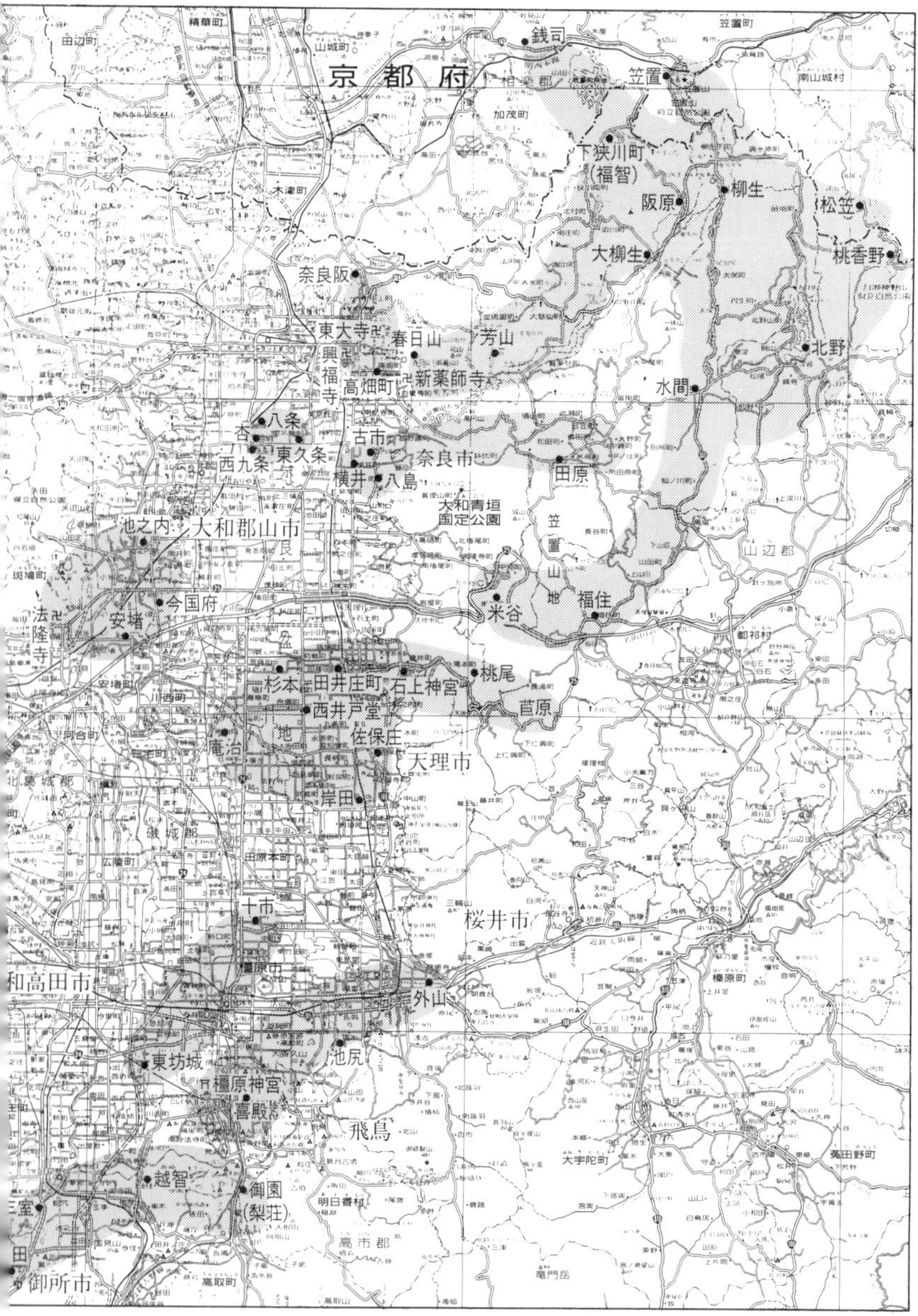
京都府
銭司
笠置
下狭川町
(福智)
阪原
柳生
松笠
桃香野
大柳生
奈良阪
東大寺
春日山
芳山
興福寺
高畑町
新薬師寺
北野
水間
八条
杏
東久条
西九条
古市
奈良市
横井
八島
田原
大和青垣
国定公園
笠置山地
池之内
大和郡山市
今国府
法隆寺
安堵
米谷
福住
山辺郡
杉本
田井庄町
石上神宮
桃尾
苣原
西井戸堂
盆地
庵治
佐保庄
天理市
岸田
十市
桜井市
橿原市
和高田市
外山
東坊城
池尻
橿原神宮
喜殿
飛鳥
越智
御園
(梨荘)
室
田
御所市
高市郡
明日香村
大宇陀町

「一国落書」の関係地図

集を契機として、などなど、さまざまな要素がからまりあって形成されている地域的な結びつきが、地図のうえに姿をあらわしている。この範囲は、濃密な「うわさ」の共同体でもあった。

十七ヵ所に牒送り

延慶三年（一三一〇）七月五日の夜、法隆寺の蓮城院《れんじょういん》に強盗が入った。法隆寺では、さまざまに手をつくして糺明したが、誰がやったのかまったくわからない。そこで、「上品廿貫文・中品十貫文・下品五貫文の解文《げぶみ》を放った」という。つまり懸賞をかけたのである。「上品・中品・下品」という区別は、盗人糺明への貢献度の違いに応じて差をつけたのであろう。

けれども、はかばかしい成果がえられなかったようで、

同十七日、法隆寺・龍田《たつた》・五百井《いおのい》・服《ふく》・丹後《たんご》・神南《こうなん》・目安《めやす》・吉田《よしだ》・富川《とみかわ》・笠目《かさめ》・阿波《あわ》・神屋《かや》・幸《こう》前《ぜん》・三井《みい》・興富《おきとめ》・安堵《あんど》・岡崎《おかざき》、已上十七ヶ所牒送して、龍田において合わせの大落書これあり、寺より開き衆、堯禅房・禅覚房・賢永房・賢禅房・浄舜房・浄泉房・顕了房、已上七人出仕す、当日に開き尽くし難きの間、次の日また会向の集会あり、落書已上六百余通これあり、実証十通以上・普聞《ふうぶん》六十通と定め了《おわ》んぬ、　（『嘉元記《かげんき》』）

と、「落書起請」によって犯人の名前を明らかにするという方法がとられることになった。これは、先の「一国落書」のように、国中の悪党の名前を注進せよというものではなく、あくまでも、法隆寺

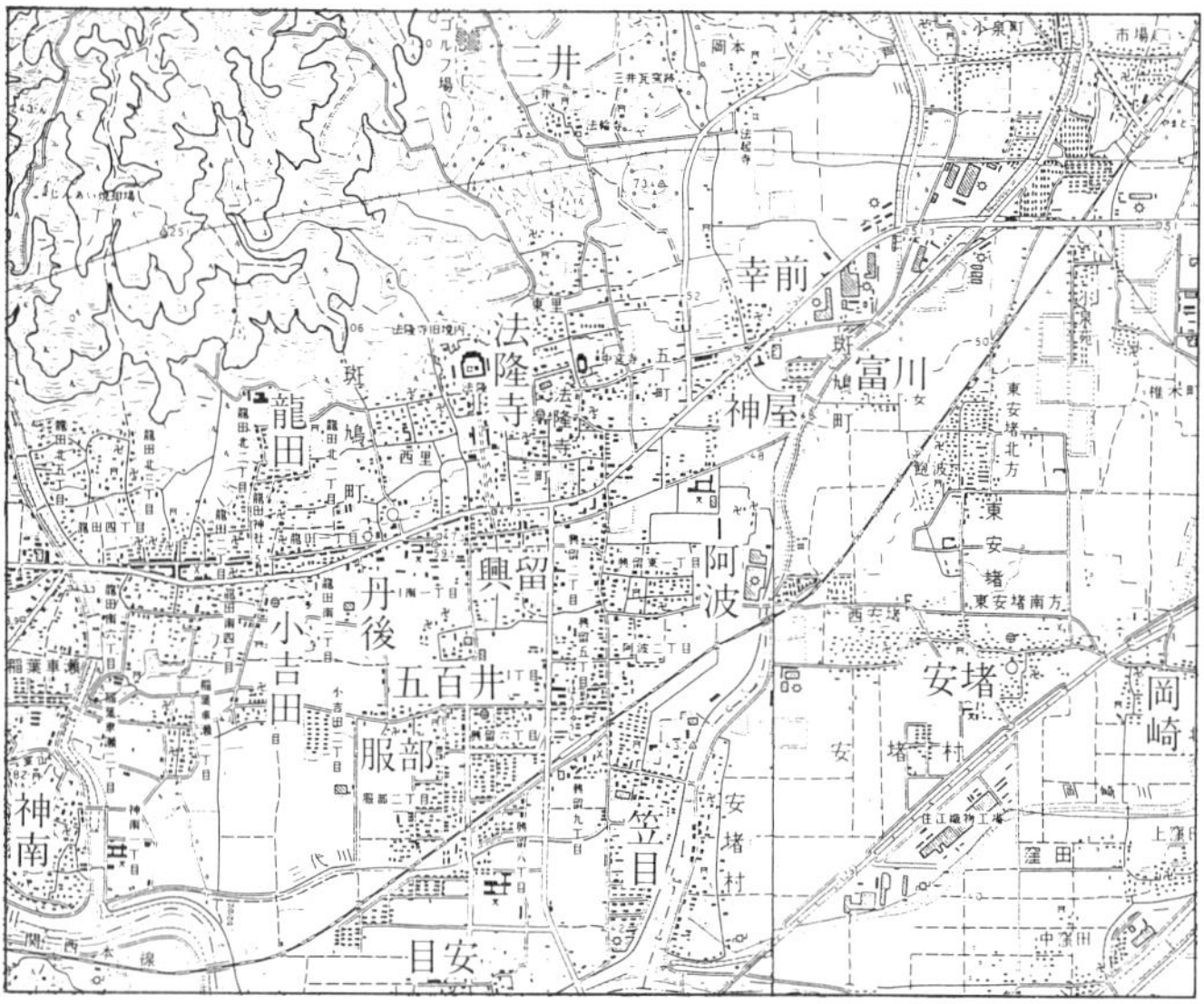

「合わせの大落書」をした17カ村

の蓮城院に入った強盗についての情報を集めようというものである。「牒送《ちょうおくり》」によって、法隆寺周辺の十七の村々に連絡がとられた。龍田社の神前で「合わせの大落書」が行なわれたのが七月十七日。強盗事件発生から十日あまりがたっている。

　この十七ヵ所の村々は、すべて法隆寺の周辺に位置している。なかには法隆寺領の荘園もあるが、ほかにも領主の違うさまざまな荘園の村々が含まれている。これらの村々の結びつきは、灌漑のために池を共同で掘ったり、さまざまな事件が起こったときには共同で解決をはかるといった、日常的な関係の強化によって生まれてきたものである。また、龍田社で行なわれる「龍田三十講」などの供料《くりょう》を分担しあっている村々の一部でもあった。

こうした十七ヵ所の村々と法隆寺との関係をよく物語っているのが、「牒送」ということばである。法隆寺は、自分の寺中で起きた強盗事件を解決するため、近隣の十七ヵ所の村々に「落書起請文」を書かせることにした。その際、「十七ヶ所に牒送して」、これを実施している。「牒送」の「牒」というのは、前に見た中権守《なかのごんのかみ》殺害事件で、安芸国《あきのくに》衣田嶋《えだじま》から宮内荘政所《みやうちのしょうまんどころ》に宛てて「牒状《ちょうじょう》」が出されているように、互いに上下関係や管轄関係のない集団間でやりとりされる文書である。「牒送」というと、多くは寺院間での文書のやりとり、たとえば興福寺から東大寺に「牒送」してこれこれのことを伝達した、というような場合に使われる。つまり、「牒送」というかたちで連絡を取り合うのは、双方が直接的な上下関係や権力関係をもたない場合に限られる。こういう「牒送」の性格から考えてみると、法隆寺が十七ヵ所の村々に対して「落書起請文」を書くようにといったのは、一方的な命令とか強制とかではなく、協力を要請するという意味あいの濃いものであったと思われる。こうして、十七ヵ所から人びとが龍田社の神前に集まって、「落書起請」が行なわれることになった。

合わせの大落書

この「合わせの大落書」では、まず法隆寺から「開《ひら》き衆《しゅう》」つまり開票担当者として堯禅房以下七人の僧侶が龍田社に出向いた。「開き衆」は投じられた「落書」を開くためだけでなく、「落書」が行なわれる最初から立ち会って、まちがいなく投票されるかどうかを監視する役目をも負っていた。今でいう選挙管理委員会の役割を果たすものであった。「落書」の数はとても多くて、その日のうちには開ききれなかった。そこで、翌日も龍田社で「会向《えこう》の集会《しゅうえ》」が開かれ、神も見守るなかで、開票が進められた。

開票の結果、「落書」は六百通あまりもあった。十七の村々から、平均すると三十五、六人が「落書」を投じたことになる。そして、「実証十通以上、普聞六十通」という基準が決められた。ある特定の人をこの強盗事件の犯人だと名ざしする「落書」が十通以上あったならば、その人が犯人だ、というのである。それに続いて、「普聞六十通」と決められている。「普聞」とは「風聞」つまり「うわさ」のことである。犯人を目撃したとか、その盗品を隠しているところを見たとか、ともかく実際に犯人であることをたしかにその目で見たという場合は、「実証」である。それに対して、誰が犯人であるかが「うわさ」されていて、それを聞き及んでいると「落書」に書いた場合、それには「実証」の六分の一の重みがあるというのである。

「実証」と「風聞」が、ともに「落書」の規定のなかで重視されている例は多い。たとえば、建武四年（一三三七）の「中宮寺《ちゅうぐうじ》盗人沙汰落書起請定書」（『法隆寺文書』イ―四）の一条目には、

実証十通以上あるにおいては、実犯の躰に治定せしむべし、風聞は三十通をもって、実証十通に準拠して、沙汰あるべし、一通たりといえども、通数未満においては、これをさしおくべきの事、

龍田神社鳥居（上）と境内（下）

と決められている。ここでも、実証十通以上の「落書」が集まった者は、「実犯」であると断定され、「風聞」の場合は、その三分の一の比重でもって、犯人を特定する決め手とされているのである。そして通数は、たとえ一通だけ足りないという場合でも、つまり九通の実証があっても二十九通の「風聞」があっても、その者を犯人としてはならない、と定められている。

このように、「落書」をめぐる規定においては、「実証」と「風聞」とが一対のもの、不可分のものとして出てくる。当時の人びとは、「実証」だけでなく「風聞」にもそれだけの信頼をおき、その両方が含まれて、はじめて「落書起請」を行なう意味があると考えていたようである。

落書を捧げて発向す

さて、六百通以上にのぼった「合わせの大落書」は、どのような結果になったのだろうか。法隆寺にとっては、意外な結果が出た。定松房《じょうしょうぼう》に二十余通、舜識房《しゅんしきぼう》に十九通と、決めておいた通数を越えたのはいずれも法隆寺の僧侶であった。「風聞」に依拠した「落書」がまったくなかったのか、それとも「風聞」は六十通をもって十通に換算したのかわからないが、ともかく、連城院に強盗に入ったのは寺内の僧侶であったというのだから、どうしようもない。

即刻、十七ヵ所から大勢が法隆寺に押しかけてきた。十七ヵ所の村々は、前もって武具を整え大勢を集めて準備し、「落書」の結論が出たならばすぐにも「発向《はっこう》」しようと待ち構えていたからである。

十七ヵ所の村々が「落書起請」を行なうということは、単に十七ヵ所から龍田社に出かけていって、「落書起請文」を書くとすぐに引き上げ、後は「開き衆」におまかせします、というような受動的なものではなかった。今日の選挙の投票では、投票所から帰ればテレビの開票速報でも見ながら結果を待つだけである。しかし、この「合わせの大落書」の場合はまったく違う。「落書」の開票が終わり、その結果によって「実犯」が決定されたならば、ただちに発向して処罰を実行してしまう、そういう態勢がはじめから準備されていた。十七ヵ所の村々では、「落書」を実施する最初の段階から最後の結末に至るまで、深く関与することが当然のこととされていたのである。もしも、実犯とされた者が十七ヵ所のどこかの村の住人であった場合、ただちに彼らは大勢でその村に押し寄せ、犯人を逮捕し、処罰したにちがいない。

先に見た、「中宮寺盗人沙汰落書起請定書」では、

一、実犯の躰露顕せしめば、たとえ親子・兄弟・所従《しょじゅう》・眷属《けんぞく》たりといえども、相共に発向せしめて、其の身においてはこれを搦《から》め捕り、住宅においては焼失せしむべき事、

一、もし強勢《こわぜい》の仁ありて、炳誡《へいかい》に拘わらずば、寺門ならびに当方一党、落書を捧げ、庄々同心合体せしめて、力の及ぶに随い、その沙汰あるべき事、

という二条目と三条目が続く。「落書」によって実犯が露顕したならば、それがたとえ自分の親子・兄弟・所従・眷属であっても、かならず皆と一緒に発向して、その身を逮捕し、その家を焼くという

処罰を断行すること。もしも、その犯人が強い勢力をもつ仁であっても、法隆寺と当方一党が「落書を捧げ」、「庄々同心合体」して、力の及ぶかぎり、検断《けんだん》沙汰を実行すること。そのように取り決めをし、互いに約束を違えることなどけっしてないと、「起請の詞《ことば》」をもって誓い合っている。「落書起請」は、ここまでの行為がともなって、はじめて完結するものである。

もうひとつ注目すべきは、「寺門ならびに当方一党」が「庄々同心合体」して発向していくとき、「落書を捧げ」と表現されている点である。「捧げる」というのは、「ものを献上すること、奉ること、神仏に手向けること」である。神の照覧するところで、神を立会人にして実施された「落書起請」には、「落書」を投じた自分たちの思惑などをはるかに超えた、神の意志が投影されている。それゆえ、「落書を捧げる」ことによって、自分たちの決定にも行動にも神のうしろだてが厳として存在するのだ、と誇示しているのである。

寺中のことは惣寺の沙汰

しかし、十七ヵ所から大勢で法隆寺に発向してきたのに、法隆寺側では、「寺中のことは惣寺が沙汰をいたしますので、しばらく待ってください」と主張し、問答となった。法隆寺の言い分をいれて、十七ヵ所の勢力は法隆寺内に入らず、すぐそのそばの池のあたりで待った。法隆寺としては、寺内部の問題であり、なんとしても惣寺の手で解決する必要があった。

惣寺の意を受けて、東西両郷《りょうごう》の勢力が、「落書」で実犯とされた舜識房の坊舎に向かったところ、彼らに味方する因幡法橋《いなばのほっきょう》や賢定房得業《けんじょうぼうとくごう》が、これまた人勢を率いて押し寄せてきて、両郷の人勢を追い返した。寺中で、力と力のぶつかり合いとなってしまったのである。そうこうしているうちに日も暮れ、十七ヵ所の人びとは退散し、「落書」の決着はもち越しとなった。

このあと寺は、「今、実犯とされている私たち二人は本当の犯人ではありません。自分たち二人で本当の盗人を捕まえて寺に引き渡します」という定松房と舜識房の主張を認め、寺内の集会を開いて、この二人の出仕をとどめるという処分を下すにとどまった。二人の寺僧とそれに味方する寺内の勢力に、惣寺が屈してしまったかたちである。

「両人の沙汰として、実証の盗人を搦め出だすべし」という約束が実行されたのは、事件の発生から五ヵ月もたった十二月四日のことであった。

ヒロセの市にて、斉薗寺《さいおんじ》の初石八郎と云う男一人搦め取りて、寺へ出だし了んぬ、件の二人の沙汰なり、（『嘉元記』）

五日に寺に引き渡された初石八郎は、六日には極楽寺《ごくらくじ》で頸を切られた。その頸は、三日間さらされた。定松房と舜識房の二人は、この初石八郎が真犯人である証拠にと、連城院で盗まれた品物（贓物《ぞうもつ》）を寺に引き渡した。これは、解文《げぶみ》の賞金の「上品」にあたるので、寺として彼ら二人に二〇貫文を支払うことになった。これにて一件落着というわけである。

ただ、「惣寺の沙汰」として行なわれたこの事件の決着のつけ方には、いくつもの疑問が残る。なぜ、「落書」によってえられた結論が、「実犯」とされた当の二人の「不実なり」という主張によって簡単にくつがえされてしまったのか。五ヵ月後に捕らえられた初石八郎は、本当に連城院へ入った盗人だったのか。突き出された翌日には処刑されてしまったが、尋問や白状があったのかどうか。そして、贓物も一緒に引き渡されたからこの八郎が真犯人だったとされているが、「落書」で「実犯」とされた二人が盗んでいたとすれば、それを八郎の身柄とともに差し出すことは可能ではないのか。などなど、不審な点はいっぱいある。けれども、「寺中のことは惣寺の沙汰」とする法隆寺の言い分をいれて、十七ヵ所の勢力は、日暮れとともに退散したまま、その後、この問題に直接かかわろうとはしなかったようである。

三　「言口」をさがせ

うわさを広めていくにあたり、その起源となる人はだれもいない。…人は起源を際限なく探り求める。そして、より以前に語っていたとして、だれかある人を見つけ出すのだ。

（エドガール・モラン『オルレアンのうわさ』）

「言口《いいくち》」ということばは、「口頭で述べること」「口上《こうじょう》」「供述」などのように、口で述べられた内容という意味をもっている。けれども、史料などに出てくる「言口」は、もうすこし広く、「口上を述べるその人自身」あるいは「その人のものを言う能力」をさして使われることが多い。口で表現する能力にたけていることを「口が利《き》く」「利口《りこう》」といい、それが、能力ある人間に対する「利口」という意味に広がっていくこととよく似ている。つまり、「言口」というのは、述べられた内容というよりも、それを言った人そのものに深くかかわっていることばである。

「うわさ」とともに、その「言口」が問題にされる場合、そこでの「言口」は、「うわさを最初に言い出した人」「申し口」「言い出しっぺ」という意味あいをもってくる。ここでは、「言口」に注目して、「ものを言う能力」や「ものを言うことが引き起こす力」について考えてみたいと思う。

1 言口流罪

謀反に同心と世に謳歌す

室町幕府の六代将軍足利義教《あしかがよしのり》に愛され重用された三条実雅《さんじょうさねまさ》は、その義教が嘉吉元年（一四四一）「将軍犬死」と評されるような死をとげてから二年後、たいへん困った事態におちいっていた。

嘉吉三年（一四四三）十月十三日、伏見宮貞成《ふしみのみやさだふさ》親王の御所に、三条実雅から使いの者がやってきた。

「このたびの謀反に同心した人数のなかに私も含まれていると世の中ではさかんにうわさしているとのこと、とても驚いております」と、三条実雅の言い分を使いの者が申し述べた。伏見宮の方からは、「巷説《こうせつ》はいろいろと耳に入っていますが、それを信用などしてはおりませんから、ご心配なく」と返答をした。

今度の謀反に加担していたそうだ、という「うわさ」が広まっていくなかで、「とんでもありません。私自身、なぜそうしたうわさがたっているのか見当もつかず、驚いているのです」と、いくら抗弁してまわっても、一度たてられた悪評は三条実雅のまわりを包囲しはじめていた。伏見宮貞成も、「事実ではないのだから問題ないじゃないか」と言いつつ、すぐそれに続けて、「但し人口《じんこう》あり、不思議の事也」（けれども、いろいろと人の口にのぼっている。その点は考えてみれば妙なことだ）という感想をもらしている。「火のないところに煙はたたない」というわけである。それは、この「うわさ」を聞いた多くの人々に、共通した感想であった。そして、その心理がつぎの「人口」の温床となり、新たな「うわさ」を生み、疑惑がいつまでも、くすぶりつづけることになる。こうして「うわさ」は、まるで生き物のように動き、成長していく。

これは、「虚名」に包まれている当の本人にとっては、大変にやっかいな事態で、なんとかしてこのもやもやした嫌疑を晴らしたいと思うのが当然である。そして、三条実雅もそう思った。今度は使いの者を送るのではなく、自分自身で伏見宮の御所にやってきた。二日後の十五日のことである。伏見宮貞成の日記『看聞日記《かんもんにっき》』には、「何度も申されるので対面した」とだけ書かれている。ところで、実雅が同心したとされている「謀反」とは、いったいどのような事件であったのだろうか。

禁裏炎上

同じ嘉吉三年（一四四三）の九月二十三日のこと。暮れ方から世間が騒がしい。管領《かんれい》の命令で、軍勢が烏丸《からすま》邸に急いで向かったという。このとき烏丸邸には、一〇歳で急死した兄足利義勝《よしかつ》のあとを継いだ八歳の足利三春《みつはる》（のちの義政《よしまさ》）がいた。それまでは室町殿にいたのだが、このところ「妖物《ようぶつ》」がさまざまな物に形を変えてあらわれるため、耐え難いというわけで、烏丸資任《すけとう》の宿所に移ってきていた。三春と母の大方殿《おおかたどの》（日野重子《ひのしげこ》）は、その邪気を払うため、嵯峨《さが》の釈迦堂《しゃかどう》（清凉寺《せいりょうじ》）五大堂にも参籠したという。嘉吉《かきつ》の乱《らん》で将軍義教が殺害され、あとを継いだ義勝も早死にをして、当時の政情はたいそう不安定であった。

野心をもった牢人たちが押し寄せてくるというので、軍勢が走り回って大騒ぎしている。けれども、いったいなにが起こっているのか、正確な情報はなかなか伝わってはこない。

ところが、事態は思わぬ方向に進んでいた。真夜中ごろ、もう横になっていた伏見宮貞成のところに、まわりが騒々しい、火事が起こって近辺が焼けているらしい、との知らせがあった。火事は禁裏《きんり》だという。驚いて走り出して見てみると、天皇の住む清涼殿《せいりょうでん》はすでに炎上している。これを見た貞成は大変びっくりした。時の天皇後花園《ごはなぞの》は、彼の息子である。

天皇の乳人《ちのひと》が走ってきて、泣く泣く語ったところによると、

悪党が三、四十人、清涼殿に乱入してきました。後花園天皇は、危機一髪、からくもその場からは逃げ出されました。大納言典侍《だいなごんのすけ》が剣璽《けんじ》をもって逃げようとしましたが、それを凶徒に奪われてしまいました。天皇のゆくえはまったくわかりません。

心を痛めつつも、この伏見宮自身の御所も危ないというので、貞成は家族や従者を連れてあわただしく家来の宿所へと避難した。「天皇は、無事に前関白近衛忠嗣《さきのかんぱくこのえただつぐ》邸に臨幸《りんこう》」という知らせが入ったかと思うと、一方で「いや、そうではない」という説もあって、結局本当のところはわからない。「実説《じっせつ》不分明、暗然のほか他に無し」というありさまで、貞成の心配や落胆は深かった。

荒説縦横

この日は、さまざまな「うわさ」が乱れ飛んだ。

今夜、晩頭より荒説《こうせつ》縦横の間、武家・大名各々用心す、（『師郷記《もろさとき》』）

凶徒二・三百人、神泉苑《しんせんえん》において群集を成す、或いは甲冑を着する者これあり、悉くは兵具を帯びざる歟と云々、管領の宿所大炊御門万里小路に打ち入るべきの由風聞《ふうぶん》す、又室町殿北小路万里小路に乱入すべきの由その聞こえある、（『康富記《やすとみき》』）

と、「風聞」や「荒説」が人びとのあいだを縦横に駆けめぐった。凶徒たちは将軍や管領をねらうのではないか、というのが、おおかたの見方であった。甲冑で武装した侍たちは、室町殿に駆けつけて警護を固め、大名たちも用心を怠らなかった。ところが、実際に凶徒たちが乱入したのは、警備の手薄な内裏であった。すぐに火が放たれ、内裏では上から下まで大混乱におちいり、天皇のゆくえもわからないという。

「風聞」や「荒説」が飛びかうなかで、「実説」はなかなかつかめない。未明になってやっと、甲冑をつけた奉行数人と警護の者二百余人が伏見宮を訪れ、天皇が近衛邸に落ちのびていることを告げた。そのときになって、ようやく天皇の無事がはっきりした。安堵《あんど》に胸をなでおろした貞成は、

焼亡の時分、諸大名・侍《さむらい》所《どころ》等一人も馳せ参ぜず、尤も不審也、　　（『看聞日記』）

と、天皇の身の安全をはかるべき幕府の侍所や大名の手落ちに、不信感をつのらせ不満をもらした。しかし、ともかくも天皇の身が無事であったことを喜び、「乱中の大慶なり」と記している。

この事件は、「禁闕《きんけつ》の変」と呼ばれるもので、源尊秀が大将となり、その他に日野有光《ありみつ》と彼に与力する者数百人が起こしたといわれている。

彼らは、比叡山《ひえいざん》にのぼって根本中堂《こんぽんちゅうどう》に閉籠《へいろう》し、三千人もの延暦寺衆徒《えんりゃくじしゅと》を語らうつもりのようだと、山門使節から注進《ちゅうしん》してきた。この謀反には、他の公家のなかにも同心した者がおり、また大名の細川や山名《やまな》も同心して「廻文《かいぶん》」に署判《しょはん》を加えている、などと「うわさ」された。

管領畠山持国《はたけやまもちくに》の命令を受けた山門使節の軍勢や延暦寺の衆徒らが押し寄せて合戦となったが、謀反人たちはことごとく殺された。有光の子息資親《すけちか》も捕らえられて処罰された。これで事件は決着がついた。しかしなお、この企てに同心した大名や公家がいるという「うわさ」は、人びとのあいだに根強く残っていた。二十七日になっても、まだ日野の家来などが、いろんなところで召し捕られて籠舎《ろうしゃ》されたり、その場で討たれたり、「世の物言《ものいい》、夜々物忩《ぶっそう》」という状況が続いている。十月八日になっても、

細川・山名等、野心を存ずる歟、公家の人にも野心と人口《じんこう》あり、不思議のことなり、（『看聞日記』）

と、この謀反に同心し、まだ野心をもっている者がほかにもいるという「うわさ」は、いっこうに衰えを見せなかった。

万人口遊、誰を糺明すべけんや

それゆえ、その「うわさ」の渦中に巻き込まれた三条実雅は、けんめいにそれを否定した。奪われた剣璽はまだ見つかってはいない。そんな大事件に同心しているなんてとんでもないと、最初は使者をたて、つぎには自分自身で伏見宮の御所までやってきて、なんとかぬれぎぬを晴らそうとやっきになっているのである。

一方の伏見宮は、すっかり落ちつきを取り戻していた。十月十八日の『看聞日記』には、

落書《らくしよ》有り、
このころは在京人の世さまかな
御所も内裏もかりやとをして
比興ながらよくよめり、

と見える。内裏が炎上してしまって、父である伏見宮のところに「仮り宿」をしている天皇を題材にした「落書」である。「将軍も室町殿に妖物が出るとか言って烏丸邸に〝仮り宿〟をしているし、将軍も天皇も、そろいもそろってよくもまあ、と言いたいところだけれども、これこそ近ごろの都の世相をよく示す象徴的な姿であることよ」、というのがこの「落書」の趣旨であろうか。

「落書」は、もちろん匿名である。それがかえって、「天狗《てんぐ》の落とし文」などともいわれるように、その背後に人間を超越した存在が関与しているかのように受けとめられて、大きな威力を発揮した。

この、「将軍も天皇も仮り宿をして、本当にまあ、どうしようもないね」と揶揄《やゆ》している「落書」も、人目につく門か壁に誰かが貼りつけたものだろう。それが誰なのか、貴族社会の一員であるのか、それともどこかの寺の僧侶であるのか、または、それこそ口さがない「京童《きようわらんべ》」のしわざであるのか、それがわからないところが「落書」の「落書」たるゆえんである。ともかくも、禁裏炎上、主上《しゆじよう》遁走という大事件は、「荒説縦横」「世に謳歌」「風聞」「巷説」「人口」と京中の人びとのあいだを駆けめぐり、そして一件落着かと思われる段階に至ってもなお、このような「落書」を京の各所に生みだしていたのである。「うわさ」は走り、大きくふくれあがり、事件の舞台となった中心部だけでなく、その周辺、そしてさらにはその外へと広がり、成長しつづける。その「うわさ」のうねりのなかで貞成は、わざわざその「落書」を日記に書き写したうえで、「とるにたらないことながら、なかなかうまく詠んでいるではないか」と、久しぶりの天皇との同居に心楽しい様子で、余裕の評を書き記している。

十月二十二日、またもや三条実雅がやってきた。自分の身の上にふりかかっているまちがった悪評について、その「言口《いいくち》」を糺明していただきたい、という。天皇の方にも同じことを申し入れたとのこと。貞成は直接対面することもなく、「天下の巷説を、いったいどのようにしたら糺明することができるというのか。当方はまったくあずかり知らないことである」「万人が口遊《くゆう》《くちずさみ》しているなかで、いったい誰をその言口として糺明できるのか。とにかく、自分の方ではいっさい、そのようなことを言い出したものはいない」と返答させている。

「天下巷説」「万人口遊」というような、世間で広く「うわさ」されていることは、誰が言い出したというわけでもなく広まっていくものだから、言い出した張本人を捜し出して処罰することなど、とうてい不可能なことである。伏見宮は、いくぶん冷ややかに、こう返答した。おそらく、冷静に考えれば、これは真実であったにちがいない。「万人口遊」といわれるほどに拡大してしまった「うわさ」は、その「言口」はおろか、その広がっていくルートさえも、ハッキリとつかむことはできない。

「天下巷説」のシッポをつかまえるのは、至難のわざだったのである。

しかし、当事者として日々その「うわさ」の矢おもてに立たされている身としては、冷静に構えてなどいられない。三条実雅は、ずいぶん腹立ちの様子で帰っていったという。いまいましい「うわさ」をまき散らした張本人、つまりその「言口」を、なんとかして捕らえたいと彼は思ったにちがいない。しかし、それは叶わぬことであった。ただ、その後の三条実雅は、同年十一月二十一日の吉田祭にも上卿《しょうけい》をつとめるなど、従来と変わらぬ日を送っている。この「うわさ」は、単なる「うわさ」に終わったようである。

親王宣下の延期

伏見宮貞成の子どもには、後花園天皇の下に弟がいた。「宮《みや》の御方《おんかた》」と呼ばれる彼は、伏見宮家を継ぎ、その所領を受け継いでいくべき人物であった。

文安二年（一四四五）三月十六日、この「宮の御方」は元服《げんぷく》した。加冠《かかん》は関白《かんぱく》二条持基《にじょうもちもと》がつとめた。中原師郷《もろさと》の日記には、つぎのように記されている。

後になって聞いたことだが、本当は元服の翌日に「親王の宣下《せんげ》」があるはずだったのに、天皇や皇族のことについて、思いもかけない「荒説《こうせつ》」が出てきた。そのため、親王宣下は実現しなかった。

（『師郷記』）

「近日毎事、此の如し」と師郷は感想を書き加えている。近ごろは、なにかというとすぐにこのような「不思議の荒説」がどこからともなく言いふらされて、さまざまな影響を多方面に及ぼしている、とんでもないことだ、と。

ところで、この「不思議の荒説」がいったいどのようなものだったのか、全然手がかりが残されていない。けれどもそれは、「宮の御方」に親王の号を認める宣下が延期されねばならないほどに、重大なものであったことだけは、たしかである。

以前、三条実雅に対しては「万人口遊、誰を糺明すべけんや」と、冷ややかに言い放った伏見宮ではあったが、ことが我が子の親王宣下をも左右するということになれば、超然としていることはできなかった。「天下巷説」「万人口遊」という事態にまで拡大していかないうちに、その「言口」をきびしく糺明し、なんとしても親王宣下を実現しなければ……。そう考えた貞成は、すばやく手を打った。

中原師郷《もろさと》の記すところによれば、「不思議の荒説」が出来《しゅったい》して親王宣下が延期になったあの三月十六日から、二ヵ月あまりたった五月二十日、伏見宮貞成親王から朝廷に訴訟があった。万里小路時房《までのこうじときふさ》と松木宗継《まつきむねつぐ》の二人が伏見宮のところに出かけ、事の次第をよく聞いて、それを天皇に伝えた。去る三月の「荒説」について糺明したところ、広橋兼郷《ひろはしかねさと》と白川雅兼《しらかわまさかね》がこれを言い出したことが明らかになったので、訴えたという。

さらにもうひとつ、『高倉永豊卿記《たかくらながとよきょうき》』にも、今度の「雑説《ぞうせつ》」について糺明され、そのため万里小路時房と松木宗継が勅使《ちょくし》になったこと、神祇伯《じんぎはく》二位《にい》の白川雅兼王が「言口」だといわれていること、などが書かれている。

この二つの記事を重ねあわせると、この二ヵ月あまりのあいだに、伏見宮の方では、「不思議の荒説」「雑説」を言い出した者を徹底的に糺明し、広橋兼郷と白川雅兼の二人をわりだし、そのうえで、天皇に訴訟していることがわかる。その趣旨を聞くため、勅使として万里小路時房と松木宗継が伏見宮御所につかわされた。しかし、この時点で、すでに事は決着していた。「言口」が誰なのか、もうはっきりとしていたからである。あとは、「言口」とされた二人に抗弁の機会を与えることと、その処分をどうするかという問題が残されているにすぎない。

言口を流罪に処す

五月二十三日、高倉永豊邸には、日ごろから親しくつきあっていた白川資益《すけます》の父雅兼が今度の「雑説」の「言口」として訴えられているということで、なんとか事態の打開をはかるため、月輪家輔《つきのわいえすけ》と当の白川雅兼・資益父子が集まっていた。天皇への「申し詞《ことば》」について相談しようというのである。

しかし、天皇への弁明は聞き入れられなかったようで、二十八日には、月輪が永豊のところにきて、「今度の雑説の〝言口〟は日野中納言《ちゅうなごん》（広橋兼郷）だったとして決着がつけられた。それを伯二位（雅兼）が広めてまわったということで、この両人には処罰があるだろう」と伝えている。ちょうどそこに、伯二位の息子資益もきたが、三人は、暗転していく事態を前にして打つ手もなく、痛飲するばかりであったという。

このように「言口」の糺明に決着がつけられたあと、焦点は二人の処罰にしぼられる。

六月はじめ、伯二位雅兼には「洛中《らくちゅう》居住叶うべからず」と、洛中追放の処罰が下された。そして、去る三月「宮の御方」元服のときの「雑説」は、すべて彼のしわざである、彼こそが「言口」である、と断定された広橋兼郷には、「流罪《るざい》に処す」との裁定があった。

「洛中追放」というと、洛中での居住は禁じられるが、それ以外どの地に住もうと自由である。一方、「言口」として厳罰に処せられることになった兼郷は、「流罪」と決定された。本人の意志にかかわりなく、強制的にどこかの遠隔地に流されてしまうことになる。「雑説」や「荒説」を言い出した「言口」と、それを「演説」してまわった者とでは、あきらかに罪の重さが違っていた。

その後、日野重子が口ぞえをして嘆願したので、広橋兼郷の「流罪」は軽減され、伯二位と同じく洛中を追われることになった。

すべてが終わった六月二十七日、親王宣下があった。貞常《さだつね》親王の誕生である。

不思議な空白

ここまで見てきて、なんとなく隔靴《かっか》搔痒《そうよう》の感を禁じえない。この「不思議の荒説」事件で、その

「言口」が糺明されていく経過を物語るのは、すべて『師郷記』と『高倉永豊卿記』であって、直接の当事者が書いた記録ではない。そのため、決着にいたる複雑な経緯が、まったくわからない。なによりも、「不思議の荒説」「雑説」というものの中身が、いったいなんだったのか見当もつかない。伏見宮の方では、どのようにして「言口」を糺明したのか、とても興味のあるところだが、これもまたわからない。

まず、伏見宮貞成の日記『看聞日記』が、嘉吉三年（一四四三）十二月から文安四年（一四四七）十月まで、まったく残されていない。自分の身辺のことから世間の「巷説」に至るまで、あれほど饒舌に豊かに私たちに伝えてくれた『看聞日記』、それが書かれなかったのか、それとも散逸してしまったのか、この事件についての手がかりをいっさい私たちに語ってはくれない。また、この「宮の御方」のところへは、中原康富《やすとみ》が漢学の素読と講釈に頻繁に訪れている。いわば、康富は家庭教師のような役目を果たしていたのである。彼は、やり直しとなった親王宣下の儀式にも参陣している（『師郷記』文安二年六月二十七日条）。ところが、この時期の『康富記』も残っていない。それならば、勅使となって伏見宮のところに出かけて訴訟の内容について尋ねた万里小路時房、彼も『建内記《けんないき》』という膨大な日記を残している。しかし、やはりこの時期、時房の日記もない。

なにか大きな作為の手でも加わったのではないかと思えるほどに、この事件の真相を知らせてくれるはずの記録は、この時期のものがすべて欠けている。もちろん、中世に書かれた日記の原本そのも

表2　日記の残存状況

年	月	看聞日記	康富記	建内記	師郷記	高倉永豊卿記	備考
嘉吉三（一四四三）	一	*		*	*		
	二	*		*	*		
	三	*		*	*		
	四	*	*		*		
	五	*	*	*	*		
	六		*	*	*		
	七	*		*	*		
	八	*	*		*		
	九	*	*		*		
	一〇	*			*		
	一一	*	*		*		
	一二	*	*		*		
文安一（一四四四）	一		*	*	*		
	二		*	*	*		
	三		*	*	*		
	四		*	*	*		
	五		*	*	*		
	六			*	*		
	閏六		*		*		

年	月						記事
	七		*		*		
	八		*		*		
	九		*		*		
	一〇		*		*		
	一一		*		*		
	一二				*		
文安二（一四四五）	一				*		
	二				*		
	三				*		三月一六日、貞常元服
	四				*	*	
	五				*	*	五月二〇日、伏見殿訴訟
	六				*	*	六月七日、言口流罪。二七日、親王宣下
	七				*		
	八				*		
	九				*		
	一〇				*		
	一一				*		一一月二五日、広橋綱光元服
	一二				*		
文安三（一四四六）	一				*		
	二				*		
	三				*		
	四				*		四月一二日、広橋兼郷没

年	月						記事
	五				＊		
	六				＊		
	七				＊		
	八				＊		
	九				＊		
	一〇				＊		
	一一				＊		
	一二				＊		
文安四（一四四七）	一			＊	＊		
	二			＊	＊		
	閏二			＊	＊		
	三			＊	＊		
	四			＊	＊		
	五		＊	＊	＊		
	六		＊	＊	＊		
	七		＊	＊	＊		七月二二日、広橋阿婦丸没
	八		＊	＊	＊		
	九		＊	＊	＊		
	一〇	＊	＊	＊	＊		
	一一	＊	＊	＊	＊		
	一二	＊	＊	＊	＊		

のが残っているのは稀なことで、そのすべての年月を欠けることなく連綿と語ってくれる日記は、ほとんどない。それが、たまたまこの時期に、『看聞日記』も『康富記』も『建内記』もその欠落部分が集中してしまったにすぎないのではあるが、そのため、この事件は肝心の核心部分がぼやけてしまって、うまく焦点を結ばない。問題の周辺を、ただグルグルとまわっているような、そんな気がしてくる。

公方突鼻

すこし別の角度から、問題を探ってみるしかない。

「言口」と断定され、「流罪」をかろうじてまぬがれて洛中を追われた、広橋兼郷という人物について見ていきたいと思う。

いくつかの日記に登場する兼郷には、すこし奇妙なふるまいが見られる。たとえば、醍醐寺三宝院《だいごじさんぼういん》門跡満済《もんぜきまんさい》の日記『満済准后日記《じゅごうにっき》』、正長元年（一四二八）七月二十日条には、つぎのように書かれている。

この日の明け方、卯《う》の刻（午前六時ごろ）、称光《しょうこう》天皇が死んだ。二八歳であったという。あとは伏見宮貞成の長男で一〇歳の彦仁《ひこひと》が嗣ぐことになり、翌年即位して後花園天皇となる。この称光天皇の仏事を執り行なう仏事奉行に右大弁宰相《うだいべんさいしょう》親光《ちかみつ》（広橋兼郷）をと、後小松《ごこまつ》上皇から再三にわたって命じられたにもかかわらず、彼はさしさわりがあるからと固辞しているという。その理由はというと、自分は御祈奉行であるから仏事奉行にはなれないのだという。これまでの例でも吉凶の奉行を兼ねる場合はいくらでもあるのだから、それは、なんらさしさわりにはならないといくら言っても、頑として自分の考えを主張するばかりである。昨日から問答しているのだが、いっこうにらちがあかず、まだ決着がつかない。すでに今朝早くに天皇は亡くなっているのに、仏事奉行が決まらないので、すこしも事が運んでいかない。とんでもない次第である。結局、満済が将軍足利義教に事の子細を伝え、このままではまったくもって不届きなことであると申し入れた。そこで、将軍からきびしく親光に問答をして、やっと午《うま》の刻（正午）以後になって承知したという。「いやはや」という満済の嘆息が聞こえてきそうな記事である。

ここからは、こうだと言い出したらなかなか自説をひっこめることのできない、頑固な性癖の人物像が浮かんでくる。たとえ、相手が上皇であっても、その命令に不合理だと思えるところがあれば受けいれることなどできない。どんなに状況がさしせまっていようとも、自分で納得できるまでは、てこでも動かない。そんな、ゆうずうのきかない生まじめな人、という印象である。時に二八歳。その年の十一月三日には権中納言《ごんちゅうなごん》となり、永享四年（一四三二）十月には日野家の家督を継ぎ（「広橋家譜」）、以後は日野中納言と呼ばれることになる。父広橋兼宣《かねのぶ》もつとめた伝奏《てんそう》の職にも任命され、順調な歩みを続けていた。

ところが、永享八年（一四三六）十月、兼郷にとって大変なことがもちあがる。兼郷は、将軍足利義教から譴責を受けて、ひどく面目を失うことになった。伝奏の職には中山定親《なかやまさだちか》が替わって任命され、兼郷は「出仕停止」「所領没収」という事態におちいった。「人間の栄衰を目のあたりにする思いがする」と、伏見宮は書いている。

この事件は大きな波紋を呼んだ。奈良興福寺《こうふくじ》大乗院《だいじょういん》の経覚《きょうかく》も、その日記につぎのように書き記している。

伝奏の権中納言兼郷卿は、去る十六日、失過披露のため出仕をとどめられた。後任は中山宰相中将定親。家領も没収されたという。二十五日には、幕府から両奉行が派遣され、資財を差し押さえ、兼郷は屋敷を追い出された。伝え聞くところでは、日野の所領三十八ヵ所のうち、三条実雅に十三ヵ所、中山定親に十一ヵ所、東洞院資親《ひがしのとういんすけちか》に五ヵ所、烏丸資任に二ヵ所が、与えられたとのこと。（『経覚私要抄《しょうしょう》』）

自分の前でわけもなく笑ったからといって菅侍従益長《かんのじじゅうますなが》の所領を召しあげ（『看聞日記』永享二年十一月九日条）、酒の席でおもしろみがないからという理由で右大臣鷹司房平《たかつかさふさひら》の所領を奪う（『建内記』永享十二年二月十六日条）。このように、将軍足利義教の勘気に触れて、蟄居《ちっきょ》を命じられ所領を没収された公家は数多い。兼郷も、その一人であった。それまでは、伝奏として活躍の場を与えられていたのに、一転して、三十八ヵ所すべての所領は没収され、資財も奪われ、屋敷から追い出されるという羽目におちいった。

嘉吉元年（一四四一）義教が殺された。六月二十四日のことであった。そして、七月五日には、「先の御代《みよ》の時分、勘気に及ぶ、近日諸人御免連綿也」（『建内記』）と、将軍義教の勘気をこうむって蟄居させられていた人びとがつぎつぎと赦免されている。鷹司房平《たかつかさふさひら》・久我清通《こがきよみち》・裏松重政《うらまつしげまさ》、賀茂在方《かもあきかた》などとともに、広橋兼郷も許されて出仕することができるようになった。三六歳で蟄居して以来、このときまで五年の年月が過ぎていた。

スケープゴート

出仕停止から解放されて、ふたたび兼郷は活動を開始した。万里小路時房も、七月十一日にそれを祝って「鷹司西烏丸以東」にあった兼郷の宿所を訪れている。しかし、「兼郷卿に於いては、いよいよ計会《けいかい》歟、家領の如きは大略転変し了《おわ》んぬ」「兼郷卿、近日定めて計会申すべきの由」（『建内記』嘉吉元年十月二十一日条）と、家領のほとんどを失って、大変に困窮していた様子がうかがわれる。

嘉吉三年（一四四三）、加賀の守護家富樫《とがし》氏の家督相続をめぐって紛争があり、前守護代の山川父子が富樫の宿所に籠って抵抗の姿勢を見せた。管領畠山持国《もちくに》がこれを打ち破るというので、洛中は大騒動となった。

二月二十八日午《うま》の半ばすぎ（午後一時すぎ）に、その山川が切腹したという説が流れた。それは、兼郷が内裏の泉殿《いずみどの》にやってきて、「ただいま山川が切腹しました。管領から、富樫ぐらいの分際のことで武装する必要もないので、具足もつけず、今から室町殿へ出仕するつもりだ、という知らせがありました」と言ったことによる。ある人が兼郷に「すでに管領は出仕したのですか」と尋ねた。兼郷は、「そのとおりです。やっと管領が参るようです」と答えた。この話を聞いて、みんなは無事に終わってよかったよかったと安堵した。

ところがその後、人びとの説によれば、山川はまだ切腹していないという。それならば、兼郷が管領からの音信があったというのは腑に落ちないではないかということになった。また、管領は今日は出仕などしてはいないという話まである。兼郷の吹聴したことは事実に反するもので、実際に山川父子が自害したのは、夜になってからで、戌《いぬ》の刻（午後十時ごろ）のことだという。

これを聞いて、前黄門《さきのこうもん》（四辻季保か）は「この人の昔からの習い性は、まだ直っていないようですね」と一笑した。万里小路時房も「言うなかれ言うなかれ」と『建内記』に書き記している。前黄門が語った「此の人の久しき習い、いまだ取り直らざるか」ということばの言外に、兼郷はあいかわらずの妄言癖が直っていなくて、本当に困ったものですねとあきれ果てている感じが、にじみ出ている。

もうひとつ、兼郷の評判を知るうえで注目されるのが、『建内記』文安四年（一四四七）七月十二日の記事である。これは、兼郷の息子広橋阿婦丸《あぶまる》が死んだときの記事で、彼はその時一五、六歳、後花園天皇の側《そば》近くにつかえていた。父兼郷は、この時期すでに死んでいるのだが、その子阿婦丸の心操が父の中納言兼郷にとてもよく似ているため、人びとはそれを恐れて心配していたという。兄の綱光《つなみつ》の方は穏やかな性格と聞いているので、「朝家として珍重々々」というのである。このことからも、兼郷という人物が、いかに当時の貴族たちのあいだで、一風変わった人として評判であったかがうかがえる。

さて、洛中物騒といわれた山川切腹事件のこの日、もう一人、たいそう目立った人物がいた。武家でさえも甲冑を帯びずに室町殿に参っているというのに、大勢の供の者に腹巻を着けさせて参内した公家がいた。内裏の門内で、その兵士たちの姿はたいそう人目をひいたという。この貴族が、あの伯二位白川雅兼である。

この日の一件から考えて、広橋兼郷も白川雅兼もともに、常日頃から目立った存在であったと思われる。本人が意識してそうしていたというよりも、その振るまいやことばが自然に人びとの注目をあびてしまう。その言動には、やや穏当さを欠くところや、すこし常識はずれのところがある。そういう人物であったようである。

そして、そこに「不思議の荒説」が取り沙汰され、その「言口」が糺明されるという、親王宣下延期事件が発生した。「言口」を捜し出して、きびしく処罰することによって、その「うわさ」がまったく根拠のないものであることを、広く世間に明示しなければならない。伏見宮家では、二ヵ月あまりのあいだに広橋兼郷と白川雅兼が「言口」であると断定し、朝廷に訴え出た。あの事件の「言口」

が兼郷と雅兼だったと聞いて誰もが、「ああ、やっぱり」と思えるような、日ごろから、とかく目立つ存在の二人であった。

「万人口遊、誰を糺明すべけんや」と、伏見宮貞成が以前、三条実雅に言い放ったように、「天下巷説」「万人口遊」の「言口」を糺明し、特定の人物にしぼり込むのは、おそらく至難のわざであったと思われる。広がってしまった「うわさ」の源を探り出すのは、今日の社会においても困難をきわめる。それは中世社会においても同様であったにちがいない。しかし、それでも「言口」は糺明され、処罰された。

この事件にかかわったとされる二人の貴族の日ごろの言動を追いかけてきて思うのは、彼らが一種のスケープゴートとしての役割を負わされたのではないかという点である。

中世社会にあって、「うわさ」は神の意志を背景にもったものとして受けとめられており、その内容は、まったく事実無根の口から出まかせとは考えられていなかった。「うわさ」を打ち消すためには、同じ比重をもつ「神慮」の支持を得るために一定の手続きを要した。そうしてはじめて「うわさ」は否定できるものであった。そうでないならば、「言口」を明らかにして、それがいかに妄言であり欺瞞に満ちたものであったかを、白日のもとにさらすしかない。伏見宮側がとったのは、この後者の方法である。朝廷の裁決は、「言口」の広橋兼郷を流罪、「演説」した白川雅兼を洛中追放に処すというきびしいものであった。それによって、いったんはケチがついた親王宣下を再度やりなおすことができる。こうして、この事件には幕がおろされることになった。

『公卿補任』の文安二年（一四四五）「散位」のところには、こう書かれている。

従二位　広橋　藤兼郷　四十五　六月日辞、有子細云々

従二位　雅兼王　神祇伯、六月日出家、依勅勘也、

ともに、なにが原因で六月日に職を辞したのか、出家したのか、「子細あり」とあるだけで明確には記されていない。ただ、白川雅兼のところには「勅勘《ちょっかん》によるなり」とあって、わずかにこの事件の片鱗をのぞかせている。

一五歳で広橋兼郷のあとを継いだ息子綱光の日記、「綱光公暦記《つなみつこうれきき》」文安三年の記事には、「家君《かくん》御違例」の文字が二月ごろから目立つようになり、

（四月）十一日、天晴れ、今夜、家君御違例以ての外に御座の間、狂顛するものなり、

十二日、天晴れ、風和み今夜月明るし、家君を夜深に葬送し給うの条、家中涙を袖に落とす、

と、ついに兼郷が死去したことを記している。通常の葬送を行なえないのは「無念」「筆に尽くし難し」とも書かれている。しかしそれ以外は、昨年起こった「言口」糺明から追放に至る経過についても、それ以後近江国《おうみのくに》で過ごしていたとされる追放後の父の姿についても、いっさいなにも記してはいない。昨年の一連の不幸な出来事は、できるだけ触れずにおきたいことであったからである。そしてそれは、伏見宮家にとっても同様であった。後に書かれた「伏見宮系譜」には、

貞常親王　母敷政門院《ふせいもんいん》准三后《じゅさんごう》源幸子庭田贈左大臣経有公女、応永三十二乙巳年十二月十九日丑《うし》刻誕生、文安元甲子年二月廿日親王宣下二十、上卿□□、同二乙丑年三月十六日元服、加冠二条後福照院《のちのふくしょういん》関白持基《もちもと》公、

……文明六甲午年七月三日薨五十歳、

と記されている。ここでは、貞常親王は文安元年二月二十日、二〇歳のときに親王宣下を受け、翌二年三月十六日に元服したことになっていて、「不思議の荒説」出現、親王宣下延期、「言口」糺明、洛中追放という文安二年の事件は、ここでは完全に消滅させられている。実際の親王宣下は、この事件のあとの六月二十七日に行なわれたにもかかわらず、その事実さえ改竄されてしまっている。

『師郷記』と『高倉永豊卿記』と、この二つの日記が残されていなかったならば、「言口流罪」という事件は、時間のかなたに置き去りにされるところであった。

2　悪名の寺僧

寺内の置文

大和国《やまとのくに》に内山永久寺《うちやまえいきゅうじ》という寺があった。現在の奈良県天理《てんり》市にあった寺で、平安時代後期の永久年間（一一一三〜一八）に建てられたといわれ、奈良興福寺大乗院《こうふくじだいじょういん》の末寺としてさかえた。しかし、明治初めの廃仏毀釈《はいぶつきしゃく》によって廃絶し、今は、小さな池と一面の畠が残されているだけである。

この内山永久寺には、「内山永久寺置文《おきぶみ》」と呼ばれる記録があった。そこには、寺の成立や堂舎の由来などとともに、寺の僧侶たちが取り決めた規範・置文が、時代を追ってまとめられている。その「内山永久寺置文」のなかに、つぎのような「条々起請《きしょう》」がある。

女人諸房に出入りせしむべからざる事、但し、世間騒動怖畏の時、ならびに仏事聴聞の時を除くと云々、

山門住房を他所の人に譲るべからず、沽却同前の事、

山内《さんない》馬に乗るべからざる事、

双六を打つべからざる事、

毬打《ぎっちょう》を打つべからざる事、

湯屋《ゆや》入堂に腰刀を指すべからざる事、

起請に背くの輩を見隠すべからず、また実無き事を申し付くべからず、

条々若しこれに違犯《いほん》せしめば、事の由を申し上げ罪科あるべし、

元暦元年六月日　　　山僧連署《れんしょ》　罰文在り

元暦元年（一一八四）のこの条々では、まず最初に、女人を寺内の諸房に出入りさせてはならない、としている。そして、そのあとで、女人の出入りが例外的に認められる二つの場合をあげている。ひとつは「世間騒動怖畏の時」、もうひとつは「寺内で仏事聴聞が行なわれる時」である。この二つの

例外をのぞけば、寺内への女人の出入りはきびしく禁じられていた。

寺内で馬に乗ってはいけない、湯屋に入るときには腰刀をさしてはならないとされている。僧侶たちは日常生活のなかでは腰刀をさし、馬に乗っていたことがわかる。また、双六を打ったり、毬打を打ったりしてはならないという。双六や毬打は、中世の絵巻物などにも描かれているポピュラーな遊びであるが、僧侶たちもこうした遊戯を楽しみ、かけごとなどもしていたようである。

ところで、この「条々起請」の最後のところでは、「この起請に違背するものを見隠ししてはならないし、また事実でないことを訴えたりしてはいけない」と書かれている。この「起請文」に連署した山僧たちは、ここで取り決めた条々に、もしも背くような者が出てきたならば、互いに見隠ししたりしないで訴え出ることを誓い合っているのである。

さて、この訴え出る方法についてであるが、同じ「内山永久寺置文」のなかに、

山内の善悪につき、落書《らくしょ》を用うべからず、また落書を披露すべからず、

という記事がある。これは、建久四年（一一九三）に山僧らが連署して取り決めたもので、違反者を告発する「落書」がかかげられても、それを「用うべからず、披露すべからず」としている。自分自身は闇のなかに姿を隠したまま、相手を名ざしで告発する「落書」は、そこに書かれている内容に責任をもつのがいったい誰なのか、まったくわからない。真偽を問おうにも誰にそれを問えばいいのかわからない。だからこそ、「落書」は、「用うべからず」「披露すべからず」とされたのであろう。

けれども「落書」は、その匿名性ゆえに力を発揮する。「天狗《てんぐ》の落し文」などともいわれて、人間ではないものの意志を背後に背負っているかのように受けとめられていた。それだけに、無視できないある種の力を秘めた矢として、「落書」は、くりかえしくりかえし寺の内部から放たれつづけた。

参籠起請

室町時代、京都の東寺《とうじ》では、「落書」をめぐって、もっと具体的で現実味を帯びた状況がくりひろげられている。

永享五年（一四三三）の「廿《にじゅう》一《いっ》口《く》方評定引付《かたひょうじょうひきつけ》」五月七日条によれば、隆憲法印《りゅうけんほういん》の身上が「不《ふ》清《しょう》浄《じょう》」であるとする「落書」が、昨夜東寺の坊門にかかげられたという（「東寺百合文書」ち函九／『大日本古文書　東寺文書　三』）。

「とんでもないことです。私は急いで身の潔白を証明するつもりです。御糺明の方法については、寺家のお考えのままにお任せいたします」と、すぐに隆憲の方から申し出があった。これを、供僧らの評定《ひょうじょう》の場に披露したところ、「今月すぐに糺明するというのはすこしひかえて、来月になってから糺明することにしよう。そのあいだ隆憲は、供僧たちの衆議の場に出仕するのは遠慮するように」という結論に達し、隆憲にその旨を伝えた。

そして、五月三十日の評定では、隆憲に対する糺明の方法がつぎのようにくわしく決められた。

①紏明は、六月二日から始める。
②先規に任せて、隆憲は、七日の間、西院《さいいん》の不動堂《ふどうどう》に参籠すること。
③寺内の諸衆は皆、この間、初日・中日《なかび》・後日に参加して、慈救呪を五百回ずつ唱えること。
④隆憲は、御影堂の牛玉宝印《ごおうほういん》の裏をひるがえして、起請文を二枚書くこと。そのうちの一枚は、中日の真言《しんごん》の間に、神に受け取ってもらうため、宝前に納める分である。
⑤「失」を見守る役目には、御影堂の聖《ひじり》三人、預《あずかり》三人があたる。聖と預から各一名ずつ出て、二人で組になり、順番に、隆憲の参籠中は昼も夜も御影堂に参住し、その「失《しつ》」を見守る。聖も預も、なにか異常があったならば、けっしてそれを「見隠し」したりしない旨を誓約する起請文を書くこと。すべては、先規のとおりにする。
⑥隆憲が書く起請文の文言《もんごん》には、落書の内容を否定することばが書かれなければならない。罰文《ばつぶん》については、先例の案文《あんもん》がある。
⑦日代が起請文に書く文言も、これまた以前のとおり。
⑧起請文の「失」の条目については、式目《しきもく》の追加に定められている法度《はっと》を守る事。
以上のように、たいへん詳細に厳密に、先例や先規にのっとって紏明が行なわれることになった。東寺ではすでに、「落書」を紏明する方法がこのように厳密に定められており、それは「先例」「先規」として確立していた。「落書」に書かれていることが真実なのか、それともそうではなくて隆憲は潔

白なのか、彼自身が七日のあいだ、不動堂に参籠して、神仏の裁定を待つ。これが、「参籠起請」である。そのあいだ、御影堂の聖と預は、昼夜を問わず「失」を見守りつづける。こうして、すべてを神仏の裁定にゆだね、最後の日まで隆憲の身になんらの異常も生じなかったなら、彼の身の潔白は証明される。それは、神の下した裁定ということになるからである。

起請文の「失」

ところで、この「参籠起請」の結果を決定づけるのは、隆憲の身に「失」があらわれるか否かである。そのキーポイントとなる「起請文」の「失」について、ここでは、「式目追加の法度を守るべし」と明確に規定している。そして、たしかに、「鎌倉幕府追加法」七三条には、つぎのような条々が定められている。

定

起請文の失条々

一、鼻血出づる事、

一、起請文を書くの後、病の事、（ただし本の病を除く）

一、鵄《とび》・烏尿を懸くる事、

一、鼠のために衣装を喰わるる事、

一、身中より下血せしむる事、ただし、楊枝を用いる時、ならびに月水の女および痔病を除く

一、重軽服の事、

一、父子の罪科出来の事、

一、飲食の時、咽《むせ》ぶ事、ただし、背を打たるる程をもって、失と定むべし

一、乗用の馬斃《たお》るる事、

右、起請文を書くの間、七箇日中その失なくば、いま七箇日を延ばし、社頭に参籠せしむべし、もし二七箇日なお失なくば、惣じて道理につきて御成敗《ごせいばい》あるべきの状、仰せによって定むるところ件《くだん》の如し、

文暦二年閏六月廿八日

とあって、「起請文」を書いて参籠した者の身にどのような現象が起こったならば、「失あり」と断定されるかについて規定している。「起請文」の内容に、嘘やいつわりがあれば、かならずや神の罰が下されるはずである。「起請文」を書いたうえで神の前に参籠している者の身に、その七日のあいだに、このような異常な現象が起こったならば、それは神がその者の正当性を否定したのである。そうなれば、彼が「起請文」に書いたことは、いつわりであったことが明白になる。そう考えて、人びとは「失」を見守った。

鎌倉幕府によって文暦二年（一二三五）に定められたこの「起請文の失条々」は、室町時代の永享

東寺西院御影堂（不動堂・大師堂）

五年（一四三二）に至っても、依拠すべき法度として生きつづけている。神の裁定に対する信頼は、まだまだゆるぎないものであった。

隆憲法印は七日のあいだ、不動堂に参籠した。そして、そのあいだ、なにも異常な現象がその身に起こらなかったので、これまでどおり、供僧の評定の座に出仕してもよいことになった。「不清浄」であるとして彼を告発した「落書」は、こうした手続きを経て、やっと明確に否定された。隆憲は、自分の身の潔白を証明できたのである。

救運律師悪名の事

そうなると、彼を「不清浄」であると告発した「落書」の方が、嘘であり、まちがっていたことになる。しかし、その後、その書き手を糺明して処罰しようという動きがあったようには思えない。隆憲自身も、「落書」を書いた者をつきとめて告発しようとは、まったく考えてもいないようである。

　ところが、同じく「不清浄だ」という告発であっても、それが実際に特定の人の口から発せられた場合には、状況はまったく違ってくる。「廿一口評定引付」の明徳五年（一三九四）七月十二日条に、そのひとつの例が記されている。

　一、救運律師《きゅううんりつし》悪名《あくみょう》の事
　去る四月、召し仕う承仕《しょうじ》法師祥仙《しょうせん》追い出ださるるの刻《きざみ》、種々荒言を吐き、病中不清浄の由を披露し訖《おわ》んぬ、此の条伝言せしめ、寺中の沙汰《さた》に及ぶの間、尤も沙汰あるべきの処、救運律師、又申口《もうしくち》に就いて紏明あるべきの由、申し請うところ也、

（「東寺百合文書」ち函一／『大日本古文書　東寺文書　二』）


救運律師が、召し使っていた承仕法師の祥仙を追い出した。そのとき、祥仙は腹いせに、いろんな「荒言」を吐き、救運が病気中に「不清浄」であったことを暴露した。このことが、つぎつぎと「伝言」されていって、ついに寺内のあらゆるところで「取り沙汰」されるようになってしまった。すっかり広まってしまった「うわさ」について、しかるべき措置がとられなければ、もうどうしようもないという事態に立ち至った。

　ここに見える「荒言」「披露」から「伝言」そして「寺中の沙汰」へと、変化していく表現のなかに、「うわさ」の誕生から成長、拡大そして膨張へ、という動きが如実に示されている。しかも、驚

くことには、この過程は、四月から七月へと、三ヵ月もの長い時間が経過していくなかで進行していった。まさに、「うわさ」は潜伏し、密かに地を這い、そしてある日、突如として水面に巨大な姿をあらわすのである。

一方、「うわさ」の渦中の救運律師も動きはじめた。「荒言」を吐いた「申口」や、それを「披露」した者を、きびしく糺明するようにと要請してきたのである。

ところが、「申口」の祥仙は、あれ以来田舎に引っ込んでしまって、今は寺内にはいない。その兄の覚善《かくぜん》というのが良宝法印《りょうほういん》に召し使われているが、彼がこの件を言いふらしたとも考えられる。それならば、この兄の覚善を糺明したらどうかという意見もあったが、本人ではないのではっきりしたことがわからないだろうという意見も強く、まずは、救運が「不清浄」かどうか、はっきりさせることが先決だということになった。「冥《めい》の照覧をもって、証《あかし》とし奉らん」、という結論に達したのである。

その方法は、先に見たとおり、不動堂で満寺集会を行ない、寺内に住む僧侶が全員参加して七日間読誦する。救運自身は西院に参籠し、聖と預が各一人、常時そのそばで「失」の有無を見守る。このように手順が決められた。

「参籠起請」が開始される日、救運は牛玉宝印の裏をひるがえして「起請文」を二通書き、不動明王の前で、署名し花押《かおう》をすえた。供僧のうちの年預《ねんにょ》が相対して、これをきちんと確認している。なぜ、二通の「起請文」が書かれなければならないか。それは、一通は不動明王の御前に籠めておくため、もう一通は焼いて灰にし、神水に浮かべて当人に飲ませるためである。これが、「起請文」の作法であった。こうして、七日のあいだ、その「失」を見守ることになった。

これで、自分の身になんらの異常も変化も起こらなかったならば、「申口」には、きびしい処罰を加えてください。「申口」の祥仙は今、寺中にいないけれども、兄の覚善法師が、もっぱらこれを「申し広めた」のだから、彼を罰するべきである。

と、救運は強く主張した。その言い分はもっともなことで、理にかなっている。彼の要求どおりにしよう。これが、衆議の結論であった。

「参籠起請」した救運の身には、なんの変化も起こらなかった。「冥の照覧」によって、その身の潔白が証明されたのである。一方、祥仙の兄の覚善は、「不清浄という悪名」を「申し広めた」として、主人から暇を出され、東寺から追放された。

「うわさ」になる最初のことばを吐いた「申口」も、それを「申し広めた」者も、ともにきびしく罰せられるべきだという主張は、「言口」と「演説」した者の双方に洛中追放という罰が課せられた、あの親王宣下延期事件を思い起こさせる。

「不清浄」とは？

ところで、「不清浄」とは、いったいどのようなことなのだろうか。

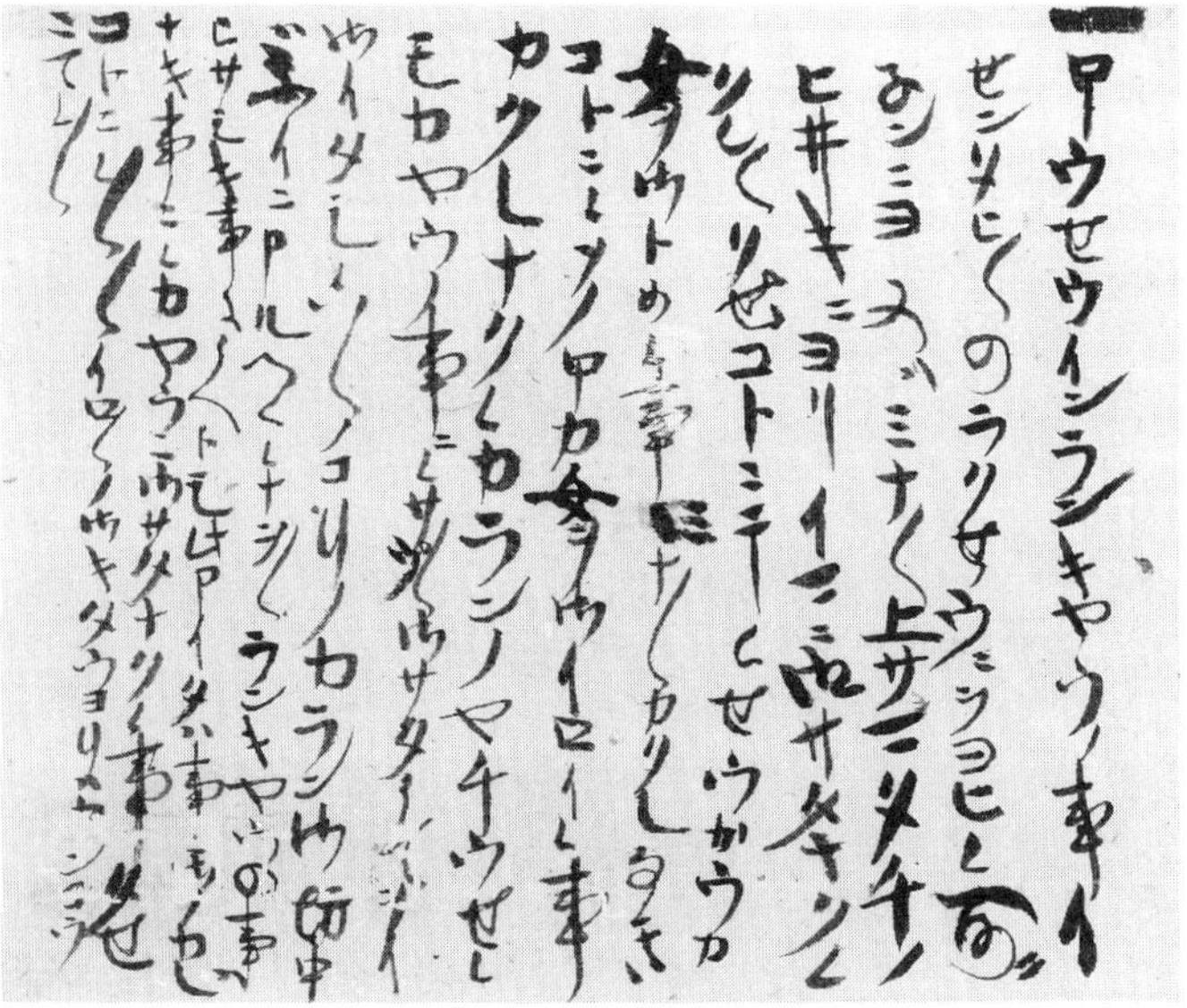

寺内落書（京都府立総合資料館蔵）

ここに、一通の「落書」がある。

一、ホウせウイン《(宝勝院)》、ランキヤウ《(乱行)》ノ事、イせンタヒ〳〵《(以前度々)》のラクせウ《(落書)》ニ、ヲヨヒ《(及)》候所ニ、子ンニヨ《(年預)》又ハミナ〳〵《(皆々)》上サマタチノヒ井キ《(贔屓)》ニヨリ、イマ《(今)》ニ御サタ《(沙汰)》ナク候、クレ〳〵クせコト《(曲事)》ニテ候、せウかウカ、女ヲ御トめ候事、ミナ〳〵カクレ《(隠)》なきコトニ候、ソノホカ、女ヲ御イロイ《(綺)》候事、カクレナク候、……

（「東寺百合文書」ア函三八二）

宝勝院《ほうしょういん》の乱行について、以前から何度も「落書」に書いて告発しているにもかかわらず、年預《ねんにょ》をはじめ、上層の供僧たちが贔屓して、この問題を今に至るまで無視しつづけ、真相を糺明するためになんの手も打たないのは、道理に合わないことである。宝勝院が「女ヲ御トめ候事」「女ヲ御イロイ（綺）候事」は、隠れなきことで証拠もある。この「落書」は、このように宝勝院の乱行を告発するとともに、上層部の不当な対応ぶりを非難している。

この「落書」には、名前はもちろんのこと、年月日も記されてはいないが、「廿一口方評定引付」の寛正四年（一四六三）正月二十三日条に関連記事がある（「東寺百合文書」天地三六、この史料は高橋敏子氏の御教示による）。

一、宝勝院重増《じゅうぞう》、不清浄の落書糺明の事、

と書き始められているこの記事の内容は、つぎのようなものである。

宝勝院重増の身上について、「不清浄」であるという「落書」があった。それを糺明するため、今日、寺中の老若が会合して、重増の身上について見聞きしたことを隠すことなく申し述べる旨の「起請文」を書くことになっていた。その日の朝になって、重増の「不清浄」について目撃したという証人が、年預の坊舎にやってきた。

このようなことを、衆座《しゅうざ》で詳しく披露するのは、とてもできません。そこで、内々に申し上げるため、こうしてやって参りました。

と、彼はいう。その人物は、昨年七月二十三日の重増と女の行跡について、見聞きしたままを詳細に証言した。

去年の七月二十三日のことでしょうか。「湯沸」の日です。件《くだん》の女が火を燃しておりますところに、重増がやって参りまして、女をさそいました。重増は南の縁から中に、女は北の戸から中に入りました。それぞれ、脱いだ履き物をなかに持って入りました。その後、しばらくしてから、それぞれもとの路を通って、重増は門から出て行き、女はもとどおり火を燃しておりました。

年預は、この証言を評定の場に披露した。衆議の結果、重増の「犯科」は遁れられないところだ。こうなったからには、もはや参籠して「起請文」を書くには及ばない。供僧らはそのように重増の方に申し送った。

「不清浄」というのは、先の「落書」にも「女ヲ御トめ」「女ヲ御イロイ」とあり、また証人が年預のところにきて詳しく述べたことにも明らかだが、住房に女人を出入りさせ交渉することであった。最初にあげた「内山永久寺置文」でも、寺僧らの住房に女人が出入りできるのは、「世間騒動怖畏の時」と「仏事聴聞の時」に限ると決められている。それ以外のときに、女人を出入りさせたりすると、「不清浄」の嫌疑をかけられることになる。寺院内部でくりかえし告発された「不清浄」とは、こういう「犯科」を意味していたのである。

この二日後の一月二十五日、重増から、そのように証言した者がいるのなら、自分がその者と対決して事の決着をつけたい、という要求が出された。ところが、供僧らの評定では、それよりも、問題の女を召し出して、証言者の「申詞《もうしことば》」について陳述させようではないか、ということになった。そこで、その女を召還しようとしたが、「今朝は早くから物詣に出かけています。今は家におりません」と、夫の辰法師が返答した。「帰ってきたら、すぐ一緒に公文所《くもんじょ》まで連れてくるように。もしも、虚言を構えるようなことがあれば、おまえもともに難儀な事態におちいるぞ」と、供僧たちはきびしく辰法師に通告した。

さて、この日の夕方、辰法師がつぎのように申し出てきた。

妻の帰りがあまりに遅いので、娘に尋ねてみました。娘のいうところによれば、妻は重増とのことは「事実」であると認めたうえで、「自分は逐電《ちくでん》する。もう二度とここに立ち帰ってくることはない」と、そう言い残して出て行ってしまいました。その行方については、私も娘もまったく知りません。

この辰法師からの返答を評定の場に披露し、供僧らが評議した結果、重増の「乱行は必定」ということになり、ここにその罪が確定した。重増は、自分の坊舎である宝勝院と本尊や聖教《しょうぎょう》を重禅に譲り、十八口供僧職を具円に譲った。このとき、東寺内ではトップの、凡僧別当《ぼんそうべっとう》という高い地位にあった重増ではあるが、すべてを失って東寺を去っていった。

3 器用の言口

村どうしの争いと合力

中世の村どうしは、しばしば争いを引き起こした。原因は山野や水をめぐる問題であった。

京都西郊桂川《かつらがわ》の水をめぐる用水相論は、室町時代の初めから、いく度もくりかえされてきた。明応三年から五年（一四九四〜九六）にかけても、八条西荘《はちじょうにしのしょう》と西岡五ヵ郷《にしのおかごかごう》のあいだで相論が起こっている。八条西荘は石清水八幡宮《いわしみずはちまんぐう》領である。一方、上久世《かみくぜ》・下久世《しもくぜ》・大藪《おおやぶ》・牛瀬《うしがせ》・三鈷寺《さんこじ》の五つの荘園をあわせた西岡五ヵ郷のうち、上久世・下久世は東寺《とうじ》領である。この相論は、室町幕府の法廷にもちこまれることになるのだが、そこに至る過程でも、また幕府法廷にもちこまれた後も、在地の荘官や百姓たちが相論の当事者として主体的に動きまわっている。

石清水八幡宮領八条西荘の公文福地新左衛門《くもんふくちしんざえもん》が、東寺に対して、「このたびの五ヵ郷との用水相論のことで、我々に合力《こうりよく》をしていただけるならばありがたいのですが」と言ってきた。東寺では供僧《くそう》たちが衆議評定《ひょうじょう》し、「寺中の者たちは皆、久世の方に派遣されているので、植松荘《うえまつのしょう》一荘の者だけでも福地方に遣わすことにしよう」と決定した（「鎮守八幡宮供僧評定引付」明応三年七月二十三日条／「東寺百合文書」ね函三三）。

石清水八幡宮

「合力」というのは、在地で双方の勢力が武力衝突をするようなとき、近隣の郷から応援することである。福地からの合力要請があったとき、すでに東寺では、寺領の久世荘《くぜのしょう》の方に、寺中の者を応援のためにさし向けていた。そこで、植松荘一荘の人勢だけでも八条西荘に合力させようと決定した。八条西荘の公文である福地新左衛門が、水論の相手方である西岡五ヵ郷のうち久世上下荘が東寺領であることを知らなかったとは考えられない。それなのに、彼は東寺に合力要請し、また東寺も、同じ東寺の「寺内の者」と「寺領の者」とを、対立する二つの勢力の双方にさし向けるというのである。東寺が、その重要な所領である久世荘を支持し合力するのは当然である。水論の結果いかんによっては、その地域の収穫に大きな影響が出、ひいては年貢の納入もおぼつかないという事態が起こりうる。ところが、東寺は相論の相手方である八条西荘の合力要請にも応じるという。これは、どうしてなのだろうか。

この段階では、問題の解決は在地の双方の村落間の対決と交渉にゆだねられていた。そして、そのなかで東寺は、在地の一勢力という姿勢をとっていた。久世荘からの合力要請にはもちろん応じるけれども、一方の八条西荘からの要請に対しても、はっきりと拒否して敵対の意志表示をしようとは思っていない。むしろ、植松一荘だけでも八条西荘の方に人数を送っておいて、今後の東寺からの合力要請にも応じてもらえるような関係を保持しておきたい。そう考えていたようである。ここでは、在地社会の紛争解決のルールが最優先されている。それは、相論の当事者である村落が近隣の村々に合力を要請し、武力的な衝突をくりかえしたうえで、近隣地域のなかから中人《ちゅうにん》が調停に入って妥協点を探り、問題の決着に至る。中世の多くの相論は、こうして在地社会のなかで解決されてきた。

二通の奉行人奉書

しかし、同じ七月二十三日、久世上下荘名《みょう》主《しゅ》沙《さ》汰人《たにん》に宛てて、つぎのような室町幕府の命令が出ている。

石清水八幡宮の雑掌《ざっしょう》が訴えている。「石清水八幡宮領八条西荘の用水は、古くから石清水八幡宮の方できちんと場所を決めて桂川から取り入れてきました。それなのに久世上下荘などが、文明十一年（一四七九）、勝手に神領の上に新たに井溝を掘って水を取り入れるという暴挙に出ました。

このときは、幕府の方でひときわきびしく糾明し、奉書《ほうしょ》をもってその動きを封じてくださいました。ところがまた、ふたたび彼らは違乱をしています」と。もしも、これが本当ならば、自ら望んで罪を招くものであり、けしからんことである。今後は、その不当な干渉や争いをやめよ。もしなお、たびたびの幕府の命令に背いて不届きなことをするようならば、きびしく処罰を加える。

（「室町幕府奉行人連署奉書案《ぶぎょうにんれんしょほうしょあん》」／「東寺百合文書」カ函一五六）

このように幕府は、久世上下荘名主沙汰人中に命じた。

しかし、彼らは幕府の命令をきかずに、なお水の取り入れを強行していた。一方、八条西荘では、こうした幕府の裁許をうしろだてにして、問題の井溝を力づくで塞ぐという行為に出た。双方が勢力を結集して、一方は井溝を守り、他方は井溝を塞ぐという実力行使の応酬で、在地は緊張した日々が続いた。

そのなかで、もう一通、幕府の奉行人連署奉書（ニ函八八）が出された。八月十九日のことである。東寺雑掌に宛てられたこの奉書には、「七月二十三日付けの奉書を出し、幕府の命令に従うようにと命じたにもかかわらず、久世上下荘の地下人《じげにん》たちは承知せず、なおも勝手なふるまいを続けているという。こうなったからには、東寺の方で久世荘の名主沙汰人らを呼び出し、きびしく命令を加えるように」と記されていた。

この東寺雑掌宛ての奉行人連署奉書は、石清水八幡宮から東寺に届けられたものである。すぐに供僧らの評定が開かれ、東寺は、この奉書の案文を久世上下荘に送りつけることにした。奉書には、名主沙汰人を召し出してきびしく命令するようにとあったのだが、そのように積極的に動いた様子はない。この時点では、幕府の裁定は明らかに八条西荘側に有利であった。

神領と祈禱料所

翌明応四年（一四九五）七月三日、今度は、管領《かんれい》の細川政元《ほそかわまさもと》から、上久世公文寒川太郎三郎《さむかわたろうさぶろう》・下久世公文久世弥太郎《くぜやたろう》・牛瀬の大築但馬《おおつきたじま》・植松与三郎《うえまつよさぶろう》・大藪左近将監《おおやぶさこんのしょうげん》の五人に対して、八幡宮領八条西荘の用水については、これまでの幕府の命令に従うべきである。けっして西荘の用水に干渉したり妨害してはならないと、きびしい命令が下された（「飯尾家兼奉書案」《いのおいえかね》／「東寺百合文書」ひ函一一五）。そして、とくにわざわざ、

彼の庄内に大方殿《おおかたどの》様御買得の田地これ在るの上は、其の綺《いろい》を停止せらるべきの由候也、

と、八条西荘のなかには「大方殿様」すなわち日野富子《ひのとみこ》の買得した田地もあるので、その用水を妨害するようなことがあってはならないと明記されている。八条西荘は、石清水八幡宮と幕府との太いパイプを十二分に活用して、西岡五ヵ郷の沙汰人たちに圧力をかけ、相論から手を引くようにと迫っているのである。

ここで、西岡五ヵ郷は大きな決心をする。相手がこれだけ積極的に幕府をうしろだてにして正当性

を主張してくる以上、自分たちも幕府法廷での争いに臨まなければならない。

八条西荘は、しきりに自分たちが、将軍家の帰依《きえ》を受け国家の鎮護につとめている石清水八幡宮の神領だということを主張し、幕府の権威を笠にきている。しかし、西岡五ヵ郷のうちの久世上下荘は東寺の鎮守八幡宮領であり、初代将軍足利尊氏《あしかがたかうじ》から東寺に寄進されて以来、とくに重要な祈禱料所《きとうりょうしょ》である。将軍家の武運長久と繁栄を祈るという点では、久世上下荘は八条西荘と同じように重要であって、どちらがすぐれ、どちらが劣っているなどとはいえない。

（「山城国西岡《やましろのくににしのおか》五ヵ荘沙汰人等申状案」文亀三年三月／ひ函一四四）

西岡五ヵ郷の沙汰人たちは、後年このように自己主張を展開した。「この相論から手を引け」という幕府の一方的な命令を前にしたときの、彼らの気持ちがここによくあらわれている。

もちろん、幕府へ提訴するには、莫大な訴訟費用がかかる。在地にとって、それは大きな負担である。しかし、これはどうしても負けられない訴訟であった。「偏《ひとえ》に用水を西荘に付けらるれば、たちまち五ヶ庄ことごとく不作」という事態を招くからである。こうして西岡五ヵ郷は、幕府への訴訟に尽力してくれるよう、東寺に頼むことにした。

用水の大法

まず、久世上下荘から東寺に、桂地蔵河原用水相論《かつらじぞうがわらようすいそうろん》のことについて「公方《くぼう》の沙汰」をえられるよう、とりはからってほしいと頼みこんだ。荘園領主である東寺としては、寺領の危機でもあることだから、東寺奉行の飯尾加賀守清房《いのおかがのかみきよふさ》を通じて幕府の裁許をえようということになった。けれども、東寺はここでひとつ条件をつけている。

　但し、公事用途以下ことごとく皆、五ヶ郷として沙汰致すべき分、一紙をもって申し定むべきの趣、下知《げち》を加えらるべきなり、

つまり、この訴訟にかかる費用の全部を西岡五ヵ郷の方で負担するという確約を、一紙に書いてキチンと約束するように、というのである。東寺奉行という幕府とのパイプを利用することはもちろんのこと、訴訟のプロである寺家の雑掌などを駆使して訴訟が有利に進むよう尽力はするけれども、この裁判に要する費用については、当事者である五ヵ郷がすべて負担すべきだ。これが東寺の立場である（「鎮守八幡宮供僧評定引付」明応四年七月二十日条／「東寺百合文書」ね函三四）。

　舞台が幕府の法廷に移っても、あくまでもこの訴訟の当事者は西岡五ヵ郷と八条西荘であった。七月二十三日、さっそく久世弘成《くぜひろなり》・寒川家光《さむかわいえみつ》・大藪国治《おおやぶくにはる》・大築盛次《おおつきもりつぐ》・三鈷寺納所《さんこじなっしょ》など五ヵ郷の沙汰人たちが、「入足の事は心得申し候」という請文（ひ函二〇六）を東寺の公文所に提出して、訴訟費用の全面的負担を約束した。さらに久世上下荘の公文は、「もし公方様の方から、なにか尋ね下されることがあれば、自分たちが罷り出て返答申しあげます」と責任の所在を明確にしている（ひ函一一七）。こうして、在地の側の全面的な約束をとりつけたうえで、東寺は幕府への働きかけを開始した。

ここで、ひとつ注目しておきたいことがある。それは、この七月二十三日に出された久世上下荘公文連署請文に見えるつぎのことばである。

用水においては、丈六《じょうろく》の膝を破ると申す事は、大法《だいほう》に候あいだ、いずれの在所に候といえども井水を通すべく候、

「大法」というのは、成文化された幕府や公家の法ではないが、世間で広く通用する普遍的な法をいう。この場合は、用水をめぐる在地社会での一般的なルールをさしているようである。さて、その「大法」の内容であるが、「丈六」というと一丈六尺のことで、よく「丈六の仏」「丈六の地蔵」というように仏像の高さを意味する。また、丈六の仏が趺座《ふざ》している、あぐらをかく、という意味もある。このことから推測すると、「丈六の膝を破る」というのは、井溝を流れる用水が、趺座している丈六の仏像の膝の高さを切るところまで減ってしまうというような、切羽詰まった渇水状況を示し、そういう危機的な事態におちいったならば、どこでも別の場所に新たに井溝を掘って井水を通してもいい。これが在地で広く通用している「大法」なのだ。公文たちは、そういっているように思われる。

山や水をめぐる相論のなかで生まれてきた在地のルールの実際の姿は、なかなか文書の世界に顔を出してこない。「大法」は、文字の世界とは違う場で、語られ、話され、大声で主張され、抗弁される、そうしたことばの生のやりとりのなかで生み出されてきた。その意味で、それは「うわさ」の世界に通底している。その一端を、私たちは「丈六の膝を破る」という表現のなかに、かいま見ること

ができたように思う。

三問三答

八月四日、いよいよ、幕府の東寺奉行である飯尾加賀守清房のところに出かけて行って相談が行なわれた。「詳細は目安《めやす》（訴状）をもって承りましょう」というのが飯尾加賀の返事であった。このとき、飯尾加賀に二貫文、同じく木村方に三〇〇文を渡している。

この一連の訴訟のなかで、「折紙銭」「礼物」「会釈」などとして、いったいどれくらいの金品が幕府方の奉行やその関係者に配られたか、またそれ以外にも、どのような場面でどれほどの費用が使われたか、といった点について、「桂川用水相論文書」（「東寺百合文書」ヲ函一一九―一〜一二）や「桂川用水相論用途算用状」（ヲ函一二〇）などの記録が残されている。これを見ると、訴訟にかかった費用とその細かな経緯が一目瞭然である。

さて西岡五ヵ郷では、明応四年八月、

山城国西岡五ヶ庄　上久世　下久世　大藪　牛瀬　三古寺　沙汰人等申す

と始まる「訴状」を書いた。飯尾加賀から「目安をもって承りましょう」と言われて、五ヵ郷側の言い分をまとめたものである。

西荘はこの地蔵河原井を、新規に神領の上に掘られた井溝であると言い立て、ごまかして幕府の

〒113-0033・東京都文京区本郷7丁目2番8号　振替 00100-5-244（表示価格は税別です
電話 03-3813-9151（代表）　ＦＡＸ 03-3812-3544　http://www.yoshikawa-k.co.jp/

令和改元に伴い新項目を増補―最も精確で信頼できる天皇事典

令和新修 歴代天皇・年号事典

米田雄介編

四六判・四六四頁／一九〇〇円　『内容案内』送呈

神武天皇から今上天皇までを網羅し、略歴・事跡などを平易に解説する。没後に天皇号を贈られた追尊《ついそん》天皇、皇位につかず太上《だじょう》天皇号を贈られた不即位太上天皇まで収め、各天皇の在位中に制定された年号や埋葬された陵《みささぎ》も記載。皇室典範特例法による退位と即位を巻頭総論に加え、天皇・皇室の関連法令など付録も充実。

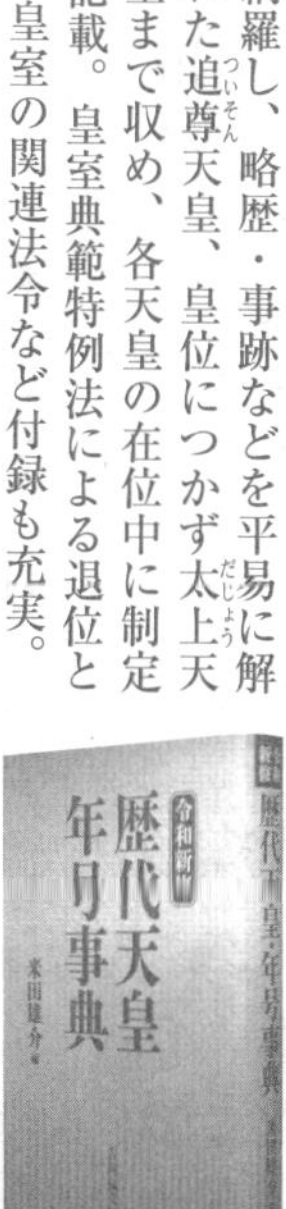

古墳、刀剣、城郭、応仁の乱＆幕末地図…。
ビジュアル付録を大増補！

日記と歴史百科が一冊で便利！

歴史手帳 2020年版

吉川弘文館編集部編

Ａ６判　三三六頁　一一〇〇円

ここが変わった2020年版

◆見開きで管理できる「年間スケジュール」◆動乱の時代が一望できる「応仁の乱&幕末地図」◆古来、日本と関わりの深い世界を知る「現代のアジア地図」◆刀剣・城郭ファンにおすすめ！　博物館や城巡り、時代劇鑑賞に役立つ「図録編」がさらに充実　※古墳・梵字・服飾・刀剣・山城・天守を追加（一挙10頁）◆シックで洗練された風合の装幀に一新！

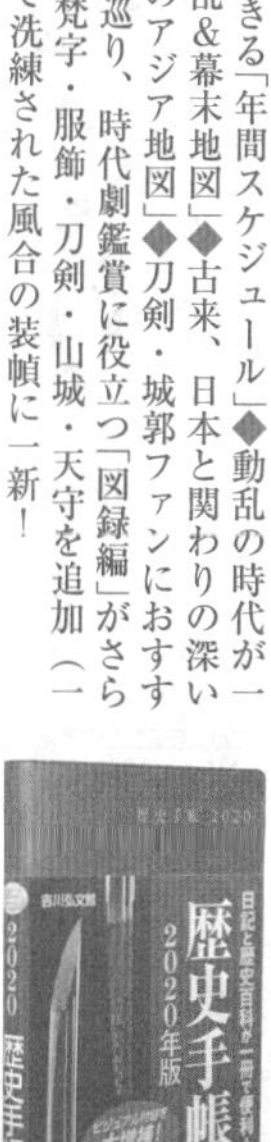

中世鎌倉のまちづくり
災害・交通・境界

高橋慎一朗著

山と谷が取り囲み、南に海が広がる鎌倉。寺社や遺跡、都市の「かたち」が中世の雰囲気を現在に伝える。多様な機能を持つ橋や禅宗寺院、武家屋敷から武士たちの暮らしを分析。人や物が絶え間なく行き交う都市鎌倉を探る。

四六判・二二八頁／二八〇〇円

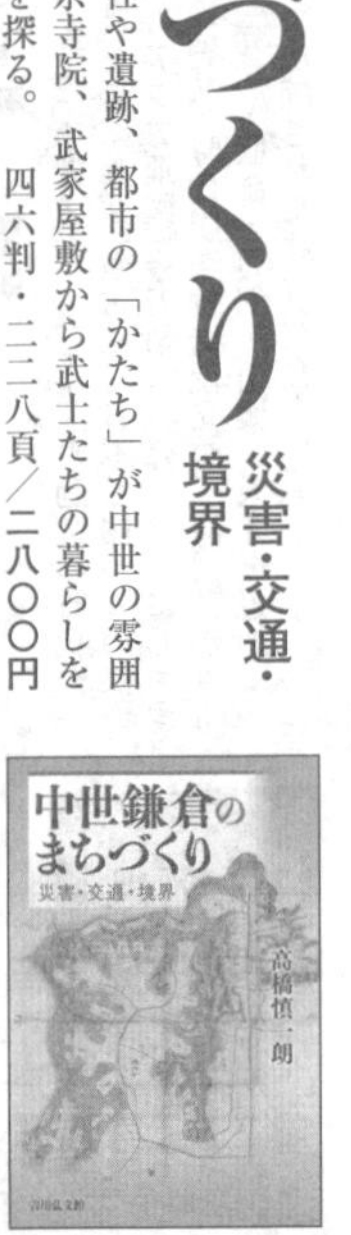

朝廷の戦国時代
武家と公家の駆け引き

神田裕理著

戦国時代、天皇や公家たちはいかなる存在であったのか。足利将軍や天下人が、天皇・公家たちと交渉を繰り広げ、互いに利用し合った実態を解明。朝廷の「武家の傀儡《かいらい》」イメージを覆し、天皇・公家の主体性を再評価する。

四六判・二八八頁／二四〇〇円

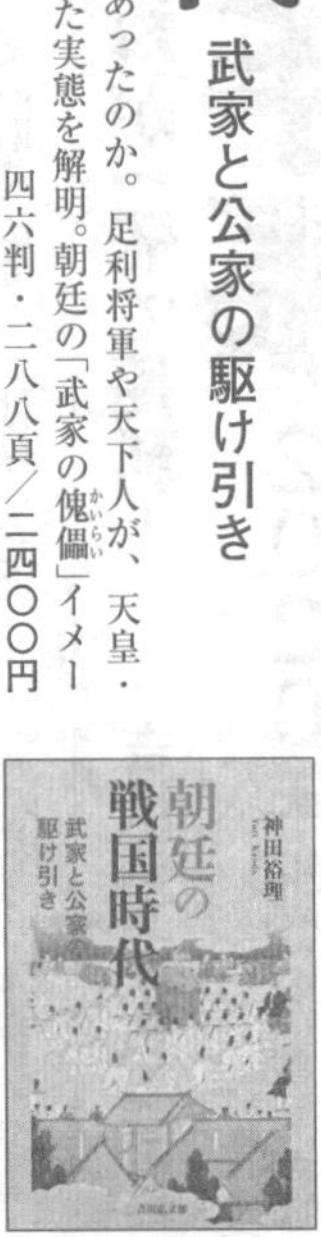

池田綱政
元禄時代を生きた岡山藩主

倉地克直著

明君と知られた父光政と比較され、きびしい評価を受けてきた岡山藩池田家の二代目当主。だが実際は、大規模新田の開発や、閑谷学校の整備、後楽園の造営などの事蹟もある。時代に呼応した統治をすすめた人物像に迫る。

四六判・二四〇頁／二六〇〇円

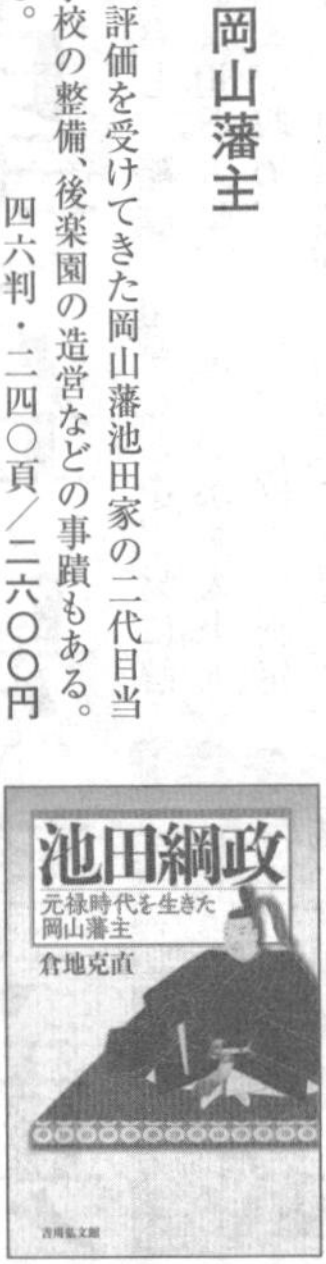

核軍縮の現代史
北朝鮮・ウクライナ・イラン

瀬川高央著

東西冷戦後、米ソの中距離核戦力削減、ウクライナや朝鮮半島の非核化交渉、イラン核交渉などによる核軍縮が進んだ。安全保障上の利害の異なる関係諸国が、いかに核拡散[illegible]

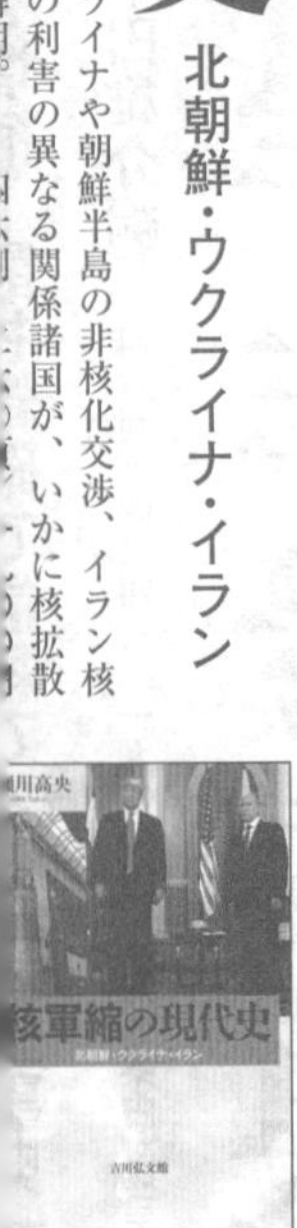

文字は何を語るのか？ 今に生きつづける列島の古代文化

新しい古代史へ 全3巻 刊行中

A5判・平均二五〇頁・オールカラー

平川 南著 各二五〇〇円

『内容案内』送呈

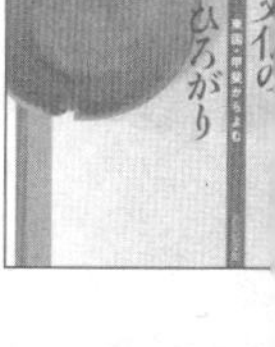

2 文字文化のひろがり 東国・甲斐からよむ

木簡、漆紙文書、墨書・刻書土器や碑文のさまざまな文字。戸籍などの公文書にみる文字の権威や、現代にも残る祈り・まじないの原像、仮名成立を解く新たな発見など、地中から甦った文字資料が豊かな古代社会を語る。

二六四頁〈第2回配本〉

1 地域に生きる人びと 甲斐国と古代国家

〈発売中〉

文字が語る国家の支配と人びとの暮らし。

3 交通・情報となりわい 甲斐がつないだ道と馬

〈続刊〉

史実に基づく正確な伝記シリーズ

人物叢書

日本歴史学会編集　四六判

早良《さわら》親王（通巻296）

西本昌弘著

東大寺で出家後、兄の桓武天皇の即位で還《げん》俗《ぞく》し皇太子となる。藤原種継《たねつぐ》暗殺事件に連座し死去。祟《たた》りを恐れた桓武により異例の待遇を受ける。事件の真相や仏教面の業績を解明し、「怨霊」のイメージに隠れた人物像に迫る。

二八八頁／二二〇〇円

三宅雪嶺《せつれい》（通巻297）

中野目 徹著

明治～昭和期のジャーナリスト。政教社を設立し、社会事象を雑誌『日本人』に論じた。政治権力から距離をとり、独自の哲学構築と日本・日本人像を模索した稀有の言論人として、近代日本の歩みを体現した生涯を描く。

三三六頁／二三〇〇円

【好評既刊】 ※（ ）は通巻番号

前田利長（292） 見瀬和雄著 二三〇〇円

阪谷芳郎（293） 西尾林太郎著 二四〇〇円

藤原彰子《しょうし》（294） 服藤早苗著 二二〇〇円

橘 諸兄《もろえ》（295） 中村順昭著 二一〇〇円

歴史文化ライブラリー

●19年8月～10月発売の3冊

四六判・平均二二〇頁　全冊書下ろし

人類誕生から現代まで／忘れられた歴史の発掘／常識への挑戦／学問の成果を誰にもわかりやすく／ハンディな造本と読みやすい活字／個性あふれる装幀

487

〈謀反〉の古代史

平安朝の政治改革

春名宏昭著

平安前期、充実した国政運営が進展する一方、承和《じょうわ》の変をはじめとする政変が頻発したのはなぜか。有能な官僚による「良吏《りょうり》政治」の下で変質する天皇のあり方などを読み解き、政治を動かす巨大なエネルギーの実態に迫る。

二〇八頁／一七〇〇円

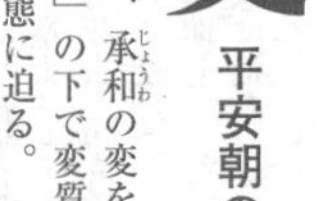

488

戸籍が語る古代の家族

今津勝紀著

国民の身分台帳たる戸籍。古代にも戸籍に人々が登録され、租税負担の基本となっていた。どの範囲の親族が記載されたのか、人口総数や平均余命、歳の差婚が多かった理由等々、古代の人々の暮らしを明らかにする。

二二四頁／一七〇〇円

489

平将門の乱を読み解く

木村茂光著

「新皇」即位―。皇統を揺るがせ、朝廷に衝撃を与えた平将門の乱。乱の原因を探りつつ、その過程に八幡神や天神など新しい神々が登場する意味や王土王民思想が発現される

足利一門守護発展史の研究（新装版）

小川　信著

A5判・八三四頁／一二〇〇〇円

中世政治史に新生面を開いた室町幕府・守護体制の実証的研究を新装復刊。足利一門（細川・斯波・畠山）の発展過程を追究し、三管領として政権の中枢を占めた理由を解明する。研究の進展に今なお寄与する労作。解説付。

近世地方寺院経営史の研究

田中洋平著

A5判・二五八頁／一〇〇〇〇円

近世寺檀制度の枠組外にあった小規模仏寺は、いかに存続しえたのか。関東地域の祈禱寺院・修験寺院・無住寺院を中心に、宗教・金融・土地集積など多様な活動を検討。寺門を取り巻く地域社会と寺院経営との関係に迫る。

日本陸軍の軍事演習と地域社会

中野　良著

A5判・二六〇頁／九〇〇〇円

軍隊の維持に不可欠な軍事演習にあたり、陸軍と地域はいかなる関係を有したか。日露戦後から昭和戦前期を対象に、演習地の負担や利益、演習地に対する陸軍の認識を検討。天皇統監の特別大演習に関する論考も収録する。

帝国日本の大陸政策と満洲国軍

及川琢英著

A5判・二九二頁／九〇〇〇円

満洲国軍とはいかなる存在だったのか。馬賊ら在地勢力の編入過程や、陸士留学生、軍内統制、国兵法の意義、作戦動員と崩壊までを検証。日露戦争以後の日本の大陸政策と中国東北史に位置づけ、歴史的意義を考察する。

戦後日本の教科書問題

石田雅春著

A5判・二四〇頁／九〇〇〇円

教育課程や検定制、歴史教科書の記述内容などを焦点に進められてきた戦後の教科書問題研究。日教組と文部省の対立や教科書無償化、家永教科書裁判などの諸問題を、従来とは異なる視点で分析して実態に迫る。

日本考古学　第49号

日本考古学協会編集――A4判・一三八頁／四〇〇〇円

正倉院文書研究　第16号

正倉院文書研究会編集―B5判・一三四頁・口絵二頁／五〇〇〇円

鎌倉遺文研究　第44号

鎌倉遺文研究会編集――A5判・八〇頁／二〇〇〇円

戦国史研究　第78号

戦国史研究会編集――A5判・五二頁／六四九円

交通史研究　第95号

交通史学会編集――A5判・一一四頁／二五〇〇円

浅草寺日記　第39号

浅草寺史料編纂所・浅草寺日並記研究会編――A5判・八一六頁／一〇〇〇〇円

泰平の世を導いた３将軍の記念碑的伝記を

３冊一挙に新装復刊！

A５判・上製／『内容案内』送呈

徳川家康公伝〈新装版〉

中村孝也著

家康没後三五〇年、日光東照宮の記念事業として編纂された伝記を新装復刊。家康の性格描写に注力し、歴史的環境とともに全生涯を総観する。詳細な年譜と、関連史跡や文書など豊富な図版も収めた、家康研究に必備の書。

本文一〇五八頁
口絵（原色二丁・単色二六丁）
折込（原色一丁・単色一丁）
二五〇〇〇円

徳川家光公伝〈新装版〉

廣野三郎著

徳川家三代将軍として幕府の基礎を強固にした家光。その三百回忌を記念して編纂された初の本格的伝記を新装復刊。誕生から任官までの経歴、将軍の個性を中心に、その治世と鎖国令など事績を余すことなく詳述する。

本文六六八頁
原色口絵二丁・別刷一一丁
二〇〇〇〇円

徳川吉宗公伝〈新装版〉

辻　達也著

享保の改革を主導した中興の名君として知られる徳川八代将軍吉宗。没後二〇〇年にあたり編纂された伝記を新装復刊。幕府政治再建に力を注いだ事績を究明するなど、個人の伝記にとどまらず享保時代史ともいうべき名著。

本文四三八頁
原色口絵二丁・別刷一三丁
二〇〇〇〇円

鐙《あぶみ》瓦・宇《のき》瓦
文字瓦・鴟尾《しび》
鬼瓦・塼《せん》…

戦前の日本・中国・朝鮮半島で発掘された膨大な「古瓦」を分類・編集した稀覯書を新装復刊

古《こ》瓦《が》図鑑（新装版）

石田茂作編

A４横判・二九六頁／三二〇〇〇円

戦前の考古学者高橋健自が収蔵した、日本・中国・朝鮮半島の遺跡出土の古瓦九五九点を、形式ごとに分類・編集した図鑑を新装復刊。古墳時代から近世までの瓦を収め、発見地や寸法も明記。古代史・考古研究の重要資料。『内容案内』送呈

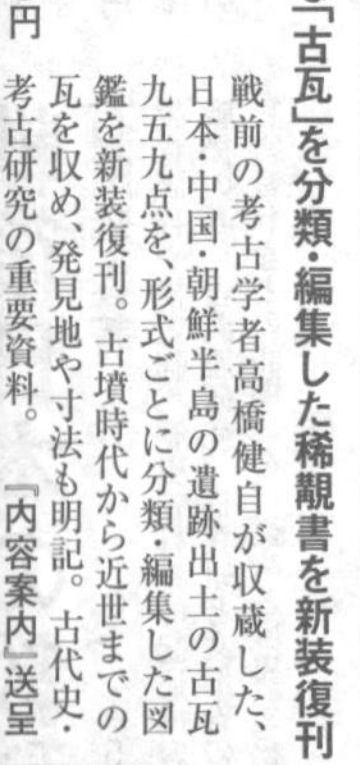

検証 奈良の古代遺跡
古墳・王宮の謎をさぐる

小笠原好彦著

古代には大和《やまと》と呼ばれ、政治や文化の中心地だった奈良。葛城《かつらぎ》や飛鳥の古墳、王宮跡など三〇遺跡を新説とともに紹介。考古学の研究成果に「記紀」『万葉集』などの記述をふまえ、背後に展開した新たな古代世界を描く。

A5判・二二二頁／二二〇〇円

中世日本を生きる
遍歴漂浪の人びと

新井孝重著

中世前期、耕地は不安定で農民も武士も土地に根を張れなかった。底辺に生きる非人や遍歴する芸能民。襲いかかる災害・飢饉・病など、厳しい環境のなかで人びとはどのように生き抜いたのか。中世の社会史を読み解く。

四六判・二二八頁／二四〇〇円

鳥羽・志摩の海女《あま》
素潜り漁の歴史と現在

塚本　明著

国の重要無形民俗文化財「鳥羽・志摩の海女漁の技術」。原始から現代へと至る、苦難と興隆の歴史を辿り、その豊かで力強い文化を紹介する。働くことの意味、伝統・文化のありかたを現代社会に問いかける注目の一冊。

A5判・二三二頁／二二〇〇円

ロイヤルスタイル 英国王室ファッション史

中野香織著

個性ある生き方とファッションで世界の関心を惹きつける英国王室。装いや言動、恋愛や結婚は何を示し、人々はいかに受け止めたのか。威光と親しみやすさを共存させてきた英王室の歴史、そして気高い生き方を考える。

四六判・二三六頁

二二〇〇円

わくわく！探検《たんけん》

れきはく 日本の歴史 全5巻

歴史と文化を目で見て楽しく学べる！

国立歴史民俗博物館編

B5判・各八六頁

オールカラー

各一〇〇〇円

全5巻セット箱入五〇〇〇円

『内容案内』送呈

「れきはく」で知られる国立歴史民俗博物館が日本の歴史と文化を楽しく、やさしく解説。展示をもとにしたストーリー性重視の構成で、ジオラマや復元模型など、図版も満載。大人も楽しめる！

博物館《ミュージアム》が本になった！

❶先史・古代
❷中世
❸近世
❹近代・現代
❺民俗

日本女性史大辞典
金子幸子・黒田弘子・菅野則子・義江明子編
九六八頁　二八〇〇〇円

日本仏教史辞典
今泉淑夫編
四六倍判・一三〇六頁／二〇〇〇〇円

日本仏像事典
真鍋俊照編
四六判・四四八頁／二五〇〇円

神道史大辞典
薗田　稔・橋本政宣編
四六倍判・一四〇八頁／二八〇〇〇円

事典 古代の祭祀と年中行事
岡田荘司編
A5判・四四六頁・原色口絵四頁／三八〇〇円

日本民俗大辞典 上・下（全2冊）
福田アジオ・神田より子・新谷尚紀・中込睦子・湯川洋司・渡邊欣雄編
四六倍判
上＝一〇八八頁・下＝一一九八頁／揃価四〇〇〇〇円（各二〇〇〇〇円）

精選 日本民俗辞典
菊判・七〇四頁
六〇〇〇円

沖縄民俗辞典
渡邊欣雄・岡野宣勝・佐藤壮広・塩月亮子・宮下克也編
（僅少）
八〇〇〇円

有識故実大辞典
鈴木敬三編
四六倍判・九一六頁／一八〇〇〇円

年中行事大辞典
加藤友康・高埜利彦・長沢利明・山田邦明編
四六倍判
八七二頁
二八〇〇〇円

日本生活史辞典
木村茂光・安田常雄・白川部達夫・宮瀧交二編
四六倍判
八六二頁
二七〇〇〇円

大石　学編

徳川歴代将軍事典
菊判・八八二頁／一三〇〇〇円

江戸幕府大事典
菊判・一一六八頁／一八〇〇〇円

近世藩制・藩校大事典
菊判・一一六八頁／一〇〇〇〇円

吉川弘文館編集部編

奈良古社寺辞典

四六判・三六〇頁・原色口絵八頁／二八〇〇円

京都古社寺辞典

四六判・四五六頁・原色口絵八頁／三〇〇〇円

鎌倉古社寺辞典

四六判・二九六頁・原色口絵八頁／二七〇〇円

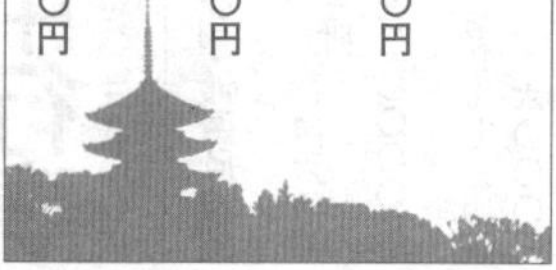

飛鳥史跡事典

木下正史編

四六判・三三六頁／二七〇〇円

世界の文字の図典【普及版】

世界の文字研究会編

菊判・六四〇頁／四八〇〇円

花押・印章図典

瀬野精一郎監修・吉川弘文館編集部編

B5横判 二七〇頁 三三〇〇円

年表部分が読みやすくなりました

日本史年表・地図

児玉幸多編

B5判・二三八頁／一三〇〇円

世界史年表・地図

亀井高孝・三上次男・林健太郎・堀米庸三編

B5判 二〇六頁

日本の食文化史年表

江原絢子・東四柳祥子編

菊判・四一八頁／五〇〇〇円

日本メディア史年表

土屋礼子編

菊判・三六六頁・原色口絵四頁／六五〇〇円

日本軍事史年表 昭和・平成

吉川弘文館編集部編

菊判・五一八頁／六〇〇〇円

誰でも読める【ふりがな付き】日本史年表 全5冊

吉川弘文館編集部編

菊判・平均五二〇頁

古代編 五七〇〇円
中世編 四八〇〇円
近世編 四六〇〇円
近代編 四二〇〇円
現代編 四二〇〇円
全5冊揃価＝二三五〇〇円

第11回学校図書館出版賞受賞

近刊

※書名は仮題のものもあります。

縄文時代の植物利用と家屋害虫 イノベーション
小畑弘己著　B5判／八〇〇〇円

阿倍仲麻呂（人物叢書298）
森 公章著　四六判／二一〇〇円

藤原俊成 中世和歌の先導者
久保田 淳著　四六判／三八〇〇円

「王」と呼ばれた皇族 古代・中世皇統の末流
日本史史料研究会監修・赤坂恒明著　四六判／二八〇〇円

神仏と中世人 宗教をめぐるホンネとタテマエ（歴史文化ライブラリー491）
衣川 仁著　四六判／一七〇〇円

経覚（人物叢書299）
酒井紀美著　四六判／二三〇〇円

軍需物資から見た戦国合戦（読みなおす日本史）
盛本昌広著　四六判／二二〇〇円

戦国大名毛利家の英才教育 元就・隆元・輝元と妻たち（歴史文化ライブラリー492）
五條小枝子著　四六判／一七〇〇円

東海の名城を歩く 岐阜編
中井 均・内堀信雄編　A5判／二五〇〇円

信長と家康の軍事同盟（読みなおす日本史）
谷口克広著　四六判／二二〇〇円

明智光秀の生涯（歴史文化ライブラリー490）
諏訪勝則著　四六判／一八〇〇円

戦国大名北条氏の歴史 小田原開府五百年のあゆみ
小田原市編・小和田哲男監修　A5判／一九〇〇円

肥前名護屋城の研究 中近世移行期の築城技法
宮武正登著　B5判／一二〇〇〇円

城割の作法 一国一城と城郭政策
福田千鶴著　四六判／三〇〇〇円

大学アーカイブズの成立と展開 公文書管理と国立大学
加藤 諭著　A5判／一一五〇〇円

芦田均と日本外交 連盟外交から日米同盟へ
矢嶋 光著　A5判／九〇〇〇円

文化遺産と〈復元学〉 遺跡・建築・庭園復元の理論と実践
海野 聡編　A5判／四八〇〇円

モノのはじまりを知る事典 生活用品と暮らしの歴史
木村茂光・安田常雄・白川部達夫・宮瀧交二著　四六判／二六〇〇円

「令和」を迎え「平成」を網羅した十四年ぶりの増補新版！

日本史総合年表 第三版

加藤友康・瀬野精一郎・鳥海靖・丸山雍成編

『国史大辞典』別巻

旧石器時代から令和改元二〇一九年五月一日に至るまで、政治・経済・社会・文化にわたる四万一〇〇〇項目を収録。西暦を柱に和年号・干支・閏月・改元月日・大の月、朝鮮・中国年号及び天皇・将軍・内閣他の重職欄を設け、近世までの項目には典拠を示し、便利な日本史備要と索引を付した画期的編集。

定評ある日本史年表の決定版

改元・刊行記念特価一五〇〇〇円（二〇二〇年二月末まで）以降一八〇〇〇円

四六倍判・一二九二頁

『内容案内』送呈

事典日本の年号

小倉慈司著

大化から令和まで、二四八の年号を確かな史料に基づき平易に紹介。年号ごとに在位した天皇、改元理由などを明記し、年号字の典拠やその訓みを解説する。地震史・環境史などの成果も取り込んだ画期的〈年号〉事典。

四六判・四六〇頁／二六〇〇円

沖縄戦を知る事典

非体験世代が語り継ぐ

吉浜　忍
林　博史編

「鉄の暴風」が吹き荒れた沖縄戦。その戦闘経過、住民被害の様相、「集団自決」の実態など、六七項目を収録。豊富な写真が体験者の証言や戦争遺跡・慰霊碑などの理解を高め、〝な

御下知を得、それをうしろだてにして、力づくで井口を塞いでしまいました。このため五ヵ荘の田は干上がって、作物はさんざんに損なわれてしまいました。

（「山城国西岡五ヵ庄沙汰人等重申状案」／カ函一五七）

このように窮状を訴えたうえで、八条西荘側の主張がいかに不当であるかを、「是一」「是二」というように順を追って列挙し、

川の東の八条西荘が、川の西側にある五ヵ荘の井口を塞いで違乱に及ぶというのは、前代未聞の非理の所行である。この井溝は五ヵ荘が当知行してきたものなので、これまで通り用水を通すよう下知してください。

と、幕府に求めている。

一方、八条西荘側からは、九月になって公文光長の「支状《ささえじょう》」（陳状）が出された（ヲ函一一六）。先の五ヵ郷沙汰人らの「目安」（訴状）に対する反論である。八条西荘側はまず初めに、

五ヵ郷側は上意に背いて諸勢を語らい、合戦に及んだ。

と、強く非難している。けれども実際には、福地から東寺に合力要請があったように、八条西荘も近隣の村々に加勢を頼んで、井口を塞ぐという実力行使を行なっている。双方とも武装し、諸勢を語らって合戦しているのである。しかし、幕府に訴える場合、互いに相手の非をあげつらって、在地での実力行使・武力行使は相手側だけがとった行動であるかのごとく言い立てる。これが常であった。

さて、八条西荘の公文福地光長の反論は、つぎの三点である。

①地蔵河原用水を「進退《しんたい》」してきたのは自分たちの方だと五ヵ郷衆は言うが、地蔵堂は川の東にあり、「地蔵河原井」というのは当方の井口である。これは、下桂庄の代官新藤が以前折紙に「地蔵河原西荘用水」と書いていることに明らかである。

②川の東から川の西の井口を違乱するなどもってのほかだと五ヵ郷は言うけれど、桂川から水を取るには、川の面に一文字に井手《いで》を設置し、水をせき止めて引き入れる。だから、すぐ川上のところで、たとえ対岸からであっても、井溝《いみぞ》を掘り落とされると、当方の井手はまったく無益なものになってしまう。

③五ヵ郷が以前からこの井溝を掘り通し「当知行《とうちぎょう》」してきたなどというのは、とんでもない虚言である。もともと下五ヵ郷は、松尾馬場崎の今井下用水を利用してきた。また先年、下桂の地下人に頼んで、西荘の井手より川下の今堂口《いまどうぐち》に新溝を掘り通している。双方弓矢に及んだけれども、最終的に争点となっている井溝をおさえているのは当方である。

ここで展開されている「当知行」をめぐる言い分は、在地の相論によく出てくる。要するに、力づくでもその場をおさえきることができるかどうかが問題なのである。井溝を守って用水を流せるか、それとも相手側にせき止められてしまって流せないか、井溝の機能を生かしえているならば「当知行」していると主張できるし、そうでないなら「進退」していないことになる。そして、それが相論の決め手となる。これが在地のルールであった。

このあと、同じ九月中に、西岡五ヵ郷から二度目の「目安」(カ函一五八)、十月に八条西荘公文から重ねての「支状」(カ函一五九)、そして十一月には五ヵ郷から第三番の「目安」(ヲ函一一七)というように、「訴陳《そちん》に番《つが》う」こと三度を経て、三問三答が終了した。八条西荘の公文は、桂川からは特有の水の取り方があって、たとえ川向こうからであっても井溝を掘られると致命傷になってしまうことをくりかえし主張している。

桂川には、ここで問題になっている井溝を含めて、ほんのわずかのあいだに十数か所の井口が設けられており、しかも川面に一文字にいくつかの石を並べた井手で水をせき止め、井口から取り入れるという方法がとられていた。もちろん完全にせき止めてしまっては下流での灌漑ができなくなる。井手の石と石のあいだには隙間があり、その隙間をぬって水が下流にも流れるようになっていた。その根土の量が下流に流れる水量を左右する。このような形の井手と井溝であったから、川の西側からであれ東側からであれ、少しでも上流に井口を開いた方が有利であった。八条西荘が自分たちの井口のすぐ上流に五ヵ郷が井口を掘り通したとして大騒動しているのには、そういうわけがあったのである。

河原の趣は差図をもって

この三問三答で双方が主張した内容は、桂川の灌漑用水の実態に熟知していないと、とても理解できるものではない。地蔵河原用水といい、今井用水といい、今堂口といっても、それがいったいどこにあるのかさえわからないようでは、この相論に決着をつけることなど不可能であった。そういうこともあってか、年が明けても幕府の裁定は下されなかった。

明応五年(一四九六)閏二月十六日の「鎮守八幡供僧評定引付」(「東寺百合文書」ね函三四)には、二月初めから郷中の者たちが「切々と」東寺に申し入れてくる、という記事が見える。「切々と」という表現に、在地の村々の切迫した気持ちがよくあらわれている。二月初めといえば、「田起《たおこ》し」の時期である。新しい年の豊かな収穫をめざして、固くなった田を掘りおこし、用水溝を整え、「勧農」を行なう。その大切な時期をむかえたというのに、用水問題はまだ決着がつかない。いったい、どうしてなのだ。そういう思いで、二月初めからこの閏二月まで、一ヵ月以上にわたって何度も郷中から東寺に使者がやってきた。そうしたなか、閏二月十三日付けのつぎのような「注文」が残っている。

(袖花押)

地蔵河原の用水の事に就き、内談の御衆ならびに五ヶ老衆《おとなしゆう》参り候時、

御一献注文

三百文　　酒

三百五十文　　さうめん

百文　　みそ

二文　しほ
十文　たうふ
五文　松たけ
□文　大こん　そへ物
　　　　　　つけ物
一文　す
五文　こふ
五文　からなとふ
十文　おこし米
三文　はし
三文　あいの物
卅文　木柴
已上八百卅一文
明応五
閏二月十三日　公文所（花押）
（「出京代粮等入足注文」／ヲ函一一九―四）

なかなか幕府からの裁定が下されない状況のなかで、西岡五ヵ郷から老衆《おとなしゅう》が東寺に出かけてきた。

「老衆」というからには、これまでのように五ヵ郷の公文など荘官だけでなく、もっと数多くの年寄衆がやってきて、「どうして幕府からは、なかなか裁許が出ないのだろう」「今後どうすればいいのだろうか」「幕府の奉行に催促に行ったほうがいいのではないか」などと、さまざまに東寺に訴えたにちがいない。そのときのささやかな酒宴に要した費用の一覧がこれである。酒をはじめ素麺・味噌・塩・豆腐・松茸・大根・酢・昆布・唐納豆・おこし米など、じつに多くの食物の名前が出てくる。ここでかかった費用は、しめて八三一文であった。

　こうした在地からの突き上げを受け、閏二月十六日、東寺から供僧二人が下久世荘の公文久世弘成を召し連れて、飯尾加賀守のところに出かけた。酒の樽なども持参して話し合い、「河原の趣は差図《さしず》をもって申さるべき」という結論に至った。河原の具体的なことについては、「差図」をもとにして双方の言い分を説明するのがいいだろうと相談がまとまったのである。たしかに、三問三答の訴陳状を見ているだけでは、現地の用水の位置関係や用水取り入れの具体的な問題を理解するのはむずかしい。桂川の用水体系を図で示し、そのなかで自分たちの言い分はこうなのだと主張すれば、相論の核心に迫ることができるにちがいない。

　こうして、三度に及ぶ「目安」に加え、今度は「差図」を作ることになった。

河原に絵師を連れていく

閏二月十九日、桂川の河原には、西岡五ヵ郷の沙汰人たちと、絵師と、東寺から出向いた五人の供僧がいた。絵師に、桂川からどのようにして水を引いているのか、それぞれの井口はどういう位置にあるのかを見せて、「差図」を描かせるためである。絵師は翌二十日にも河原に出かけている。「差図」に正確を期するためであろう。

このときの費用として、五人の供僧らに六七二文、「差図」を描く紙の代金一一三文、絵師への礼物として十九日の分が五〇〇文、二十日の分が五八九文。二十一日に絵師が帰るにあたって米一六四文、酒一三二文、茶銭と舟賃一一二文などがかかった。

このように西岡五ヵ郷では、絵師を雇い、実際に河原に連れていって川の流路や井手・井口のすがたを見せたうえで、自分たちの主張を盛りこんだ「差図」を描かせた。五ヵ郷からは沙汰人だけでなく多くの村人たちが河原に出向き、いろいろな情報を絵師に伝えた。このとき、絵師が描いた下絵の一部と考えられる「山城国西岡下五ヵ郷用水差図案」(「東寺百合文書」ヲ函一一二)には、井溝の絵のそばに、「五ヶ井ノ古井」「古老《ころう》の者申し伝える分、此の辺に候歟」などと注記が加えられていて、現地で古老の者たちから井溝に関する情報を聞きながら、絵師が「差図」を描いていった様子をうかがうことができる。

一方、相論の相手である八条西荘も、在所の絵図を描いて幕府に提出した。これが、東寺文書のなかに残されている有名な「山城国桂川用水差図案」(ツ函三四一)である。この端裏書には「西庄ヨリ

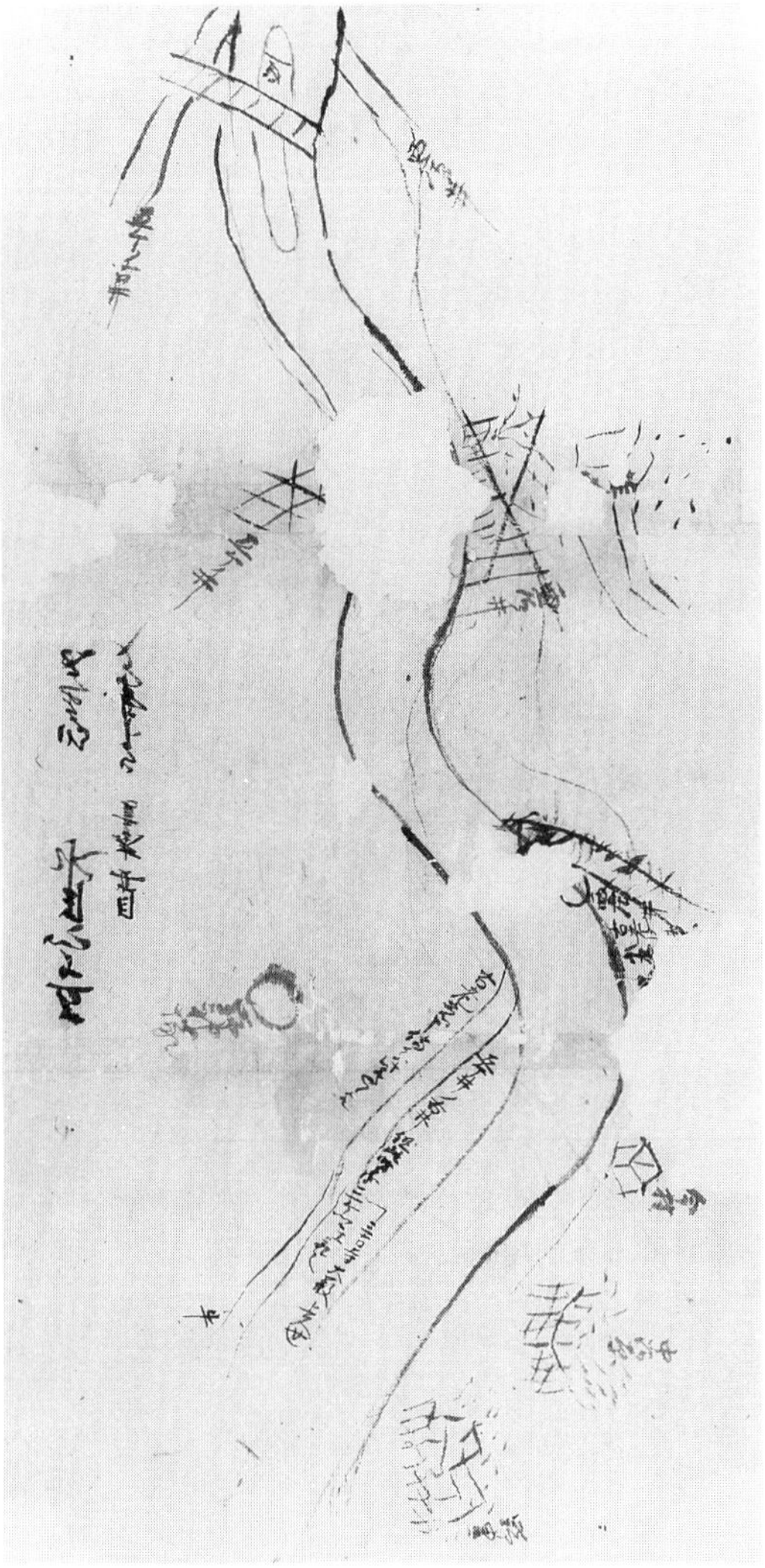

山城国西岡下五カ郷用水差図案（京都府立総合資料館蔵）

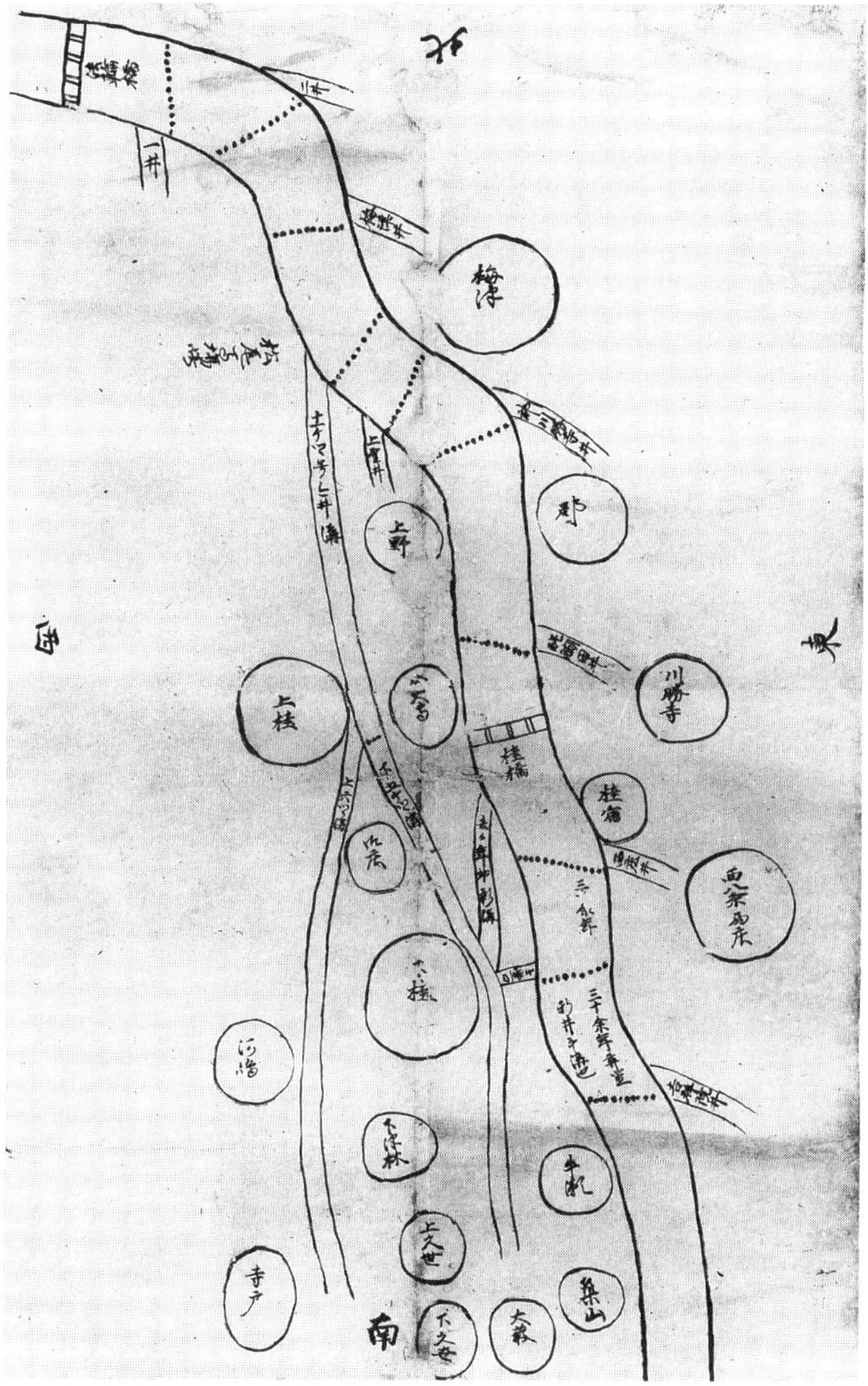

山城国桂川用水差図（京都府立総合資料館蔵）

出帯差□□（図案カ）」とあって、明応五年（一四九六）のこの時期に八条西荘から幕府に提出されたものを、東寺側で写したものと考えられる。桂川全体の流れや各井溝の名前、その位置関係、井手の具体的な図などが描かれていて、今でもこれを見ながら三問三答の訴陳状を読むと、その内容がとてもよく理解できる。当時、幕府の奉行人たちも、おそらくそう思ったことだろう。この八条西荘から出された「差図」では、桂橋のすぐ下流の西岸に「去々年掘新溝」と注記のある西岡五か郷の井溝があり、そのすぐ下に「西庄井」とその井手の様子が明瞭に描かれている。この「差図」を見ていると、「西荘井は五ヵ郷の新溝のためにまったく機能しなくなっています」という八条西荘側の言い分は、本当にそうだなと思える。こうして「差図」は、それぞれの主張を裏付けるものとして大きな役割を果たした。

ところで、八条西荘が出したこの「差図」では、東岸に北から「梅津《うめづ》」「郡《こおり》」「川勝寺《せんしょうじ》」「桂宿《かつらのしゅく》」「西八条西庄《にしはちじょうにしのしょう》」、そして西岸には「上野《かみの》」「徳大寺《とくだいじ》」「上桂《かみかつら》」「御庄《みしょう》」「下桂《しもかつら》」「河嶋《かわしま》」「下津林《しもつばやし》」「牛《うし》瀬《がせ》」「上久世《かみくぜ》」「下久世《しもくぜ》」「大藪《おおやぶ》」「築山《つきやま》」「寺戸《てらど》」などの荘園の名前が書かれ、それが丸で囲まれて描かれている。この名前のうち、「上五ヶ郷溝」と「下六ヶ郷溝」とが分岐する南の地点に記されている「御庄」という表記をめぐって、黒田日出男氏は、この「御庄」を近衛家領桂殿《このえけりょうかつらどの》と考え、つぎのように結論づけた。「近衛家領桂殿（下桂）の作成になる元図を、西荘側が写し取り、それに争論に必要な記載を書き加えて、明応五年の閏二月頃に作成、提出したのが、この「山城国桂川用水差図案」である。この図は、したがって複合的な性格の差図なのである」と。八条西荘側では、近衛家領ですでに作られていた「差図」を利用して、桂川から用水を取り入れている数多くの井溝についての全体的なイメージを描き出したうえで、さらに今回の相論で焦点になっている井溝の場所や注記を書き加えて、この「差図」を完成させたというのである。西岡五ヵ郷のように、絵師と郷民たちが河原に集まり、東寺からも供僧たちが出向いて、まったくの白紙の紙の上に「差図」を完成させていく困難さにくらべると、八条西荘側では、はるかに容易に「差図」を完成させることができたにちがいない。

相論対決へ

こうしてようやく、相論に決着をつけるための証拠書類が整った。三月九日、

既に三問答に及び、両方共にもって在所の絵図を召し出だし、御沙汰の渕底を究めらるべし、

（「東寺百合文書」フ函一六一）

ということになった。

訴陳状をもって三問三答も行ない、さらに両方から在所の絵図も提出させたのだから、厳密に究明していくつもりだ。

幕府の奉行はそう言った。

このころから、また「入足注文」の記事が頻繁になる。三月二十二日、「公儀において用水のことを、よろしくとりはからってくれますように」と、政所《まんどころ》執事《しつじ》伊勢《いせ》貞陸《さだみち》には折紙銭五貫文、柳二荷八〇〇文、折三合九〇〇文、蜷川中務《にながわなかつかさ》へ礼物として現金で一貫文。このとき出向いた年預《ねんによ》には一六〇文、供の者二人に四〇文、人夫二人に二〇文。かかった費用は、折紙銭を加えると七貫九二三文になる。

四月二十五日、奉行から、「対決のため双方とも五月二日以前に出頭せよ」と命令が下った（ヲ函一一八）。

四月二十八日、木村方に会釈《えしやく》一貫文、飯川方に取り次ぎ二〇〇文、寺から出かけた供僧の輿代など五四三文。在京する雑掌《ざつしよう》たちの滞在費用や宿泊代など一一三文。五月二日、飯川新七郎方に一貫文、飯尾加賀方に一貫文。五月三日、御乳人への礼物三貫文。そして、五月四日には、五ヵ郷衆の上洛入足二一二文。合計六貫四三〇文。対決のため、五月八・九・十日の三日間、二人の雑掌は在京逗留した。その朝夕の雑用は五ヵ郷が全面負担。対決の当日、東寺の鎮守八幡宮では、相論対決に勝つよう臨時の祈禱が行なわれた。その支具の代が二五文。このようにあげていくと、ふくれあがっていく出費に唖然とさせられる。

器用の言口を選ぶ

五月九日、対決の日がきた。

それは、飯尾加賀守清房の宿所で行なわれた。

論所に罷り出ずるの輩《ともがら》

一、五ヶ郷沙汰人　五人

彼らを召し具す寺家雑掌二人　備後

筑前

西庄公文　善法寺雑掌二人

一、公方奉行役人

五ヶ郷奉行　善法寺方奉行

諏訪信濃守貞通　飯尾中務大夫行房

証人奉行　右筆奉行

飯尾美濃守春員(貞)　松田豊前守頼亮

以上の人々が対決の場に臨んだ。訴えた西岡五ヵ郷から五人の沙汰人、訴えられた八条西荘からは公文の光長が一人。それぞれに、荘園領主である東寺と石清水八幡宮から雑掌が二人ずつ付き添っている。幕府の役人は、五ヵ郷側の奉行人として諏訪貞通《すわさだみち》、石清水方の奉行人として飯尾行房《いのおゆきふさ》。そして、証人奉行飯尾春貞《いのおはるさだ》、右筆奉行松田頼亮《まつだよりすけ》。合わせて十三人。

この飯尾清房邸での対決は、八条西荘の公文光長と、五ヵ郷のうち下久世荘の公文弘成とが、「数篇の条々」について「互いに問答する」というかたちで進められた。「五ケ郷の内より、器用の言口《きよういいくち》を選ぶ」ことになり、下久世公文弘成が選ばれた。もちろんこの場には、五ヵ郷から沙汰人が五人それぞれの郷の代表者として参加している。けれども、相論対決において、相手方の公文光長と具体的な問題について論争を戦わせるのは、五ヵ郷方からも一人でなければならない。一対五では、対決の公平さがそこなわれるからである。そこで、五ヵ郷で協議し相談した結果、下久世の公文である久世弘成が選ばれた。「器用の言口」を選ぶならば、彼をおいて外にはない。そう五ヵ郷では考えて弘成を推挙した。相論対決の場で、自分たちの主張を理路整然と展開することのできる力、相手方の矛盾を的確に突き、それを論破する力、それが「器用の言口」である。荘園の沙汰人たちにとって、領主側と交渉するときも、在地社会のなかで起こったさまざまな問題を解決するときも、こうした能力は不可欠のものである。五ヵ郷の沙汰人のいずれもが、こうした力をもっていたはずである。ただ、そのなかでも弘成の「器用」「器量」が抜きんでていたのであろう。こうして、弘成は西岡五ヵ郷の代表として対決の場に臨むことになる。

この光長と弘成の問答の様子を伝え聞いて、翌十日の供僧らの「評定引付」には早々と、「大略、五ヶの理運に属す歟」と書き付けられている。おおむね、五ヵ郷側の言い分の方が道理にかなっていて優位に立ったのではないか、というのである。これは、単なる身びいきや希望的観測から言われたものではなく、対決の場で、明らかに弘成の「言口」の方がまさっていたのであろう。

褒美の感状

六月六日、奉行人飯尾清房と諏訪貞通の連署奉書が、東寺の供僧の年預である公遍に渡された。幕府の裁決が下ったのである。西岡五ヵ郷へ各々一通ずつと東寺に一通。ただし、久世上下荘は一通で両方を兼ねることとされていたので、この奉書は、「久世上下庄名主沙汰人中」「牛瀬名主沙汰人中」「大藪名主沙汰人中」「三鈷寺名主沙汰人中」そして「東寺雑掌」宛ての計五通であった。これが公遍に渡された。

奉書は五月二十八の日付で、

神領西庄においては、慈照院殿（足利義政）以来、当代（足利義高）に至る度々の奉書を帯ぶるといえども、糺明の沙汰なし、然るに毎度、鉾楯物忩《ぶっそう》の儀に及ぶ、自他の儀然るべからず、折中《せっちゅう》せらるるの上は、向後、西庄といい五ヶ庄といい、これを和談せしめ、用水平均宛《あて》をもって耕作を専らにすべし、（「東寺百合文書」を函四二七／『大日本古文書　東寺文書　七』）

と、用水については「折中」という決定が下され、今後は力づくの武力的な対立を起こすことなく耕作に専念するようにと命じている。この決定は、西岡五ヵ郷にとって満足できるものであった。新溝が事実上、認められたに等しいからである。

六月十日、東寺の評定では、

今度用水対決の事、下久世公文弘成、郷中より選ばれ対決を遂げ、速やかに子細を申し披《ひら》くの間、公方奉行人等、近比《ちかごろ》の申詞の由、皆々褒美《ほうび》せしむるの条、庄家のため寺家のため忠節なり、よって感状を遣わさるべきの由、衆儀し畢《おわ》んぬ、

（ね函三四）

と決定された。このたびの対決では、郷中から選ばれた弘成が、即座にこちらの言い分を主張し抗弁した。これを聞いていた幕府の奉行人たちは皆、「近ごろでは、とくに印象に残るみごとな申詞《もうしことば》であった」と褒めてくれた。これは、荘家に対しても寺家に対しても大変な忠節である。そこで、東寺から弘成に感状《かんじょう》を与えようということになった。感状というのは、武家の大将などが戦功のあった者に与える賞状のことであるが、ここでは、弘成の功労を賞して、東寺の供僧らが褒美として与えている。幕府の法廷での対決は戦いであり、その勝利に、弘成の「器用の言口」はおおいに貢献したからである。

その「感状案」が、東寺の「引付《ひきつけ》」に次のように記されている。

判　久世奉行

桂地蔵河原用水相論の事、石清水八幡宮領と五ヶ庄、沙汰所において対決に及ぶの処、弘成、其の選に番《つが》いて、子細を申し抜くにより、速やかに郷中の理運に属すの条、神妙の至り、且つは寺家の御本望、且つは未来の亀鏡、感じ思し召さるるの旨、衆儀により執達件の如し、

六月一日　公文所法眼　判

久世越中守殿

（ね函三四）

袖に鎮守供僧の年預（久世奉行）の判がすえられ、公文所法眼が衆議の内容を奉《うけたまわ》って執達している。沙汰人たちのなかから「器用の言口」が選ばれ、対決の場でみごとにその役割を果たした。それが、寺家にとっても荘家にとっても大変な忠節だと賞され、感状が与えられる。こうした動きを見ていると、当時、用水相論が社会的にどれほど重みをもっていたか、またそのなかで「ものを言う力」がどれだけ重要であったかを、まざまざと見せつけられる思いがする。

四　未来の「うわさ」

語っているのは無数の、誰とも知れぬひとびとであり、ひとつの集団のくちびるである。相互の矛盾をはらんだ数かずの匿名の発言のアンサンブルは、しかし一団となったとき、新しい質を獲得する。ものがたりから歴史が生まれる。

(H・M・エンツェンスベルガー『スペインの短い夏』)

「物言《ものいい》」ということばがある。相撲で力士が同時に倒れたような微妙な勝負で、行司のあげた軍配に異論があるとして土俵下の勝負審判が手をあげる。すると、「あっ、物言いです。物言いがつきました」とテレビの解説者が叫ぶ。この場合、「物言いをつける」というのは行司のさばきに「異議を申し立てる」という意味である。

中世で、この「物言」ということばは、もちろん文字どおり「ものを言うこと、口をきくこと、ことばづかい、ものの言い方」などの意味でも使われたが、「うわさ」を意味することばとしてもよく出てくる。そこで私は、先にあげた「うわさ」を意味することばの座標軸（一〇ページ参照）のなかにも、「言う」という語を含むグループのところに「物言」を置いた。

他の多くのことばと違って、この「物言」というのは、その「うわさ」される内容に特別な意味あいを含んでいる。『日葡辞書《にっぽじしょ》』には、

Monoiy モノイイ（物言い）　何か起こるに相違ないことについて広がる噂。

Monoiygotoga aru（物言い事がある）　たとえば、一揆《いっき》とか戦争とかなどの話がある。あるいは噂がたっている。

と記されている。つまり、「物言」というのは、一揆とか戦争とかのような大事件についての「うわさ」であり、さらには、まだ起こってはいないけれども近々大事が起こるぞと、前もって予言するような「うわさ」、つまり未来のことについての「うわさ」なのである。

多くの場合、「うわさ」は、もう起こってしまった出来事について語られる。ある出来事が起こる。それを見ていた人が誰かに話し、それをまた誰かが話して、つぎつぎと「うわさ」となって広がっていく。その場合、「うわさ」が広がるのをくいとめてみたところで、起こってしまった出来事が元に戻るわけはない。起こってしまったことは起こってしまったことである。

ところが、未来のことを予言するような「うわさ」であればどうだろう。「今のこの対立は、きっと大きな戦争を引き起こすにちがいない」という「物言」があったとする。すると、この「物言」がかえって大騒動のひきがねになるという場合がある。「いくさが起こるなら、あの人に味方しなければ」と思って自分の軍勢を引き連れて都に上ってくる者がいるかもしれない。不安にかきたてられて右往左往する人も出てくる。また、「物言」が広がるのをおさえ込むことによって、起こるだろうとされる事態そのものが、回避される可能性もまったくないわけではない。そこで、起こるかもしれない事態をなんとか未然に防ごうとして、あるいは最小限にくいとめようとして、「物言」を禁止しようとする動きが生じてくる。これは、「物言」という「未来のうわさ」につきまとって出てくる現象なのである。

1　天下大乱

天下惣別無為を祈念す

まず「物言」が出てくるいくつかの場合を取りあげて、あれこれの意味について見てみよう。

永享六年（一四三四）八月十八日、伏見宮貞成《ふしみのみやさだふさ》の日記『看聞日記《かんもんにっき》』の記事に、

> 聞く、少弐《しょうに》・大友《おおとも》蜂起し、大内《おおうち》討たるると云々、実たらば住吉《すみよし》御領正体あるべからず、珍事なり、山徒《さんと》なお上意に背き、山門領悉《ことごと》く押さえらる、両佐々木江州に下向し悪党《あくとう》を鎮むべしと云々、山門にも公方《くぼう》を呪詛《じゅそ》し奉り、関東上洛の事を勧め申すと云々、驚き入るものなり、凡《およ》そ諸大名ども御意に背き、畠山《はたけやま》家人遊佐《ゆさ》も上意に背きて河内に没落すと云々、天下静まらず、物言あり、大和《やまと》へも勘解由小路《かでのこうじ》治部大輔《じぶのだいぶ》（斯波義郷）向かわれ、オチを退治せらるべしと云々、天下《てんか》惣別《そうべつ》無為《い》を祈念せしむ、

とある。この日の記事は「聞く」から始まって、伏見宮貞成が聞き及んでいることがらを、「云々」「云々」ということばでつなぎながら列挙したものである。

「九州では少弐と大友が蜂起して、大内が討たれてしまったそうだ」

「延暦寺《えんりゃくじ》の衆徒《しゅと》らが将軍の命令に背いて延暦寺領の荘園を横領しているので、守護《しゅご》の六角《ろっかく》と京極《きょうごく》

が近江《おうみ》に出向いて悪党を鎮圧するらしい」

「山門が将軍を呪詛していて、鎌倉府の公方に上洛を勧めているということだ」

などという、穏やかではない話がつぎつぎと記され、それに続けて、

「概していうと、諸大名どもが将軍足利義教《あしかがよしのり》の意向に背いて、いうことをきかないのだから致し方ない。畠山の家人の遊佐だって上意に背いて河内に没落したそうだ」

「天下は静まらず、物言ばかりがあって困ったものだ。ただ、すべて何事もなく無事であってくれるよう祈るほかない」

と、自身の思いを述べている。

ここに記された「伝聞」のなかには、まったく事実ではないものも数多くあったようで、実際には、西でも東でも日本国中が大騒動というわけではなかったのだが、「物言」ということばの意味するところは、「世上」とか「天下」とか、広く国全体や世間などにかかわることがらであり、しかもそれは「天下静まらず」というように、不穏で物騒な状況をさしている。「このように天下が落ちつかないありさまで、将軍の命令も権威もないがしろにされているようでは、どのようなことが起こるかわかったものではない」という未来への危惧が、「物言」ということばの背後に見え隠れしている。

先陣破れる

長禄四年（一四六〇）十月十日、畠山義就《よしなり》方の勢力が、畠山政長《まさなが》方の筒井順永《つついじゅんえい》らが陣取る龍田《たつた》に打ち寄せ、龍田西口で合戦となった（『経覚私要抄《きょうかくしようしょう》』）。

政長方と義就方に分かれた両畠山勢の争いは、大和の多くの武士たちも巻き込んでいた。義就方の先陣をきっていた越智家国《おちいえくに》・彦三郎とその子彦左衛門・誉田全宝《こんだぜんぽう》・遊佐国助《くにすけ》などが、筒井方の軍勢に討たれてしまった。先陣が敗北したので、畠山義就は河内の嶽山《たけやま》に引き籠もったとも、行方がわからないともいわれていた。

そうしたなか、奈良興福寺大乗院《こうふくじだいじょういん》の経覚はこのようなことも記している。

弓阿《きゅうあ》、連々彦三郎扶持せしむる者なり、よって色々物云《ものいい》これ在る間、尋ねんがために罷《まか》り向かうのところ、打ち殺され了《おわ》んぬ、不可説のものなり、遁世《とんぜ》者たる事の間、手をもすり、膝をもすりて遁るべきところ、踏み殺さるるの条無策の至りなり、比興々々、（『経覚私要抄』十月十一日条）

いつも彦三郎が扶持していた遁世者の弓阿という者が、いろいろな「物云」があるのを聞いて居ても立ってもいられず、彦三郎の安否を尋ねるため戦場に出かけて行って打ち殺されたという。経覚は、「遁世者なのだから、手を合わせ膝をすってでも命だけは長らえるべきなのに、踏み殺されてしまうなんて」と嘆いている。彦三郎は、経覚のところにやってきては双六を打って遊んだり話相手をしたりした懇意の者で、今度の戦で討ち死にしてしまったという知らせを聞いてはいたが、たしかなことはよくわからない。きっと経覚は、弓阿のもたらす報を聞きたかったにちがいない。ところが、その弓阿までもが踏み殺されたという。

ここに出てくる「物云」は、大和の平群郡《へぐり》を舞台にした戦争についての「うわさ」である。どこどこで合戦があった、誰と誰が戦ってどれほどが討ち死にした、討たれた者の頸は京都に運ばれたなど、戦乱の様をくわしく伝える「うわさ」である。この「物云」にも、未来に対するばくぜんとした不安が含まれているようである。弓阿は、「物云」によれば彦三郎は討たれてしまったということだが自分のこの目でたしかめないことには信じられない、そういう気持ちが強かったのであろう。戦場へ出かけて行った。

この三日後の十五日、経覚の日記には、

弓阿の事、打ち殺さるる旨其の聞こえあるのところ、手を合わせて逃げける歟《か》、罷り上り了んぬ、

とある。打ち殺された踏み殺されたと伝えられていた弓阿が、なんとか生きのびて京都の経覚のところまでやってきたのである。「戦乱のなか、手を合わせてでも逃げのびたのだろうか」と経覚は記している。

諸国巡礼

文正元年(一四六六)七月十二日、聖護院《しょうごいん》の道興《どうこう》が、兄近衛《このえ》政家《まさいえ》の亭にやってきた。十九日から諸国巡礼に出かけるので、今日はその暇乞いにきたのだという。山伏《やまぶし》すがたであった。出発はすこし延

びて二十二日になった。

出発の日は、朝早くから実相院《じっそういん》や宝池院《ほうちいん》に入寺している弟たちもやってきた。巳《み》の刻（午前十時ごろ）に巡礼の一行が室町通りを通るというので、見送るつもりだという。近衛家では、室町通りに面した西門を開いて、戸のかげから、父近衛房嗣《ふさつぐ》と兄の政家そして弟たちが、一行を見送った。山伏が四、五十人、坊官たちが二百人ぐらい、行列して通った。政家は日記に、

今度巡礼国々
山城《やましろ》　大和　摂津《せっつ》　丹波《たんば》　近江　美濃《みの》　尾張《おわり》　播磨《はりま》　但馬《たじま》　和泉《いずみ》　河内　紀伊《きい》　伊勢《いせ》　若狭《わかさ》
丹後《たんご》　備前《びぜん》　備中《びっちゅう》　備後《びんご》　安芸《あき》

と、巡礼していく国々を書きあげている（『後法興院政家記《のちのほうこういんまさいえき》』）。

一行は、二十四日には大和に着いた。急に宿をといわれて、大乗院尋尊《じんそん》はあわてて宿所を手配した。山伏が三十人ばかり、総勢七十人あまりの一行であった（『大乗院寺社雑事記《だいじょういんじしゃぞうじき》』）。

そして八月八日には、近衛政家のもとに聖護院から手紙が届いた。紀州のあたりに到着したと書かれていた。

一天大儀歟

諸国巡礼の一行が出発した前後から、近衛政家の日記『後法興院政家記』にも、奈良興福寺大乗院

の尋尊の日記『大乗院寺社雑事記』にも、不穏な世上の様を示す記事がどんどん増えてくる。七月末から八月初めにかけて、斯波《しば》氏の惣領職をめぐる争いから、軍勢が上洛し京中で狼藉《ろうぜき》するという事態になっていた。政家は、

世上の事、種々雑説《ぞうせつ》あり、事々筆端に尽くし難し、

と記している。この争いには、細川勝元《ほそかわかつもと》・山名宗全《やまなそうぜん》・伊勢貞親《いせさだちか》などの思惑がからまっていて、いくら将軍が斯波義敏《よしとし》に惣領職を認めても、上意が尊重されることはないだろうといわれていた。八月九日、「世上の事、近日大乱に及ぶべし」という知らせが方々から入ってきたので、近衛政家は代々伝えられてきた家の記録を五十函、石蔵に避難させた。

十二日、軍勢馳せ集う、雑説により、互いに此の如く騒動す、

互いに対立する勢力は、飛びかう「雑説」に振りまわされて動揺し、騒動を増幅させている。近衛家の領地である近江の信楽荘《しがらきのしょう》からも、雑兵《ぞうひょう》が五十人ばかり上洛してきた。京都が物騒なので、警護のため召し寄せたのである。

一天大儀歟《いってんたいぎか》、
世上の事、大乱出来すべし、
世上の事、もってのほかに急々、

などと、政家の日記には、不安をかきたてられるような記事が続く。

大和も不穏な情勢になってきた。

九月一日、大和の国人《こくじん》たちに幕府の命令が下った。以前、大和での戦いに先陣が大敗し、河内からも追われて、吉野《よしの》・北山《きたやま》などに潜んでいた畠山義就が、近日力をもりかえし、大和の越智のあたりに出張ってくるという。大和の武士は義就に味方することなく、畠山政長の方に合力《ごうりき》して忠節をするように、と。「世上の様、千万心元無きものなり」と、尋尊は書いている。

河内や大和では、しきりに畠山義就の動向が取り沙汰されはじめる。河内の合戦では義就が有利であるとか、いやそうではないとか、「雑説《ぞうせつ》」はまったく正反対の情報を、つぎからつぎへと伝えてくる。

九月六日、京都では、将軍義政が弟の義視《よしみ》を誅戮《ちゅうりく》するという「うわさ」があり、おどろいた義視は、にわかに細川勝元の宿所に逃げ込んだ。翌七日、伊勢貞親や斯波義敏などの勢力が、洛中から没落した。この動きは、ただちに奈良に「風聞《ふうぶん》」として伝わり、尋尊はそれをつぎのように記している。

没落した伊勢などの被官人のところには、山名や朝倉《あさくら》の軍勢が押しかけ、家々を破却し、火を放った。そこに馬借《ばしゃく》なども乱入し狼藉に及び、さんざんなありさまである。洛中の人民は餓死してしまうだろう。人びとは、「天下がふたたび静かな時期をむかえることなど、もはや望めないのではないか」などと、話し合っている。

「此の事、大乱に及ぶべき歟」「世上の事、もってのほかに物忩《ぶっそう》」「世上の事、種々巷説あり」「風聞の如く」「雑説一准せず」などなど、不穏な情勢のなかで、さまざまな「うわさ」が乱れ飛ぶ。

先触れの使者

九月十七日、聖護院の諸国巡礼に同行していた杉坊が、近衛政家のところにやってきた。「京都はもってのほかに物騒で、と田舎にまでも聞こえてきました。京都の様子をうかがうため上洛するようにと、聖護院から命じられて参上しました」という。

諸国巡礼の一行が出発して以来、つぎつぎと事件が起こり、対立する勢力の軍勢が上洛したり、没落したり、京都の情勢は目まぐるしく動いた。いったいこれからどうなっていくのだろうか、などと不安にかられることも多かった。「風聞」「伝説」「巷説」「雑説」などが乱れ飛んで、本当のところは一向に不確かなままに、ただ不穏な空気だけが充満していった。こうした京都の事態は、巡礼の旅を続けていた聖護院の耳にも届いていたのである。

「田舎のあたりまでも、京都がとても物騒だとの聞こえがありましたので」と杉坊のいう「田舎のあたり」が、どこなのかはよくわからない。ただ、先に「今度巡礼の国々」としてあげられていた諸国のうちであることは、たしかである。おそらく、畿内や近国の多くで「京都物忩」の聞こえがあったものと思われる。各地から軍勢が馳せつどい、武士らが群動し、地方の荘園《しょうえん》からも雑兵が上洛するなど、京都の事態は、近国の人びとの生活にも大きな影響を与えずにはいなかった。それは「風聞」

や「伝説」として、大きく広まっていった。そしてそれが、いろいろなところで聖護院の耳にも入ったのであろう。

聖護院は、諸国巡礼の旅から無事京都に帰ってきた。「このような物騒きわまりない時分に、なんの混乱にも巻き込まれず無事に帰ってきたのは、祝着《しゅうちゃく》このうえないことだ」。兄政家は、ほっと安堵《あんど》の思いを書き綴っている。

「物言」の登場

十月以後になると、大和・河内両国は「物忩是非無き次第」となった。畠山義就方には越智以下の大和勢がつき、一方の畠山政長方には筒井や箸尾《はしお》がついて、双方に討ち死にする者も多く出た。いろんなところに火が放たれ、焼失する寺もあった。各地で土民も蜂起し、人びとの往来もままならない。山門と京極の対立で、京都と近江の通路も通行不能になったという。

そうしたなかで、「物言」ということばが出てくる。

十二月十九日　伝え聞く、世上物言もってのほかと云々、来たる廿三日、衛門佐《えもんのすけ》上洛すべきの由、世に聞こえあり、

十二月二十五日　伝え聞く、前《さき》の畠山右衛門佐、今日上洛すと云々、武家の命にあらず、山名入道召し上ぐるの由風聞あり、大儀出来すべき歟、珍事なり、下辺もってのほかに物忩と云々、

（『後法興院政家記』）

畠山義就が上洛してくるという。将軍の許しもないのに、無理矢理力ずくで上ってくるらしい。山名宗全が呼び寄せたともいわれている。当管領《かんれい》の畠山政長の方は、いったいどういう動きに出るだろう。このように、渦中の人物義就がいよいよ上洛してくるらしいという「風聞」が広まっていくなかで、「世上の物言もってのほか」と、ここに至ってはじめて「物言」が登場してくる。その「物言」の内容は、

大儀出来すべき歟

およそ天下の式、大乱に及ぶべき歟

という、予言であり確信であった。こうした意識が、人びとを包みこんでしまっている。義就方が京都の千本《せんぼん》に陣を構えれば、政長の方は屋敷の四方に矢倉《やぐら》を設け防備をかためる。双方に合力する勢力も、互いに対立の瞬間に備えている。一触即発、緊迫の度を増していく状況のなかで、「もうすぐ天下大乱だぞ」という「物言」が駆けめぐる。

このように、「なにか一大事が起こるかもしれない」という漠然とした予感のような段階ではなく、「事ここに至ればもはや逃れるすべはない。きっと我々はみんな大変な事態におちいってしまうぞ」というような、切迫した、確信めいた、ギリギリの段階で出てくるのが、「物言」であった。避けられない事態を一種のあきらめに似た気持ちで予言するもの、それが「物言」であった。

あけて文正二年（一四六七、改元して応仁元年）正月、応仁《おうにん》の乱《らん》が起こる。京都を戦場にした長い長い戦いの始まりである。

2　死後の物謂停止

益田氏の「置手」

石見国益田荘《いわみのくにますだのしょう》を本拠とした在地領主益田氏の文書のなかに、つぎのような掟がある。

A　定むる置手《おきて》の事

右、兼理《かねまさ》逝去の後、定めて雑説《ぞうせつ》等あるべし、其の物謂《ものいい》を停止《ちょうじ》せしめんがため、当所の一族・若党残らず、罰文連署《ばつぶんれんしょ》をもって、益田相続の仁の外、余儀に渉るべからざるの状明鏡なり、然る間、自然讒言《ざんげん》を構え、謂《い》われ無き説を申し出だす輩《ともがら》においては、永代中《なか》を違《たが》え、当所を放逐《ほうちく》せしむべきものなり、若《も》し又正躰《しょうたい》無き者、聊《いささ》かも申口現形《もうしくちげんぎょう》無き以前に、楚忽《そこつ》に其の沙汰を致さば、不孝《ふきょう》の仁として、兼理が本領を領知すべからざるの処なり、よって後々のため、此の如くの通り、堅く申し定めんがため、誓文《せいもん》をもって申し置く所件《くだん》の如し、加様に申し置く処に偽り候わば、上は梵天《ぼんてん》・帝《たい》（釈《しゃく》）・四大天王を始め奉り、（中略）惣じて日本国大小諸神の御罰を罷り蒙るべく候、よって、後日のため起請文の状件の如し、

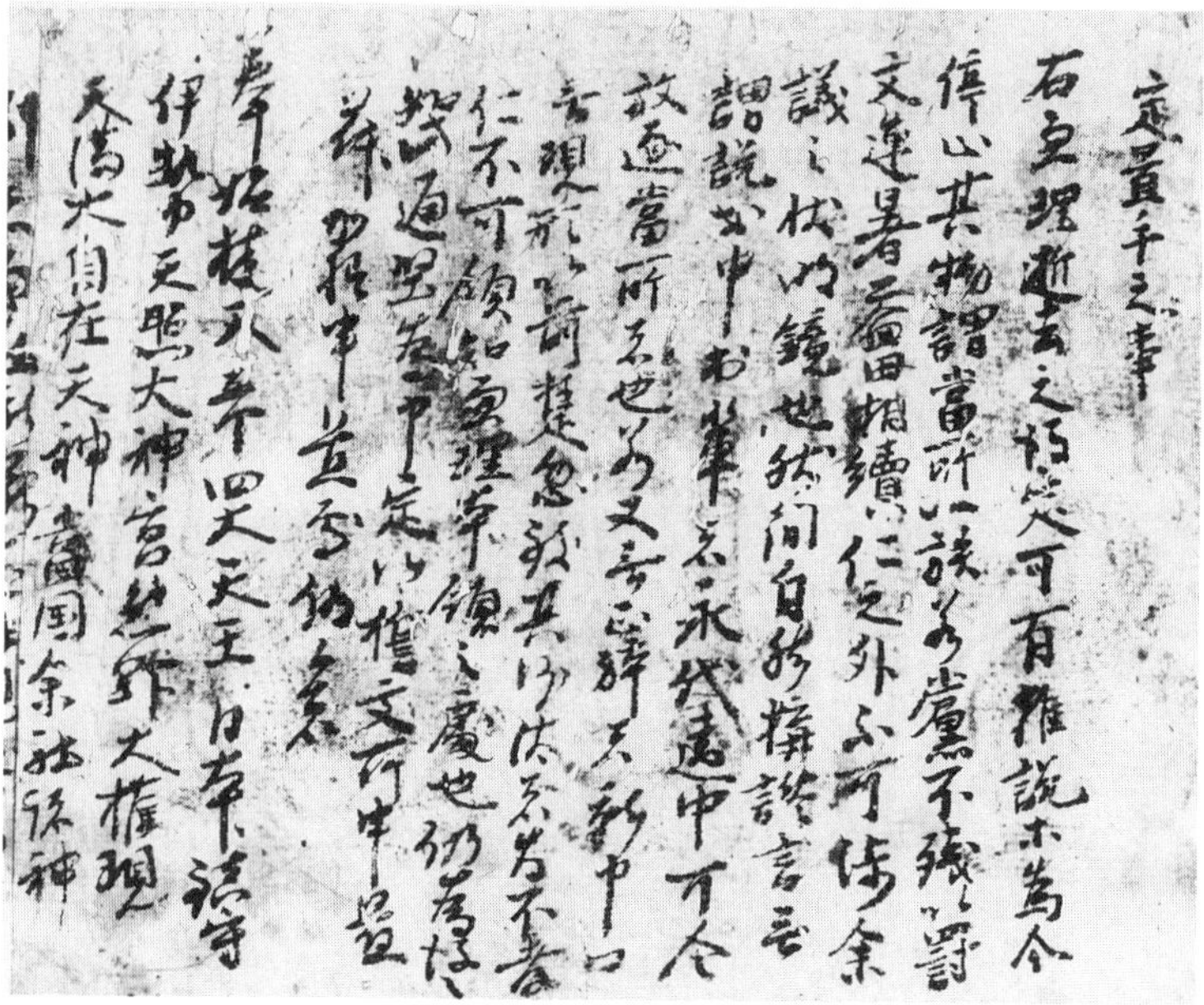

（東京大学史料編纂所蔵）

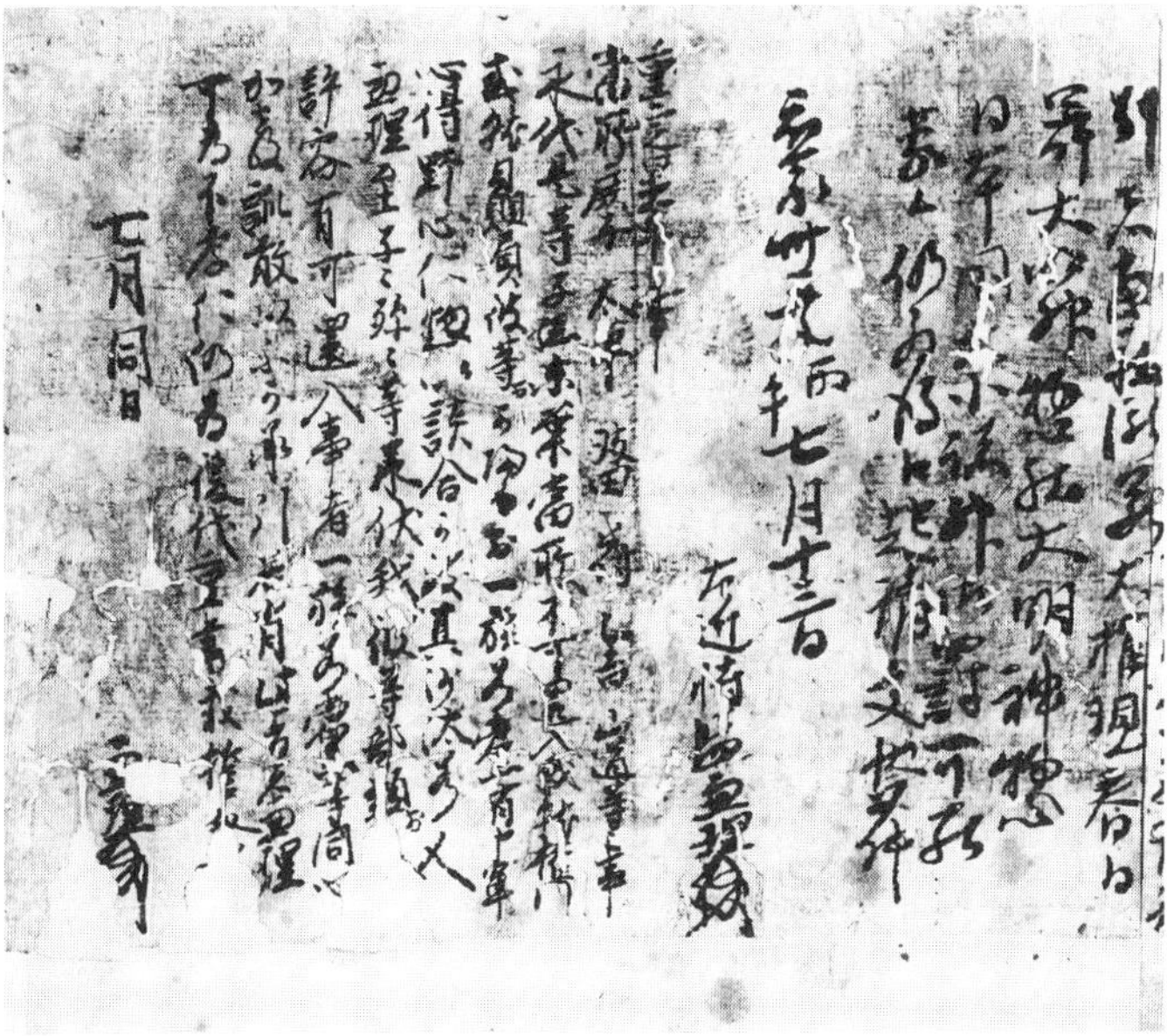

益田兼理の置手

応永卅三年丙午七月十三日

左近将監兼理（花押）

B　重ねて定むる置手の事、

当所庶子、太草《おおくさ》・波田《はだ》・符・乙吉《おとよし》・山道《せんどう》等の事、永代是等の子孫末葉、当所へ還り入るべからず、或いは権門に就き、或いは贔屓《ひいき》に就き、彼等を帰すべきの由一族・若党において申す輩あらば、野心の仁と心得、惣じて談合をもって其の沙汰を致すべし、若し又、兼理の子々孫々等に至りて、我と承伏して、彼等の部類を許容し、還り入るべき事あらば、一族・若党等同心し、教訓を加え、敢えてもって承引すべからず、若し此の旨に背かば、兼理不孝の仁たるべし、よって後代のため重ねて誓文に書き載する□□□（状件の如し）、

七月同日

兼理（花押）

（「益田家文書」第七三軸）

応永三十三年（一四二六）七月十三日、益田兼理は、このようなA・Bの二通の「置手」（掟）を定めている。

「置手」Aでは、いきなり、「兼理が逝去した後できっと雑説などがあるにちがいない。だから、その物謂《ものいい》を停止させるために、当所の一族・若党は一人残らず連署の「起請文」を書かねばならぬ」というショッキングな内容から書き始められている。益田の惣領であり当主である自分が死んだら、き

っと一族・若党のあいだに「雑説」を言い触らし「譏言」を構える者が出てくるにちがいない。だから、その「物言」を今から封じておかなければならないというのである。

このような「置手」は、そうそうどこにでもあるというものではない。風変わりな「置手」といわなければならない。益田兼理は、なぜこのような「置手」を定めたのか。

「物謂」の内容

ここで停止しなければならないとされる「物謂」とは、前段に出てくる「兼理逝去の後、定めて雑説等あるべし」という表現を受けたものである。兼理は、自分の死後にきっと「雑説」があるにちがいないと予測し、しかもその「雑説」の内容が「物謂」であると確信している。彼は、死後に家臣らのあいだに広まるにちがいない「雑説」が、「近々、大事がもちあがるぞ」と、人びとの不安をかきたてる内容であると信じている。

そうした「物謂」を停止させるため、兼理が考えた方法は、当所の一族・若党のすべてに「連署起請文」を書かせることであった。しかも兼理は、彼らが書くべき「起請文」の内容までも、「置手」のなかで明示している。

益田の惣領を相続した者に忠誠を誓います。けっして、それ以外の勢力と手を結んだり通じたり支持したりいたしません。これは一点のくもりもなく明らかなことです。

万一、讒言《ざんげん》を構えたり、根も葉もない説などを言い出すような者が出てきたならば、その者とは永久に中を違《たが》えて、一族・若党らの結びつきから追い出してしまいます。

そのように誓約せよというのである。

ここに、兼理が危惧し、なんとしてもそれを停止させたいと願っている「物謂」の輪郭がはっきりと浮かびあがってくる。「益田相続の仁」以外の者に通じて、讒言を構え、根拠もないのにあたかも対立と混乱が今すぐにも起きるかのように言い触らして一族・若党らの内部に大きな動揺を与え、ひいてはその分裂を引き起こすこと、それが「物謂」の内容である。

中を違え放逐すべし

これは、惣領益田兼理が、一味同心《いちみどうしん》してつぎの惣領に忠誠を誓うよう一族・若党に命じた、きびしい掟であるかのようにみえる。

ところが、この文書は明らかに益田兼理の書いた「起請文」である。一族・若党らに死後の「物謂」を停止させ、「相続の仁」への忠誠を誓わせるだけならば、兼理が「起請文」を書く必要はない。それなのに、この「置手」は兼理の「起請文」として書かれている。いったいどうしてなのだろう。

そのわけは、この「置手」の後半部分にありそうである。まず、「若し又正躰無き者、聊かも中口現形無き以前に、楚忽に其の沙汰を致さば」という部分は、その前の「自然讒言を構え、謂われ無き説を申し出だす輩においては」に対応している。「自然（万一）」以下と、「若し又」以下と、二つの場合が仮定されていて、そのときにはどうすべきかを明示したのが、この「置手」の眼目なのである。「自然」以下のことが起こった場合には、「永久に中を違えて、一族・若党らの結びつきから追放」という制裁を加える。「中を違える」というのは「一揆契状《いっきけいじょう》」などにもよく見られる処罰のしかたで、たとえば、

この人数、多分の儀に違背の輩においては、向後において、この人数中を永く擯出せらるべきものなり、（「宇久・有河・青方・多尾一族等契約状」／『青方文書』二）

などと出てくる。「この一味同心している者たちの大多数の意志に反する行為に及ぶような者は、以後永久に仲間から追放する」というもので、「中を違う」とか「擯出する」というのは、「仲間内から追放すること」を意味している。これは、上から加えられる制裁ではなく、横並びの仲間どうしがルールに反する行動に出た者を仲間内から追放するというかたちで処断するものである。

不孝の仁

さて一方、「若し又正躰無き者、聊かも申口現形無き以前に、楚忽に其の沙汰を致さば」という仮定があり、その場合は、「不孝《ふきょう》の仁として、兼理が本領を領知すべからず」とされている。「不孝」とは、親が子を「義絶」し、親子の縁を切ることである。そうなれば、子はいっさいの相続権を失い、

また子の罪が親に及ぶこともない。となると、ここに出てくる「正躰無き者」とは、兼理にとって「不孝の仁」になり得る人物、つまり「益田相続の仁」ということになる。

「益田相続の仁」が、「物謂」の広がるなかで気を取り乱し冷静さを失ってしまって、その「物謂」を言い出した者（「申口」）が誰なのかすこしも明白にあらわれてこないうちから、軽はずみな裁定を下して処罰に及ぼうとするならば、そのような者は益田の惣領を相続し本領を掌握するに価しない。それゆえ、ただちに「不孝の仁」として、その資格を剝奪してもいい。一族・若党に対して、兼理はこのように約束している。それを、兼理自身が了承していることを明らかにするため、彼の「起請文」のかたちで、この「置手」は書かれた。

「置手」と「起請文」

一族・若党が、兼理の死後も、「いわれのない雑説」「物謂」を言い出して混乱させるようなことなく、「相続の仁」を強く支持していくことを「連署起請文」によって誓い、惣領兼理も、自分の死後、「相続の仁」が軽率な裁定や公正さを欠くような処断をするなら、「不孝の仁」としてその資格を奪われてもかまわないと誓約する。惣領の側と、一族・若党の側が、このように互いに「起請文」をもって誓約しあう、それがこの「置手」の内容であった。

同じ日、兼理が書いた「重ねて定むる置手の事」（B）も、これとまったく同じ構造になっている。

兼理は、庶子を益田本領から追放し、その子孫末葉に至るまで永久に当所に帰還してはならないと、「置手」に定めている。なぜ、庶子らを永久に追放するという措置がとられるに至ったのか、具体的な背景については明らかではない。ただ、応永二十九年（一四二二）閏十月九日の石見守護山名教清《のりきよ》遵行状《じゅんぎょうじょう》（「益田家文書」第一二軸）では、それまで庶子らが領知していた東北両山道村も伊甘《いかみ》郷も、彼らが惣領に「野心を構えた」というので、他の所領と同様、惣領兼理が領掌すべし、とされている。惣領の本領から庶子らが追放されたのは、この一件にかかわってのことと考えられる。

この「置手」では、庶子らとその子孫を当所から永久に追放すると述べたあと、「一族・若党のなかで、もし彼らの帰還を認めるような者がいれば、それは野心をいだく仁であるから、一族・若党らの談合でもって制裁を加えるべきである。また、もし兼理の子孫のなかに、彼らの帰還を許すような者が出てきたら、一族・若党が同心して教訓を加えるべきである。それにもかかわらず、承知しない者は、不孝の仁として処断を加えるように」と明言している。一族・若党の意志決定機関である「談合」は、朋輩のうちの「野心の仁」を制裁するとともに、惣領を継いだ者の相続権を奪い取る力さえ、認められているのである。

益田の家の惣領だといい相続者だといっても、その力は、一族・若党らの一揆的結合を支持基盤とし、その範囲を超えないところに位置づけられていた。

一族・若党の罰文連署

この「置手」から九年後、兼理の死から四年後の、永享七年（一四三五）七月五日、吉田治部少輔兼弘以下百人を越える連署がならび、日下《にっか》には寺戸豊前入道禅幸が署判した「連署起請文」が書かれている。

再拝々々、立て申す起請文の事、
右元は、前の左近将監兼理の御子息松寿殿を益田の惣領主人と仰ぎ奉り、二心無く忠節を致し、一味同心して、ご用に罷り立つべく候、若し此の旨偽り申し候わば、
上は、梵天・帝釈・四大天王・日本鎮守伊勢天照大神宮・熊野三所権現、殊には、当所瀧蔵十二所権現・八幡大菩薩・春日大明神・御神本《みかもと》大明神、惣じて日本六十余州大小神祇の御罰を、おのおの罷り蒙るべく候、よって起請文の状件の如し、
永享七年七月廿五日　　　寺戸豊前入道禅幸（花押）
おのおの加判をもって申し上され候、
（「益田家文書」第七三軸）

「自分たちは、兼理の子息松寿殿を惣領として主人として仰ぎ奉り、二心無く忠節をつくし、そのお役に立つつもりである」と述べられている。これはまさに、兼理が求めていたとおりの「連署起請文」である。

あれほど兼理が危惧していた「死後の物謂」は起こらなかったのだろうか。無事に何事もなく惣領

の相続が遂行されたのだろうか。

それにしては、兼理の死からこの罰文連署が書かれるまで四年という年月がたっている。死後すぐに「相続の仁」に惣領権が引き継がれ、何事もなく経過したというのであれば、なぜ四年もたってから「松寿殿を惣領主人と仰ぎ奉り」という、この「連署起請文」が書かれなければならなかったのか。

益田相続の仁

応永二十九年（一四二二）七月七日の益田兼理譲状《ゆずりじょう》（「益田家文書」第一二軸）には、

彼の本領等、兼理重代相伝の私領なり、然る間、嫡子益一丸に永代を限りて譲与するところなり、

とある。死の九年前、置手を書く四年前に兼理が「益田相続の仁」と考えていたのは、「嫡子益一丸」である。そして、兼理の死後四年目、一族・若党らが「連署起請文」によって支持したのが、兼理の「御子息松寿殿」であった。それから三年後、永享十年（一四三八）十一月二十二日の山名熙貴《ひろたか》遵行状（「益田家文書」第一二軸）によれば、益田荘本郷以下の荘郷村々を惣領として掌握しているのは、「益田孫次郎兼堯《かねたか》」である。この益田兼堯は、これ以後、惣領として益田氏の勢力拡大におおいに力を発揮する人物である。

これらの文書が兼堯の代を経て残されつづけたという点から、反対勢力にかつがれた者への譲状や、それを支持する一族・若党の「連署起請文」を残しておくとは考えられない。とすれば、「益一丸」

も「松寿」も、孫次郎兼尭の幼名にちがいない。彼は応永二十九年に父兼理から譲状をえ、父の死後四年たった永享七年に百人を越える一族・若党らから惣領主人と仰がれ、永享十年には室町幕府や守護の認証をもえて、「益田相続の仁」としてたしかな地位を占めた。「益一丸」「松寿」「孫次郎兼尭」が同一人物で、それが「益田相続の仁」であるというなら、なんら問題はないではないか。

しかし、兼理が大内盛見《もりはる》に従って九州におもむき、少弐氏と戦って筑前国《ちくぜんのくに》で戦死した際、その忠節を賞した将軍足利義教《あしかがよしのり》の御内書《ごないしょ》(「益田家文書」第一三軸)には、「父兼理が討ち死にしたということは、大内盛見跡《あと》の者たちから注進《ちゅうしん》があった。このたびの働きは神妙である。これからもさらに忠節を励むように」とあって、将軍義教の花押がすえられている。この「大内左京大夫入道跡」では、この後、兄の大内持世《もちよ》と弟の持盛《もちもり》とのあいだで家督をめぐって対立が起こり、大騒動となる。「跡」と記されているのは、このときにはまだ後継者がはっきりしていなかったためだとすれば、この御内書の宛所が「益田左近将監跡」となっている点が気にかかる。あるいはこの時点で、益田も「相続の仁」が明らかでなかったのかもしれない。

死後四年もたってから、やっと「御子息松寿殿」を支持するという「連署起請文」が書かれているところから考えても、やはりこの四年間に、兼理が懸念していたように、益田の庶子や一族・若党らを巻き込んで、「相続の仁」をめぐる大きな対立と分裂があったと推測される。

「物謂」の力

庶子らが「相続の仁」の問題に口をさしはさみ、それが一族・若党たちの結合組織を動揺させ、「物謂」を生み、分裂と対立が激化して収拾がつかない事態を引き起こす。益田兼理が危惧したのは、このことであった。

兼理は、自分の死後に「物謂」があることを避けられないものと考え、その危機を最小限にくいとめるため、周到に、「物謂」を停止させる方法を示した。ここでは、「物謂」は、単なる「雑説」、たかが「うわさ」、というふうにはとらえられていない。一族・若党らのあいだに広まる「物謂」が惣領自身の地位を危うくするほどの力を秘めていること、そして、その「申口」の処罰がたしかな証拠もないまま軽率に行なわれたならば、これまた取り返しのつかない事態を引き起こすこと、この兼理の「置手」には「物謂」に対する神経過敏とも思える認識が示されている。

なぜ、兼理はそれほどまで「物謂」にこだわったのか。それは、「相続の仁」をめぐる「物謂」には、すでに決定され構築されようとする秩序をひっくり返そうとする意志があり、明らかに「異議申し立て」の意味がこめられていたからである。

3 京・田舎での「物謂」

惣荘嗷訴に与せず

播磨国矢野荘《はりまのくにやののしょう》は、東寺《とうじ》領の荘園《しょうえん》であった。東寺に残されていた中世文書のなかに、つぎのような「起請文《きしょうもん》」がある。

再拝々々

立て（申す）起請文の事、

右元は、矢野庄の名主御百姓等、政所殿《まんどころどの》（明済《めいさい》）を訴え申し候、刑部大夫《ぎょうぶだゆう》においては元より売買を本となし候の間、惣庄の嗷訴《ごうそ》に与《くみ》せず候上は、向後において、いよいよ野心私を存ずべからず候、なかんずく京・田舎で物謂《ものいい》申すべからず候、……若《も》し偽り申し候わば、八幡大菩薩ならびに当庄五社大明神等、日本国中大小神祇の御罰を罷り蒙るべきものなり、よって起請文、件《くだん》の如《ごと》し、

応永二年十一月十一日　　刑部大夫（略押）

（「刑部大夫起請文」／「東寺百合文書」よ函一一—一五上／『相生市史　八上』編年史料五七四）

矢野荘では、明徳四年（一三九三）から五年（応永元年）にかけて、惣荘の百姓らが嗷訴逃散《ちょうさん》するという出来事があった。「代官の明済は不当な支配をしている。彼をやめさせてくれ」と、百姓たちは

荘園領主の東寺に訴えた。荘内の百姓たちは一味同心《いちみどうしん》し、逃散した。明徳五年三月、やっと百姓も還住し、「庄家落居」という状態に戻ったが（「廿一口方評定引付」三月二十日条／ち函一／『大日本古文書　東寺文書　三』）、なお代官と百姓らとの対立は解消されていなかった。惣荘の百姓たちが一揆して、ふたたび嗷訴逃散に及ぶ可能性はまだまだ残っていた。応永三年（一三九六）二月十六日の寺僧の手紙にも、「寺領播州矢野庄百姓嗷訴の事、いまだ落居せず候」（「宝厳院宏寿《ほうごんいんこうじゅ》書状案」／テ函七六／『相生市史　八上』編年史料五七五）とある。逃散はしないまでも、なお惣荘の嗷訴は続いていた。そういう時期に、この「起請文」は書かれた。

「自分はもともと、売買をして生きてきた。荘内の百姓らが一味同心して起こした嗷訴にも、かかわりをもたなかった。これからも、惣荘の百姓らに与同したり、私的な野心をもったりせずに行動します」。刑部大夫は、まずこのように述べ、ついで、

　なかんずく京・田舎で物謂《ものいい》申すべからず候。

と約束をしている。この「京や田舎で物謂をしません」というのは、どのような行為をさしているのだろうか。

「物謂」と「空事」

それを考える手がかりが、同じ応永二年（一三九五）、矢野荘の田所《たどころ》家久《いえひさ》と職事《しきじ》十郎次郎《じゅうろうじろう》の書いた

「連署起請文」のなかにある。

再拝々々立て申す起請文の事、

右の趣は、当所の御百姓等のことにつき候て、寺命をそむき、かうそ《嗷訴》にくみし、更々わたくしあるべからず候、……

応永弐年十月八日　　家久（花押）

識事十郎次郎（花押）

公事辺において、わたくしを存ずべからず、向後、公方と御百姓との間において、空言申すべからず候、……

応永弐年十月十四日　（「東寺百合文書」よ函八七／『相生市史　八上』編年史料五七二）

ほぼ同じ時期、荘内の公文と職事も、刑部大夫と同じように東寺からこのような「起請文」を書かされている。御百姓らの嗷訴に与しないことを誓わせられている点も同じである。ここに「公方と御百姓との間において、空言申すべからず」とあるのは、「京・田舎で物謂申すべからず」を、別のいい方で表現したものである。

「京・田舎で」が「公方と御百姓の間で」に対応し、「空言申すべからず」と「物謂申すべからず」が、同じことを意味している。「京」とは、「公方」すなわち京都の荘園領主東寺をさし、「田舎」とは、矢野荘の「御百姓」をさす。つまり、京の領主東寺に対しても、現地の百姓たちに対しても、物事をおおげさに吹聴して危機感をあおりたてるようなことを、けっしていいません。彼らはそう約束させられているのである。

「空言」と「物謂」とは、かならずしも同義ではない。けれども、大事が起きるかもしれないという「うわさ」が人びとのあいだに口伝えで広がるとき、それはふくれあがり、誇張され、歪みを生み出す。「物謂」と「空事」は紙一重であり、緊迫した事態を大きく左右する力を秘めていた。それを恐れて、東寺はこのような「起請文」を書かせたのである。

世上物忩の風聞

矢野荘ではこのとき以前にも、永和三年（一三七七）の「惣荘一揆」では、代官祐尊の非法《ひほう》を訴えて一荘の名主百姓らがことごとく一味神水して逃散した。そのとき、打開策を見つけられないまま収穫期をむかえて、祐尊は、百姓らの「張本」を捕まえて牢に入れ、作稲を刈り取ってしまおう、という強攻策を東寺に提案した。力づくでおさえ込んでしまおうというのである。しかし、東寺の考えは違っていた。

評議に云わく、近日世上物忩《ぶっそう》の風聞と云い、西収の期と云い、押して庄家の作稲を苅《か》り取り、嗷訴巨《こっちょう》張の輩を搦《から》め取り禁《いまし》め沙汰《さた》有るの段、地下錯乱の基、寺用の失墜勿論なり、たとえ給主正員ならびに代官、何ヶ度申し請うといえども、一切許すべからざるの旨、堅く治定し訖んぬ、

（「学衆評定引付」永和三年八月十日条／「東寺百合文書」ム函五二／『相生市史　七』）

近日は、世上物騒の「風聞」もあり、しかも、ちょうど収穫の時期をむかえている。この大切なときに、一方的に荘家の作稲を刈り取ったり、百姓らの嗷訴を指揮している中心人物を捕まえて縛り上げたりしたのでは、混乱にさらに拍車をかけてしまうことになる。そうなると、百姓らに年貢を納めさせることなど不可能なことで、寺の基盤も失墜してしまう。だから、給主や代官から何度要請があろうとも、こうした強攻策を許すわけにはいかない。これが、東寺の考え方であった。

ここに出てくる「世上物忩の風聞」とは、まさに「物謂」である。

「物謂」の出どころ

「世上物忩」という「うわさ」を聞くと、百姓らは、世間の様子をうかがって、年貢や公事物を、かいがいしく納めようとしない。荘園領主側にとっては、こうした「物謂」の広がりは決して歓迎できるものではなかった。まして、政所の明済と百姓らの対立が続いているなかで、「物謂」が広まるようなことがあれば、まったく収拾がつかなくなる。そう考えて、荘官や商人などに、このような「起請文」を書かせたのである。

刑部大夫は、荘園に住む商人であった。彼自身が、「元より売買を本と為し」といっているとおりである。矢野荘には那波市《なばのいち》と呼ばれる市場があり、そこでさまざまな物が売買された。年貢米なども市場で売られ、銭や為替に替えられた。矢野荘から京都までは、「丹波路」と呼ばれる陸路や、室泊《むろのとまり》から船を利用する海路があった。商人は、その往来のあいだに、さまざまな「うわさ」を耳にした。京都に入れば、町の様子も目にはいる。人びとの会話も聞こえてくる。彼は、荘園内の他の百姓たちに比べて、情報に触れる機会がより多くあった。

彼は、東寺に対しては現地の矢野荘の状況がどうなのかを伝え、荘園に帰ってくれば、京都や道中で見聞きした世上の様子を百姓たちに語る。荘園の市場は、単に物を売買し交換する場というだけでなく、さまざまな情報を互いに交換する場でもあった。商人は、情報のやりとりという面でも、大きな役割を果たしていた。つまり彼は、「物謂」の出どころとして、もっとも可能性の高い存在だったのである。刑部大夫が「京・田舎で物謂申すべからず」という「起請文」を書かされたわけは、ここにある。

東寺

「物謂」は、在地領主の家の惣領を

支える一族・若党らの結束に大きな亀裂を生じさせるだけの力をもち、また荘園の百姓らの一揆に火をつけ燃え上がらせる契機にもなった。惣領や荘園領主にとって、「物謂」が秘めている潜在的な力は脅威である。それだからこそ彼らは、「物謂」を停止させ、その広がりをくいとめようとして、多くの努力を傾けた。「人の口に戸は立てられない」といわれる。けれども、人の口の最初の第一歩のところ、つまり「言口」「申口」のところでストップをかけることができさえすれば、たしかに「うわさ」の拡大をくいとめることは可能である。そう考えて彼らは、一族・若党らに「連署起請文」を書かせ、荘園の荘官や商人たちに「起請文」を提出させ、「決して物謂をいたしません」と約束させたのである。

しかし、こうした方法が実際に効を奏したかどうか、それはわからない。人の口を通して広がっていく「うわさ」は、それほどつかまえやすい生き物だとは思えないからである。けれど、「物謂」というものが、既存の秩序への「異議申し立て」という要素を含んでいるかぎり、これ以後もくりかえし「物謂」を停止させようという動きは起こってくるにちがいない。それは、権力をもち秩序を維持しようとする側の、避けられない衝動である。

五　一揆と高札

語られた言葉がどのようにしてとらえられるかという問題があります。民族学者は現実に目の前にある生きた社会を対象にいたしますから、テープレコーダーを担いでいけば直ちに記録ができるけれども、歴史家は過去の人びとの語ったところを記録することはできません。しかし、その語られた言葉というものも、全くとらえられないわけではないのであって、それは文字資料の中に書き留められて残っているわけであります。

（ジャック・ルゴフ「歴史学と民族学の現在」）

中世後期の社会は、「一揆《いっき》の時代」ともいわれる。この時期には、社会の各階層がじつにさまざまな「一揆」を生み出した。寺内の僧侶たちはもちろん、在地の武士たち、そして村落の百姓たちが、いろいろな局面でそれぞれに「一揆」を取り結んでいる。そのなかでもとくに、村落の郷民たちが作り出した「土一揆《つちいっき》」が、「徳政《とくせい》と号して」蜂起したときの行動は、中世社会の情報伝達のあり方を考えるうえで、ひとつの重要な問題を私たちに投げかけている。

1　徳政一揆の行動形態

徳政と号して蜂起す

「徳政一揆」というのは、ひとことでいえば、「徳政」を実現するために結ばれた土一揆のことである。負債を破棄して、もとの持ち主の所有権を復活する、そうした「徳政」を実現するために　土民百姓らが一揆を構えて蜂起したのが「徳政一揆」である。正長元年（一四二八）の一揆から戦国時代に至るまで、何度も「徳政一揆」は起こっている。

嘉吉元年（一四四一）・享徳三年（一四五四）・長禄元年（一四五七）・文明十二年（一四八〇）の徳政一揆について、当時の日記や文書に出てくる記事を拾い出してみたのが、表3である。それぞれの一揆に関する史料を日付け順に並べてある。この表を見ると、各時期の一揆について右から左に時間的な

表3　徳政一揆の行動形態

第一段階		
嘉吉元年（一四四一）	八・二八	土一揆、徳政と号して在々所々より京中を責む。清水坂において、京極方と矢合わせ　(執)
	九・三	近日、四辺の土民蜂起す。土一揆と号し、御徳政と称して、借物を破り、少分をもって質物を押し請く。…坂本・三井寺辺・鳥羽・竹田・伏見・嵯峨・仁和寺・賀茂辺の物忩常篇に絶えず。今日、法性寺辺、この事により火災に及ぶ。侍所、多勢をもって防戦す、なお承引せず、土民数万の間、防ぎ得ずと云々　(建)
	九・七	徳政の事により、土一揆蜂起す。七道の口を指し塞ぐ。よって惣じて商売の物無きの間、京都飢饉もってのほかなり　(公)
享徳三年（一四五四）	九・四	徳政の事、土民百姓等、土一揆を構え蜂起せしむと云々　(東)
	九・八	近辺の土一揆蜂起す。徳政と号して下京に乱入す　(康)
	九・八	土一揆蜂起すと云々。この間、下辺もってのほかに物忩と云々　(師)
	九・九	今夜、土一揆、時の声を揚ぐ　(師)
	九・九	徳政と号して、近郷の土一揆洛中を横行するの間、処々の土蔵、戸を閉ざす　(康)
	九・一一	今朝、武衛勢、出雲路口に向かう。土一揆を払わんがためなり。河原に於いて互いに矢を放つ。しかれども、土一揆、雲霞の如し。よって軍勢引き退き了んぬ　(師)
長禄元年（一四五七）	一〇・九	土一揆、徳政と号して、日々乱発し了んぬ。よって東の路、止まり了んぬ　(経)
	一〇・一〇	今日、土一揆法性寺に乱入すべきの由、風聞すと云々　(経)
	一〇・一一	土一揆、法性寺に乱入し、質物以下これを取ると云々　(経)
	一〇・一二	今夜、馬借等、七条辺に寄せ時を作り了んぬ　(経)
	一〇・二五	土一揆、東寺に陣取らんがため、先陣甲三十ばかり罷り入ると云々。…又入夜土一揆五条辺に至る時、蔵方は因幡堂に陣取るの間相合い合戦これを為す　(経)
	一〇・二六	今日、土一揆、京中乱入とて諸方騒動比類無きものなり。早鐘時の声、止む事無し　(経)
文明一二年（一四八〇）	八・二九	去る廿三日、西岡向大明神、徳政とて候。…もし同意与力の輩あらば同罪に処せらる　(山)
	九・一一	近日、土一揆蜂起す　(政)
	九・一一	土一揆出張り…通路叶わず　(宣)
	九・一一	入夜、所々物忩、土一揆蜂起すと云々　(親)
	九・一二	西岡に徳政とて、かねつき候なり　(山)
	九・一二	下辺物忩と云々　(政)
	九・一二	夜入って、つちいきのわいそうきこえて、火ともミゆる　(湯)
	九・一二	土一揆蜂起し、方々に時の声有り　(親)
	九・一二	夜下辺火を放ち時の声を発す。土一揆乱入、もってのほか　(宣)

第二段階

九・五	鳥羽・吉祥院以下中道より東の一揆は、東寺に籠り、二・三千人これ有り。…四角八方に陣を取り廻し、毎日京中へ責め入る。一揆の陣は、十六所と申す（執）
九・六	すでに洛中に打ち入る。…土一揆、洛中洛外の堂舎仏閣に楯籠り、徳政行われずんば焼き払うべきの由これを訴訟す（建）
九・七	夜前、寺辺に押し寄せ、借書を出ださずんば放火すべきの由嗷訴す。無力棄破すと云々（建）
九・八	土一揆、出雲路の土蔵に寄せ、時の声を揚げ合戦に及ぶ（建）
九・一〇	今朝、出雲路辺炎上す。龍禅坊土蔵難渋の故歟と云々（建）
九・一三	土一揆、なお以て所々に発向し、時の声を揚
九・一二	今夜、土一揆等、徳政と号して…土蔵等に押し寄せ、時の声を揚げ諸人の質を出すべきの由責め徴す。よって各領掌し、明日より質を出すべきの由、請け負うの間、土一揆等退散するなり。近日、洛中の土蔵、皆もって此の如きものなり。…酒屋処々に押し寄せ、酒を責め出し、また酒手を責め取ると云々（康）
九・一三	土一揆、洛中を縦横し、時の声を揚ぐ。所々の土蔵に於いて、喧嘩出来すと云々（師）
一〇・二七	公方勢罷り出で土一揆を払わんと欲するの処、…打たるるの間引き退き了んぬ。…土一揆を払わんがために罷り出づる大名、管領細川は申すに及ばず、…一色の内者、多く打たるると云々、土一揆の分際を払沙汰せざるは、武家の為躰（ていたらく）、無きが如き歟（経）
一一・一	商売物等全く無き分の間、餅祝着等、叶い難きの処、…山城の馬借等、三十三間辺に於いて時を作り了んぬ。入京の為歟（経）
一一・一	今日より徳政とて、京中しちをとり候なり（山）
一一・二	土一揆、今日、大略所々の質物を取ると云々（経）
九・一四	京の徳政の儀、大儀（山）
九・一五	入夜、上辺土一揆物忩極まり無し。…酒屋土蔵に兵粮を懸け、伏見殿・右府のもと等に酒肴料を懸け取ると云々（宣）
九・一六	洛中上下騒動す。近日、辺土の土一揆、徳政を張行す。東寺其のほか所々に集会し、…京中の土蔵に乱入す（長）
九・一七	今日京のしちともこれを取る。京の土一キ先ずこれを取る（山）
九・一七	土倉等、質物を出す（宣）
九・一八	いや五郎下りて、先ず京にて四貫百文のしち取るの由、…過ぐる夜七郷の土一キおこり、各々出すべきの由、これを申す（山）

	ぐ。嗷々もってのほかなり。大略、申し請うに任せて、徳政行わる（建）

第三段階

九・二	徳政の事、侍所処々に札を打つ。一国平均たるべしと云々。此の事、土一揆蜂起し、洛外より洛中に及び、或いは東寺に閉籠し或いは処々に放火し、或いは処々の口を塞ぎ商売を止め、或いは土蔵に押し寄せ合戦を致す（師）
閏九・三	今度の徳政の事、土一揆の嗷訴より起こる。一国平均の由、武家制札を七道の口々に打つ（建）
九・一六	今日、下鴨糺河原辺の土一揆、すでに郷に退散すと云々（康）
九・二三	此の間、土一揆徳政の故、処々の借物等これを破るの間、旧借書これを取るべきの由、かねて媒介有り（康）
一〇・二九	徳政の事、堅くこれを制禁せられ、高札を打たるると雖も、…借銭十分の壱をもって収納せらるべきの由候なり（執）

一一・二	徳政に同心、…今夜、七郷同心とてせめ候なり（山）
一一・三	山科土一き、京中へ東山より入り候なり（山）

一一・六	山科七郷土一き、今日、清水口よりひき候なり。同口あき候なり（山）
九・二〇	徳政の儀、昨今いささか静謐（政）
九・二一	今日七郷々民、京より帰陣す（山）
九・二三	土一揆等、一両日に退散すと云々（親）
九・二三	世間、一両日は静謐。もっとも珍重（宣）
九・二三	今日、野村に七郷寄合なり。徳政の事、郷中入めさん用候なり（山）

執＝東寺執行日記／建＝建内記／公＝公名公記／師＝師郷記／東＝東寺百合文書／康＝康富記／経＝経覚私要抄／山＝山科家礼記／碧＝碧山日録／蔭涼軒日録／雑＝大乗院寺社雑事記／宣＝宣胤卿記／湯＝お湯殿上日記／親＝親長卿記／長＝長興宿彌記／政＝後法興院政家記

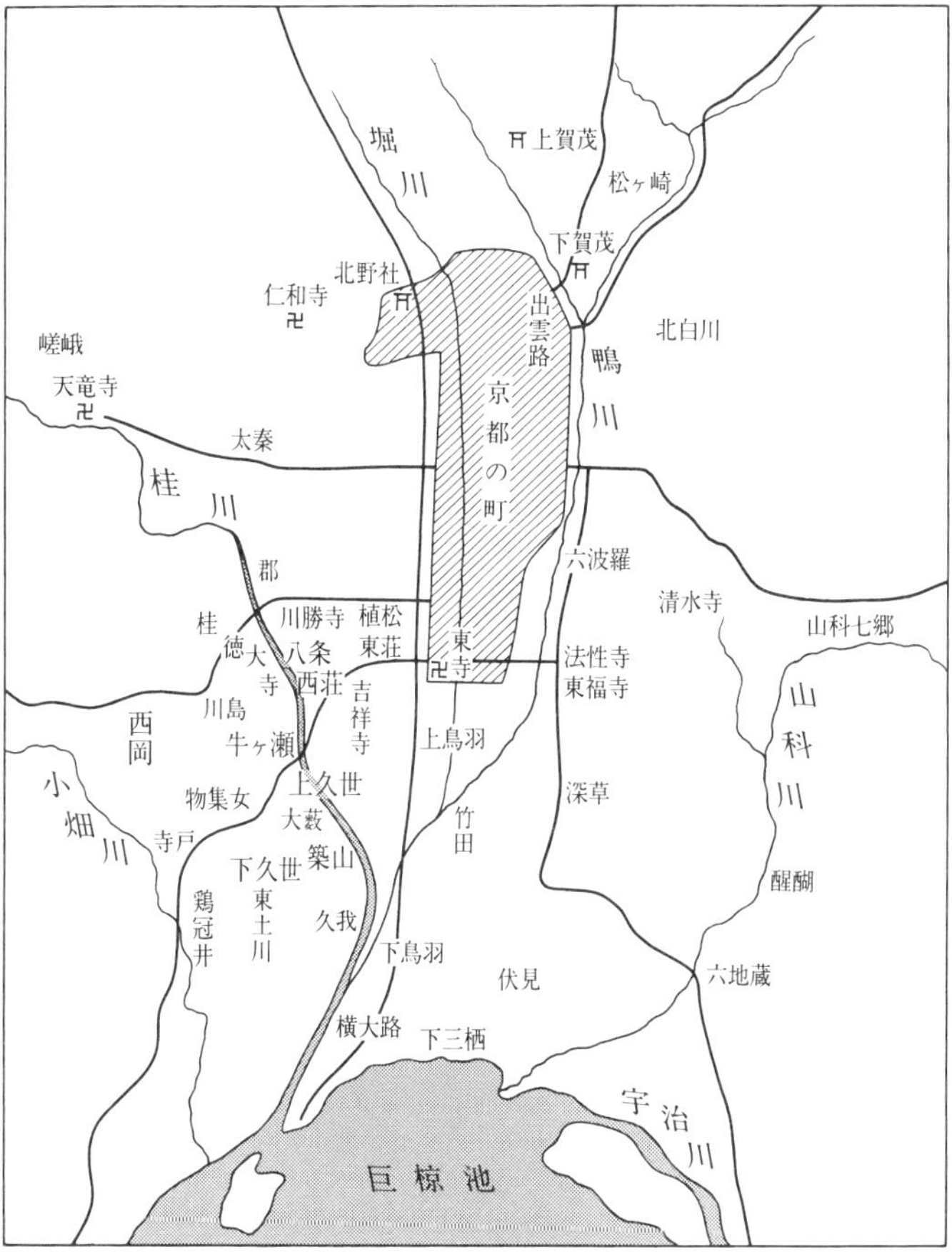
上賀茂
堀川
松ヶ崎
下賀茂
北野社
仁和寺
出雲路
北白川
嵯峨
鴨川
天竜寺
京都の町
太秦
桂川
六波羅
郡
清水寺
山科七郷
桂
川勝寺
植松
東荘
東寺
徳大寺
八条
西荘
法性寺
東福寺
山科川
西岡
川島
吉祥寺
上鳥羽
牛ヶ瀬
上久世
深草
小畑川
物集女
寺戸
大薮
竹田
築山
下久世
醍醐
鶏冠井
東土川
久我
下鳥羽
六地蔵
伏見
横大路
下三栖
宇治川
巨椋池

徳政一揆関係図

動きの経過を追いかけることができ、また、上から下へ目をやれば、それぞれの一揆の動きを比較することができる。

嘉吉元年の一揆は、「八月二十八日　土一揆、徳政と号して在々所々より京中を責める。清水坂において、京極方《きょうごくかた》と矢合《やあ》わせ」という「東寺執行日記《とうじしぎょうにっき》」の記事に始まる。万里小路時房《までのこうじときふさ》の日記『建内記《けんないき》』の九月三日条には、「近日、四辺の土民蜂起す。土一揆と号し、御徳政と称して、借物を破り、少分をもって質物を押し請く」とある。近江《おうみ》の坂本《さかもと》・三井寺《みいでら》や、山城《やましろ》の鳥羽《とば》・竹田《たけだ》・伏見《ふしみ》・嵯峨《さが》・仁和寺辺《にんなじあたり》・賀茂辺《かもあたり》などの京都を取りまく「四辺の土民」が、「土一揆」と号し「徳政」と称して立ちあがり、借書の破棄・質物の押し取りを強行した。その騒動たるや、大変なものであったという。

享徳三年には、「徳政の事、土民百姓等、土一揆を構え蜂起」「近辺の土一揆蜂起す」「徳政と号して」とあって、やはりこのときも、近辺の土民百姓らが土一揆を構え、「徳政と号して」蜂起したことがわかる。また長禄元年にも、「土一揆、徳政と号して、日々乱発」と記されている。文明十二年の一揆では、京都近郊西岡《にしのおか》の向神社《むこうじんじゃ》に土民百姓らが集まり、「徳政とて、かね(鐘)つき候」という状況になっている。

このように徳政一揆の発端について見てみると、いずれの場合も京都の「四辺」「近辺」の「在々所々の土民百姓等」が土一揆を構え、「徳政と号して」蜂起し、「京中を責め」ている。京都周辺の村々の土民百姓らが呼応して立ち上がり京都を攻める、というのが徳政一揆の最初の動きであった。

ここで、ひとつ注目しておきたい。嘉吉元年九月三日、「四辺の土民蜂起す。土一揆と号し、御徳政と称して」とあり、享徳三年九月四日には「徳政の事、土民百姓等、土一揆を構え蜂起せしむと云々」と記されている。また、「土一揆、徳政と号して在々所々より京中を責める」「土一揆、蜂起す」「土一揆、日々乱発し」「土一揆、法性寺《ほっしょうじ》に乱入し」「土一揆、出張り」など、「土一揆」を主語にした表現もたくさんある。土一揆を結んでいるのが誰なのかという点は、当時の人びとにとって自明のことだったようである。「土一揆」は、ひとつの運動体であり、一時的な組織体であった。それは、徳政と号し、蜂起し、攻め、乱入し、出張る、といった一連の行動の主体として、人びとの目にはっきりととらえられていた。

土民数万、雲霞の如し

嘉吉元年（一四四一）、土一揆が清水坂で幕府の京極方の軍勢と矢合わせをした。各所で土一揆の勢力が立ち上がって大騒動となり、侍所《さむらいどころ》が大勢でもって防戦しているけれども、とにかく土民の数が数万にも及ぶので、まったく防ぐことができない。

享徳三年（一四五四）の徳政一揆でも、九月十一日、斯波義敏《しばよしとし》の軍勢が出雲路口《いずもじぐち》に向かい、河原で互いに矢を放ち合った。合戦となったが、土一揆の勢力は「雲霞《うんか》の如《ごと》く」、ものすごい数で、しかたなく、幕府方の軍勢は引き退いたという。

長禄元年（一四五七）には、土一揆と土蔵方の軍勢が互いに陣取って対立した。幕府勢も土一揆を打ち払おうとしたが、管領細川《かんれいほそかわ》氏をはじめ山名《やまな》氏や一色《いっしき》氏の軍勢が、土一揆によって数多く討たれてしまい、退散を余儀なくされている。たまたま、このとき京都にきていた奈良興福寺《こうふくじ》の経覚《きょうかく》は、「土一揆のような分際を打ち払えないでは、武家としての存在意義などないではないか」と手きびしい評をその日記『経覚私要抄《しょうしょう》』に書いている。しかし、「徳政と号して」蜂起した土一揆の力は、その数においても合戦能力においても、決してあなどれないものであった。

「土民数万」「土一揆、雲霞の如し」といわれるその数について、嘉吉元年九月五日の「東寺執行日記」には、こう書かれている。

鳥羽・吉祥院《きっしょういん》以下中道《なかみち》より東の一揆は、東寺に籠り、二・三千人これ有り。同日、丹波口《たんばぐち》一揆は今西宮に一千人ばかり籠り、西八条寺には五か庄衆が一千人ばかり籠る、西岡衆二・三千人は、官庁・神祇官・北野・ウツマサ（太秦）寺に籠る、イツモチ（出雲路）口・河崎・将軍ツカ（塚）・清水・六波羅・阿弥陀峰・東福寺・今オタギ（愛宕）・戒光寺以下、四角八方を陣に取り廻し、毎日京中へ責め入る。一揆の陣は、十六所と申す。

千人から二、三千人という規模で十六ヵ所に陣取ったというのだから、「土民数万」というのは決して誇大な表現ではない。しかも、土一揆の勢力は武装していた。具足《ぐそく》をつけ、刀や弓や槍をもち、それぞれ郷ごとに結束して集団行動をとる、組織された軍勢であった。「土一揆の分際」といっても、侍所や管領の武力に対してけっしてひけをとってはいない。むしろ逆に、それを退散させるほどの勢いがあった。

通路を塞ぐ

しかし、土一揆の行動は、ただ武装して幕府方の軍勢と合戦に及ぶというのではない。その結束した力で、じつに効果的な攻撃を京都に向けて行なっていた。それを、もっともよく示しているのが、西園寺公名《さいおんじきんな》の日記「公名公記《きんなこうき》」（「管見記」）嘉吉元年（一四四一）九月七日条である。

徳政の事により、土一揆蜂起し、七道《しちどう》の口《くち》を指し塞ぐ、よって惣じて商売の物無きの間、京都飢饉もってのほかなり、

土一揆は京都の七道の口を大勢で塞いでしまった。そのため京都への商売の物資の流入が途絶え、京中は「飢饉」という事態におちいっているというのである。まずは、周辺の一揆がそれぞれに、諸国と京都を結ぶ道、都市京都の生命線ともいうべき道を封鎖し、京都を飢饉に追い込んでいく。それが土一揆のとった戦術であった。「土民数万」という数は、戦闘行為によって幕府軍を凌駕したというよりも、むしろ「七道の口を指し塞ぐ」という行為を達成するうえで、もっとも大きな力を発揮したのである。

これは、嘉吉の土一揆に限ったことではない。享徳三年（一四五四）九月、北東から京都に入って

くる出雲路口が、土一揆と斯波勢とのせめぎ合いの場になっており、幕府勢が引き退いたあとは、土一揆がこの口を完全に封鎖してしまった。長禄元年（一四五七）は、十月九日、土一揆が「徳政と号して」日々乱発し、東の路が止まってしまった。十一月一日、商売物などは京中にまったくなくなり、餅や祝着《いわいぎ》など手に入れ難い状態になっている。

また、表3にはあげなかったが、寛正三年（一四六二）の一揆蜂起の場合も状況は同じで、「土一揆蜂起のあいだ、路次通路叶い難き」（「東寺執行日記」）、「城外より鼓騒《こそう》して洛《らく》を攻む、官兵これを禦《ふせ》ぐ」「辺民鐘を鳴らし鼓を伐つ、徳政の衆のために道路不通」（『碧山日録《へきざんにちろく》』）、「土一揆路を遮る」（『蔭涼軒日録《いんりようけんにちろく》』）、「近日、京都七口、土民の沙汰としてこれを止むと云々、則ち近日不通と云々」（『大乗院寺社雑事記』）、「諸路不通により、米穀至らず」（『碧山日録』）、と当時の日記に書かれている。

「城外から洛を攻む」という一揆の行動は、まず京都への通路を遮断することであった。そして、その結果、京中は「米穀至らず」という状況におちいる。これこそが、土一揆のねらいであった。このようにして、「雲霞の如き」土民は、京都を空間的に押さえ込んでしまう。京都はいまや土一揆の掌中にある。これが、「徳政と号して」蜂起した土一揆の、第一段階の行動であった。

徳政を張行す

土一揆は、京都に通じる道路をぐるりとまわりから塞いで、都市京都の機能をマヒさせることに成功すると、つぎに当初の目的実現のために行動する。

嘉吉元年（一四四一）の場合、九月五・六日、洛中洛外の堂舎仏閣など十六ヵ所に陣取った土一揆が、毎日京都の中に向かって攻撃をかける。土蔵や寺に押し寄せた土一揆は、時の声をあげ、合戦に及び、「徳政をすぐに実行せよ、借書を出せ、さもないと火を放つぞ」と、強硬に迫っている。難渋すると火をかけられるというので、土蔵方はしかたなく借書を破棄した。炎上する土蔵も出てくる。九月十二日、土一揆はなおも洛中のあちこちに押しかけ、時の声をあげている。こうした土一揆の力づくの威嚇《いかく》を前にして、土蔵の側は、ほとんど土一揆の要求するがままに借書を破棄した。

享徳三年（一四五四）も、近郷の土一揆が洛中を横行し、土蔵などに押し寄せ、時の声をあげ、諸人の質を出すようにと強硬に迫っている。土蔵では、その力に圧倒されて「明日から質を出します」と約束したので、土一揆は退散した。つぎの日、土一揆は洛中を縦横し、時の声をあげ、あちこちの土蔵で喧嘩が起こったという。

長禄元年（一四五七）の土一揆も、京中に乱入して、早鐘の音や時の声が、やむことなく続いている。土一揆は、大宮大路《おおみやおうじ》を北に攻め上り、五条のあたりで土蔵方の者と合戦になった。しかし、蔵方の勢力はかなわず退いたので、土一揆はいよいよ気ままに動きまわり、管領細川氏をはじめ幕府方の軍勢も歯がたたない。そして、十一月一日、今日から徳政を実施するというので、土一揆が京中のあちこちで質物を取った。一日もたてば、あらかた洛中の質物は取りつくされてしまった。

文明十二年（一四八〇）も同様である。「辺土の土一揆、徳政を張行す。東寺其のほか所々に集会し……京中の土蔵に乱入す」とある。洛中の騒動は極に達した。土一揆は酒屋や土蔵に兵粮料をかけたり、貴族たちから酒肴料を押し取ったりしているという。洛中は、一時的に、まるで土一揆の掌握する支配領域となってしまったかのようである。

これが、「徳政と号して」蜂起した土一揆の第二段階の行動である。洛中と洛外の接点となる場所にそれぞれ拠点を構えると、土一揆は毎日京中を攻め、「洛中横行」「洛中縦横」、幕府や土蔵方の勢力を圧倒した。そして、「今日より徳政」「徳政張行」となれば、土蔵方の借書を破り質物を取り出し、力づくで「徳政」を強行した。

一揆退散、口があく

この第二段階の行動によって「徳政」を実現した土一揆は、ただちにつぎの行動へと移る。表3を見ると明らかなように、第二段階の行動は数日のうちに、長くても十日ぐらいのうちに終わっている。所期の目的を達成した土一揆は、それぞれの郷へと退散する。

下鴨の糺《ただすの》河原《かわら》あたりの土一揆は、すでに郷に退散した。

山科《やましな》七郷の土一揆は、清水から引き上げ、清水口があいた。

七郷の郷民たちが、京都から帰陣した。

土一揆は、一両日のうちに退散した。

などなど、多くの記録が物語るように、洛外辺土の郷村を単位に結集していた土一揆は、洛中で「徳政」を実現するとすぐに、それぞれの郷へ帰っていった。世間は、昨日までの喧騒がまるで嘘のように静かになった。京都に通じる道は開かれ、さまざまな物資が運び込まれるようになり、洛中はふたたび活況を取り戻す。土一揆を構えていた百姓たちは、郷に帰って寄合《よりあい》をもち、出陣中にかかった費用の決算をしたりしている。土一揆の行動は、ひとまずこの第三段階をもって、終わりをむかえる。

札を立てる

ところで、嘉吉元年（一四四一）九月、その数が数万ともいわれる土一揆の勢力を前にして、侍所は防戦することさえできずにいた。そのなかで、幕府の管領細川持之は、「洛中ならば土蔵を守ることもできるが、辺土ではそうもいかず、あちこちで蜂起する土一揆を成敗することは困難だ。だから、土蔵はその財宝を京都に移しおくように」と命じた。そこで、嵯峨あたりの土蔵は、自分の財物を洛中に移そうと動きはじめた。

そのとき、土一揆は、「もし、そうした行為を行なうのならば、嵯峨に火を放つ。天龍寺も焼くぞ」そう書いた札を立てて、こうした動きを牽制している。この直後に、土一揆は洛中に攻め入り京中の土蔵に押し寄せて「徳政」を強要しているから、嵯峨の土蔵が財物を洛中に移しておいたとしても、それが無事であったという保証はない。

ただ、ここで注目したいのは、土一揆が自分たちの主張や意志を広く伝達する手段として、「札を立てる」という方法をとった点である。土一揆は、「札を立てる」というやり方で、その外側にいる多くの人びとに、自分たちの行動の意味や方向性を示す手段をもっていた。この事実は、とても重要なことである。

2 「高札」の役割と意味

鶴岡八幡宮の鳥居前

中世社会において「札を立てる」ということは、いったいどのような意味をもっていたのか。
建久三年（一一九二）三月二十日、
　山内に於いて百ケ日の温室《おんしつ》あり、往反の諸人ならびに土民等これを浴すべき由、札を路頭に立てらる。これ又、法皇御追福のため也、（『吾妻鏡《あづまかがみ》』）
この月の十三日に死んだ後白河《ごしらかわ》法皇の追福のため、鎌倉の山内で百か日の温室があった。道ゆく人々もそれに浴することができるようにと、道ばたに札を立てて、広く知らせたという。
札を立てて告知されるのは、こうしたことがらだけに限らない。宝治元年（一二四七）五月二十一

鶴岡八幡宮鳥居

日、

> 若狭前司《わかさのぜんじ》泰村《やすむら》独歩のあまり、厳命に背くに依り、近日誅罰を加えらるべきの由、その沙汰あり、よくよく謹慎あるべきの旨、簡《ふだ》の面に注し、鶴岡八幡宮の鳥居前に立て置く、諸人これを見ると云々、　（『吾妻鏡』）

「鎌倉中いよいよ物忩《ぶっそう》」「世上物忩」というなかで、三浦《みうら》泰村以下、三浦氏一族が決起し、合戦となり、敗れて滅ぼされる。これが六月五日の宝治合戦《ほうじがっせん》である。ところが、それよりも前に、「三浦泰村は一人よがりの勝手なふるまいがすぎる。厳命に背いたので、近いうちに誅罰を加えると決められた。よくよく謹慎するように」という趣旨の札が、鶴岡八幡宮《つるがおかはちまんぐう》の鳥居前に立てられ、諸人がこれを見ていたという。合戦に先立ち、泰村に対立する側が先制のジャブをくりだしたといったところである。一方、六月三日には、泰村の家の南庭に檜の板に書かれた「落書」が立てられていた。そこには、「これほど世間の騒ぐこと、なにゆえとか知らで候」などと書かれていて、泰村側に味方する者が立てたのだといわれた。この檜板の「落書」は、幕府の手で即座に破却された。

こうして見ると、札を立てて互いの主張や言い分を表明するというやり方は、当時それほどとりたてて珍しいものではなかったようである。

辻に「高札」を立てる

『太平記《たいへいき》』巻五「大塔宮熊野落《おおとうのみやくまのの》」では、大塔宮が十津川《とつがわ》にかくまわれていることを聞きつけた熊野《くまのの》別当定遍《べっとうじようへん》が、大塔宮を他所におびき出すよりほかはないと考え、計略をめぐらす場面が描かれている。

熊野別当定遍は道路の辻に札を立てた。そこには、

大塔宮を討った者には誰でも、伊勢《いせ》の車間荘《くるまのしょう》を恩賞として与えると鎌倉幕府が約束している。それに加えて、熊野別当が六万貫の賞金を与えよう。また、宮に仕えている者や味方になっている者を討ったら五百貫、寝返って降参してきた者には三百貫を与えよう。

とあり、最後のところには、神にかけて約束するという「起請《きしょう》の詞《ことば》」が書かれていた。このように

して、大塔宮を支持する人びとの離反を勧めた。

「札を立てる」というかたちで「法」が公布されるのは、中世では、通常のことであった。先に、徳政一揆《とくせいいっき》の動きを示す史料をまとめて表にしておいたが、その嘉吉元年（一四四一）の記事にも、京都の七口《しちこう》などに札を立てて、徳政令を公布したことが書かれている。

徳政の事、侍所、処々に札を打つ、一国平均たるべしと云々、（『師郷記《もろさとき》』九月十二日条）

今度の徳政の事、土一揆の嗷訴《ごうそ》より起こる、一国平均の由、武家制札《せいさつ》を七道の口々に打つ、（『建内記《けんないき》』閏九月三日条）

辻の高札（「近江名所図屛風」サントリー美術館蔵）

また、享徳三年（一四五四）十月二十九日の室町幕府奉行人奉書案には、

先度徳政の事、堅くこれを制禁せられ、高札を打たるる……（「室町幕府追加法」二三八条）

と書かれていて、同じ年の九月二十九日に出された「徳政禁制《きんぜい》」（「室町幕府追加法」二三七条）が、「高札《たかふだ》」によって公布されたことがわかる。

高くかかげる札

『日葡辞書《にっぽじしょ》』に、

Tacahuda タカフダ（高札）

板に書きつけて、街路や町辻に高く立てられる。主君や領主の命令、あるいは禁制。

と記されている。多くの人びとに広く知らせるため高くかかげられた木の札が、「高札」であった。のちには「こうさつ」と呼ばれるようであるが、中世には、高くかかげられる札という意味で「たかふだ」と呼ばれていた。それは、「主君や領主の命令や禁制」、つまり上からの「法」を、広く一般に公布するための伝達手段であった。

『今昔物語集《こんじやくものがたりしゅう》』巻三一の第六に「賀茂《かも》の祭の日、一条の大路に札を立てて見物せる翁《おきな》のこと」という話がある。

賀茂祭の日、夜も明けきらないうちから、一条大路に札が立てられていた。その札には、「ここは翁が見物する場所である。人はここに立ってはならない」と書かれていた。それを見て人びとは皆、「これはきっと、陽成院《ようぜいいん》が御覧になるとて立てられた札にちがいない」と思い、歩行の者も牛車《ぎっしゃ》に乗ってきた者も誰ひとり、その札のあたりには近寄らなかった。ところが、ようやく行列が近づいて祭りもクライマックスをむかえようかという時分に、見れば、浅黄《あさぎ》の上下を身に着けた翁が出てきて、その札のところに立ち、行列の初めから終わりまで、誰に視界を邪魔されることもなく、扇を高く使って存分にのどかに見物し、祭りが果てるとさっさと帰っていった。

さあ、まわりの人たちは黙っていない。「陽成院が見物なさるはずなのに、どうして御覧にならないのだろう。札を立てながら、いらっしゃらないのは変じゃないか」と、口々に言い合った。またある人は、「あそこで見物していた翁の様子だっておかしい。院から立てられた札だと人には思わせておいて、いい場所で見物しようと、自分で札を立てたのじゃないか。そうだとすれば、けしからん」などと、さまざまに取り沙汰した。

いつの間にか、このことが陽成院の耳にも聞こえていって、「その翁を呼び出して、事情を問うてみよ」と命じられた。そこで、院から下部《しもべ》が遣わされ、西八条の刀禰《とね》であった翁が召し出された。

院司「汝は、いったいどのような了見で、《院より立てられたる札》などと書いて、人を威して、したり顔で祭り見物をしたのか。しかと返答せよ」

翁「札を立てたのは、まちがいありません。《院より立てられたる札》などと書いた覚えはありません。すでに八十にもなり、今さら祭り見物をしようという気もありませんでした。ところが、今年は孫が、奉幣使《ほうへいし》の行列に加わることになりまして、その姿を一目見たいと思ったのですが、このように年を取っておりますので、大勢のなかでは、踏み倒されてしまうかもしれません。とにかく、人のこない所でゆっくりと心ゆくばかりに孫の晴れ姿を見たいと思う一心から、札を立てたのでございます」

陽成院はこれを聞いて、「ひたすら孫の姿を見ようとして札を立てたというのは、理にかなったことである。こやつは、非常に賢いやつだ」と感心し、「すぐに帰るがよい」とおっしゃった。

同じ話が『十訓抄《じっきんしょう》』にもある。そこでは、

これ肝ふときわざなれども、かなしう支度しにたりけるこそ、おかしけれ。

と結ばれていて、「札を立てた」という翁の行為を、「大胆きわまりない行ないである」と評している。京の町の刀禰ごときが「札」を立てたと聞けば、おそらく当時の多くの人びとは同じような感想をもらしたにちがいない。それほどに、「札を立てる」のは大きな権威を背負った者にちがいないという意識が、広く社会の底に流れていたのである。

「落書」を「高札」に

元弘二年（一三三二）五月、和泉《いずみ》・河内《かわち》の勢力を率いて、楠正成《くすのきまさしげ》が天王寺《てんのうじ》のあたりに進出し、渡部《わたなべ》の橋の南に陣取った。六波羅《ろくはら》方からは、隅田と高橋が、畿内・近国の軍勢五千余騎を擁して立ち向かった。しかし、まんまと策略にかかって、ほうほうの躰で京都に逃げ帰った。

其の翌日、何者が仕たりけん、六条河原に高札を立て一首の歌をぞ書きたりける、

渡部の水いかばかり早ければ高橋落ちて隅田流るらん

京童の癖なれば、此の落書を歌に作りて歌い、或いは語り伝えて笑いける、（『太平記』巻六）

六波羅軍の失態は、六条河原に立てられた「高札」によってすぐに京の人びとの知るところとなった。京童の癖で、この「落書」を歌に作って歌い、あるいは話し伝えて笑いあったという。

誰が立てたのかわからないが、「落書」を記した「高札」が河原に出現する。それを起点にして、それを見た人びとの口から、「落書」の内容がつぎつぎと口伝えで広まっていく。これは「京童の癖」だという。「京童の口遊《くちずさみ》、十分の一ぞもらすなり」と結ばれる有名な「二《に》条《じよう》河《が》原《わら》の落書」も、きっとこれとよく似た経緯のなかで立てられ、歌われ、語り伝えられたにちがいない。

ところで、河原に立てられた「高札」は、領主や権威ある者の手によるものではない。いったい誰が立てたのかわからない。しかし、匿名性ゆえに生じる力というものがある。「京童の口遊」という別の力も背景に存在する。そこには、人間を超越した絶対的なものの意志やメッセージが込められているとされていた。そう考えれば、領主の立てる「高札」も、河原の「高札」も、ともにある種の権威や力を背負って立っている。「高札」とは、そういうものであった。

聞き伝えてつどい合う

『宇《う》治《じ》拾《しゆう》遺《い》物語《ものがたり》』巻一一の六「蔵人得業《くろうどのとくごう》、猿沢池《さるさわのいけ》の竜の事」という話がある。奈良の僧で蔵人得業恵《え》印《いん》という者が若いころ、猿沢の池の端に、「その月その日、この池より竜のぼらんずるなり」という札を立てた。すると、行き来する者は老いも若きもそれを見て、「ぜひとも見てみたいものだ」

と、ガヤガヤと騒ぎ立てた。この僧は、自分のしたことで皆が大騒ぎしているのを見て、心中ではおかしなことだとは思いながらも、素知らぬふりをしているうちに、その月がやってきた。

大方、大和《やまと》・河内《かわち》・和泉《いずみ》・摂津《せっつ》のものまで聞き伝えて、つどい合いたり。

と、「この池から竜がのぼる」ということを聞き伝えた人びとが、畿内の各国から集まってきて、問題のその日には、道も通れないくらいに混み合って、押し合いへし合い、ひしめきあっている。

人びとが集まりはじめた当初、それを見ていた恵印は、「どうしてこんなに集まってくるのだろう。なにかわけがあるのだろうか、不思議なことだ」と思いつつも、あまり気にもとめていなかった。ところが、その日になって、通行もできないほどに人びとがひしめき合うのを見て、「これは、ただごとじゃあないぞ。自分がしでかしたことなのだけれど、こんなに大勢の人が集まってくるからには、きっとなにか理由のあることにちがいない」と思い始める。そして、ついには、「これは本当に竜がのぼるのではないだろうか」と思い込むようになり、じっとしていられなくなって出かけてゆく。池のまわりも、道も、大勢の群衆がひしめいていて近寄れないので、興福寺の南大門《なんだいもん》の壇の上に登って、そこに立ち、「今こそ、竜が登るかな、登るかな」と思って、一日中待っていたけれど、なにも起こらない。そうこうするうちに、日も西に沈んでしまった。

自分で札を立て、初めのうちは、自分のしたことで道ゆく人びとが大騒ぎするのを、心中でおもしろがっていた恵印が、大和はおろか、河内・和泉・摂津の国からも、伝え聞いた人びとが大勢やって

猿沢池から興福寺を望む

きて大混雑におちいるのを見ているうちに、その動きに巻き込まれてしまって、とうとう、「ひょっとすると竜が本当に猿沢の池から天へ登っていくのではないか」と思い込むようになり、あろうことか興福寺の南大門の壇上に登って、日がな一日、ずっと猿沢の池を見守り続ける。いやはや、とんだことで、という笑い話である。

これは、あくまでも説話であって、当時の本当の出来事ではない。けれども、「奈良で札を立てたら、それを聞き伝えた人びとが畿内の各地から雲のように集まってきた」というところに、リアリティーがあったからこそ、そのなかで次第に動揺し、ついには自分自身がその大騒動のなかに巻き込まれていく僧の姿に、人びとは笑いを禁じえなかったのではないだろうか。

この話で注目されるのは、まず札が立てられた。

すると、その内容が人びとのあいだに「口伝え・聞き伝え」で広まって、思いがけないほど遠くからも人びとが押しかけてきた、というところである。ここでは、「聞き伝えて、つどい合う」と表現されている。高くかかげられた札を実際に目の前にした人びとは、そこに書かれた内容を、その場にいなかったさらに多くの人びとに伝えていく。それを聞いた人は、またつぎの人に話して、というふうに拡大していく。こうして「高札」は、「うわさ」の発信源になり発火点になる。それは、「うわさ」の連鎖に火をつけるのである。

3　徳政の宣言

徳政所望の札

文明十七年（一四八五）九月五日、土一揆が「高札《たかふだ》」を立てた。

一、馬借《ばしやく》の沙汰《さた》、当寺南大門《なんだいもん》に札これを立つ、徳政《とくせい》のこと所望の趣なり、此二・三日以前のことなり、今日を切りにこれを申す、昨日、学侶《がくりょ》・六方《ろっぽう》集会《しゅうえ》などこれあり、色々異議に及ぶと云々、

（『大乗院寺社雑事記』）

「馬借の沙汰」と書かれているが、『大乗院寺社雑事記《だいじょういんじしゃぞうじき》』をはじめ大和《やまと》の記録類では、「土一揆」のことを「馬借」と表現することが多い。ここでも、「徳政所望の高札」を立てたのは、大和の土一揆で

興福寺そばに今も残る高札場（奈良市橋本町、涌井美夏氏撮影）

あった。札を立てた場所は、興福寺の南大門。「竜の札の話」で、あの僧が一日中、竜の登るのを今か今かとながめていたあの場所である。猿沢池《さるさわのいけ》に面していて、おそらく人びとの往来の頻繁な場所であったにちがいない。土一揆は、その興福寺の鼻先に、「徳政所望の高札」を突きつけたのである。「所望」などといっても、これは懇願するというより、もし徳政を認めないなら自分たちが力づくででもやるぞ、というような強硬な要求であった。

興福寺の返答が「否」であったのだろう。十四日には、

一、土民寄せ来たる、観禅院《かんぜんいん》の鐘これを槌く、東北院衆と合戦す、佐川勢ども追い散らされ畢んぬ、転害《てがい》町屋に乱入す、もってのほかの次第なり、……今夜物忩《ぶっそう》是非無し、馬借と東北院との公事混乱す、

（『大乗院寺社雑事記』）

という事態になり、それに続く十五・十六・十七日と四

日間にわたって、「土民寄せ来たる」という記事が見える。おそらく、このあいだに奈良の町では、先の京都での土一揆と同様、土民らの手で徳政が実現されたと思われる。

延徳二年（一四九〇）十月にも、奈良では、徳政と号する土一揆が蜂起した。土一揆は法花寺《ほっけじ》を襲って小屋を焼き、さらに貝塚のあたりまで押し寄せた。今日にも元興寺《がんごうじ》に「札」を立てるとか、いろんな「雑説《ぞうせつ》」が飛びかっているという。

そして二十日、興福寺衆徒《しゅと》の集会があって、「去年の十月以来の質物は取り返すべし」など、徳政の条々を書いた札を四門にかかげて、広く公布した。これについて大乗院尋尊《じんそん》は、

去る正長元年・嘉吉元年・宝徳元年は、おのおの本銭三分の一をもって、これを返弁す、今日の成敗は、ことごとくもってこれを破る、希有の成敗、万民これを悦び、蔵方の迷惑極まり無し、不便々々、無力、

（『大乗院寺社雑事記』）

「これまでの徳政は本銭の三分の一で負債の破棄を認めるものであったのに、今日出された徳政令は、無条件にすべての負物の破棄を認めている。万人は喜ぶだろうが、土蔵にとってはこのうえなく困った事態である」。そう感想を述べている。

白昼、高札を立てる

長禄二年（一四五八）、幕府は東寺《とうじ》に対して、つぎのような命令を出した。

山城国《やましろのくに》中土一揆の事、堅く制禁せらるるの処、近日、西岡辺《にしのおかあたり》以下所々の土民等、或いは白昼において高札を立て、或いは夜陰に及んで集会を成し、徳政の企てを致すと云々、好みて罪科を招く歟、所詮、去今の張本《ちようほん》の輩《ともがら》を尋ね捜し、在所と云い交名《きようみよう》と云い、共に以て起請《きしよう》の詞《ことば》を載せ、速やかに註し申すべきの旨、寺領の名主百姓等に下知せらるべきの由、仰せ出され候也、仍て執達件《くだん》の如し、

長禄二

七月廿八日　　　　　為数（花押）

　　　　　　　　　　貞基（花押）

東寺雑掌《ざつしよう》

（「室町幕府奉行人連署奉書」／「東寺百合文書」京函一〇六）

幕府では、山城の国中で土一揆を構えるのをきびしく制禁していた。それなのに、近ごろ、西岡あたりではいろんな所で土民たちが、白昼に「高札」を立て、夜になると集会をもち、徳政の計画を立てているという。とんでもないことだ。こうした企てをしている張本の輩を捜し出し、その名前と在所届け出るよう、寺領の名主百姓らに命令せよ、と命じている。

この奉書には、「白昼において高札を立て、或いは夜陰に及んで集会を成す」と書かれている。「白昼堂々と立てられる高札」、「夜になってからひそかに開かれる集会」と、対になって表現されている。「高札」は、多くの人びとに知らせることを目的とするものであるから、白昼堂々と人の目を引く場

所に立てられる。そして、夜になると、ひそかに近隣の村々から人びとが集まってきて、徳政の企てがなされる。このように対照的な姿をみせる「高札」と「集会」。この二つは、ともに土一揆を構築するうえで軸になる。この二つの動きがあいまって、数万ともいわれる徳政一揆を生み出す基盤が作られるからである。

高札は、誰もが見ることができる。それが「高札」の特徴である。白昼、人目につくように立てられる「高札」には、いったいなにが書かれていたか。徳政を企てる側が広く周辺の人びとにアピールしたいこと、自分たちの行動の目的が、そこには書かれていたはずである。真っ昼間に立てられる「高札」は、土一揆の主張を、外部に広く宣伝する役割を果たした。

そう考えると、ここに、さまざまな史料にいく度となく出てきた「土一揆、徳政と号して蜂起す」という、あの表現が浮かびあがってくる。土一揆はどのようにして「徳政と号した」のか。「徳政だぞ」と一揆勢は大声をあげて触れてまわった。また、「西岡に徳政とて、かねつき候」と史料にあるように、鐘をついて土一揆蜂起の意味を知らせることもあった。それらに加えて、「高札を立てる」ことによっても、土一揆はその意志を表明した。土一揆に結集する土民らの告げ知らせる「声」、つきならされる鐘の「音」、そして立てられた「高札」、こうしたいくつもの行為が重なり合うなかで、人びとは、土一揆が「徳政と号して」蜂起したのだと、認識することができた。

「高札」によるアピールが土一揆のすそ野を広げ、「集会」による綿密な計画が、郷々の一揆の見事

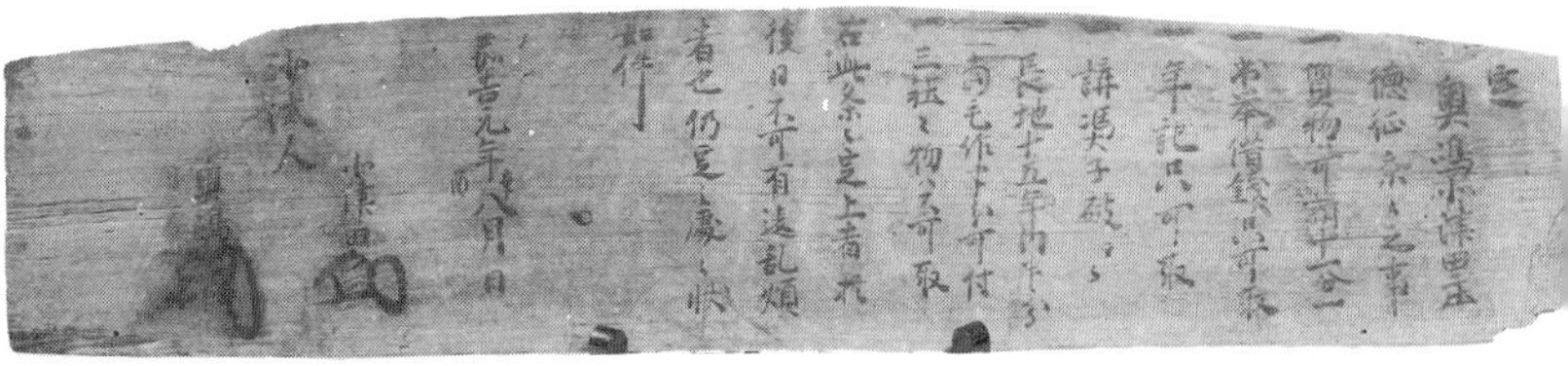

徳政条々定書（大嶋奥津嶋神社蔵）

な連携を生んだのである。

土一揆の定めた徳政令

近江の大嶋《おおしま》奥津嶋《おくつしま》神社には、木札に書かれた「徳政条々定書《さだめがき》」が残されている。

定

奥嶋北津田庄徳征(政)条々の事

一、質物は十分の一に請くべし、

一、出挙《すいこ》・借銭はただ取るべし、

一、年記(紀)はただ取るべし、

一、講・憑子は破ると云々、

一、長地は十五年の内は半分、当毛作は半分付くべし、

一、三社の社物は取るべからず、

右この条々定むる上は、後日において違乱煩いあるべからざるもの也、

仍て定むる処の状件の如し、

嘉吉元年辛酉　八月　日

沙汰人《さたにん》　北津田（花押）
奥嶋（花押）

（『大嶋神社奥津嶋神社文書』）

これは、北津田と奥嶋の土一揆が在地で徳政を行なうにあたって、一定のルールを定めたものである。ここには、「質物については十分の一で取り戻すことができる」「出挙・借銭は無条件に棄破してもよい」などと、後日の混乱を避けるための具体的な原則が定められている。これは、木の札に書かれた史料として今に伝えられているが、当時は、人びとに広く知らせるため、目立つところに高くかかげられていたはずである。大嶋奥津嶋神社にかかげられていた可能性も高い。このように、「高札」は、土一揆の定めた徳政令を公布する役目も果たしている。

田舎の大法

土一揆の定めた徳政令といえば、若狭国《わかさのくに》太良荘《たらのしょう》の例がある。嘉吉三年（一四四三）、太良荘の百姓たちが奉加米《ほうがまい》を無沙汰していたので、荘園領主の東寺は、それを取り立てるため代官を現地に派遣した。そのとき百姓たちは、つぎのように主張したという。

徳政の事、日本国平均に行き候、とりわけ、当国の事ハ、なにと様なる借物にても候へ、さた申すべからず候由、つちいつき置き定め候、徳政は、日本国中どこでも実施されたが、とりわけ、この若狭国の徳政は、「どのような借物であれ、すべてを破棄する」と土一揆が定めた。自分たちは、たとえ荘園領主の命令であっても、この国で決めた徳政に背くわけにはいかない。奉加借米は納められない。こう言い切って、百姓たちは頑として応じなかった。

（「若狭国太良庄代官岡弘経書状」／「東寺百合文書」ヌ函二九三）

同じ時期の百姓等申状でも、

宝蔵御造営米の事、仰せを蒙り候、京都ニハさやうニ御座候共、田舎の大法《だいほう》は、神社仏物をきらわず徳政ニやぶり候、此の御米ニかぎり候て沙汰仕り候ハヽ、又とくせいをあらたむるにて候、さやうニ候ハヽ、御領もわずらい候ハんと存じ候、

（「若狭国太良庄百姓等申状」／「東寺百合文書」ツ函二七七）

と、同じ主張をくりかえしている。「たとえ京都で定められた徳政の内容がそうでありましょうとも、田舎の大法は、神物も仏物もすべて例外なく徳政として破棄する、というものです。それなのに、われわれが宝蔵造営米を納めたりしますと、当国の徳政の法を破ることになり、この御領にもさまざまな煩いが生じてくると思います。だからこの借米は、納めるわけにはいきません」。

若狭国太良荘の百姓たちは、京都の徳政令よりも、土一揆が決めた「田舎の大法」の方を重んじる。彼らにとって、土一揆が定めた徳政は、幕府の定めた京都の徳政令によって否定されるようなもので

はなく、むしろ、それよりも優位な法であり、なにをさしおいても守るべきものと意識されている。ここ若狭国でも、「徳政と号して」土一揆が蜂起し、彼らの手で実際に徳政が実現され、そのなかで、土一揆の決めた徳政のやり方が、「田舎の大法」として人びとのなかに、このように広く浸透していった。

徳政宣言

若狭国で土一揆自身が決めた「田舎の大法」は、太良荘百姓らの申状のなかに生きつづけて、今にその内容を伝えている。

正長元年（一四二八）の徳政一揆蜂起のときには、土一揆が在地で行なった徳政についての「宣言」が、石に刻まれて残っている。大和柳生《やぎゅう》の徳政碑文がそれである。

正長元年ヨリサキ者、カンへ四カンカウニ、ヲ井メアルヘカラス、

「今度の徳政によって、一切の貸借関係が破られた。だから、神戸四カ郷では、正長元年より以前のすべての負目というものが存在しない」。このように、神戸四ヵ郷における徳政を、内外に広く宣言したのがこの碑文である。今も、柳生へ入っていく道のそばの、疱瘡地蔵が彫られた大きな石の右下に、この碑文が残されている。土一揆は、実現した徳政の内容を、このようなかたちで人びとに宣言することもあった。これもまた「大法」である。

京都の室町幕府も奈良の興福寺も、「高札」によって徳政令を公布した。他方、土一揆も、白昼「高札」を立てて、徳政の実現をアピールし宣言した。領主にとっても土一揆にとっても、「高札」は、自分たちの意志を表明するための重要な手段となっていた。もちろん、「高札」の事例を史料や記録から集めてみれば、それをかかげた主体は圧倒的に領主の方が多い。『日葡辞書』に、「主君や領主の命令、あるいは禁制」と記されているのも、そのためである。しかし、それは「高札」をかかげる行為が、領主側に独占されていたことを意味するものではない。これまで見てきたように、京童も札を立てているし、土一揆も札を立てている。「高札」は、自己の主張を広く表明するための手段として、情報を発信する起点として、多くの人びとに開かれていた。開かれたメディアであった。それだけに、「高札」をめぐる動きは、土一揆と領主との双方の、対抗とせめぎ合いの象徴でもあったのである。

柳生の徳政碑文

六　中世社会と「うわさ」

文字化されたことばは、遠隔伝達性がもたらすあきらかな利点とともに、特定の聴き手に向かって、反応を直接受けながら肉声で語られることばにはなかった、さまざまな特質を示すことになる。オルテガ＝イ＝ガセーが「書かれたことばは、話されることばの一つの弱められた形である」といい、「書物というものはわれわれにとってはその著者の不在を、書かれたことばはそれを語る者があらかじめ姿を消してしまうことを意味する」と述べているのは、文字化されたことばが担わざるをえない、しばしば負とみなされる根本的な性質を指摘したものである。

（川田順造『無文字社会の歴史』）

よく、「うわさが走る」といわれる。人びとの口を通して耳を通じて、驚くべき早さで、「うわさ」は走っていく。そのあとを追いかけるのは並大抵のことではない。ましてや、「うわさ」そのものをつかまえようということになると、至難のわざである。それは、人の口から発せられることばの集合体として、実際にたしかに存在する。けれども、それを追いかけるものに、なかなかシッポをつかませない。さまざまな痕跡は残されてはいるものの、「うわさ」そのものを両手につかみ取るのは、本当にむずかしい。

それが中世の「うわさ」となると、なおさらである。書かれた文字史料のなかから、語られた「うわさ」の実体、ことばの集合体を見つけ出そうというのだから、その困難さはいうまでもない。私が、「最近、中世の風聞に興味をもっているのですよ」と話すと、たいていの人が「それはまた、ズイブンむずかしいものを取りあげたものですね」という。存在はしているのだけれども、その実体となると茫漠としていてつかみどころのないもの、というのが、「風聞」「うわさ」に対するおおかたの印象であった。それはたしかにそのとおりである。

しかし、「うわさ」は、中世社会の情報伝達のなかで大きな比重を占め、重要な役割を果たし、強大な力をもっていた。そして人びとは、それを生活のなかに取り込み位置づけるために、さまざまな装置を生み出していた。中世の「うわさ」そのものを明瞭につかみ取ることがむずかしいとしても、「うわさ」に対する中世の人びとのとらえ方や認識のしかた、また関心のあり方、そして「うわさ」

を実際の生活のなかに生かしていくために彼らが作り出していた文化的な装置について、その実態をすこしでも明らかにできれば、それはそれで意味のあることではないだろうか。

そう考えて、ここでひとまず、今まで具体的に見てきた事例からわかる範囲で、まとめをしておきたいと思う。もちろん、これはあくまでも、「中世のうわさ」という大きな海にこぎ出すための最初の第一歩にすぎない。

ことば集め

中世の書かれた文字史料のなかから、話された「うわさ」の痕跡を見つけ出す方法として、私は「うわさ」を意味することばをひろい集めることから始めた。まず最初に、「うわさ」を意味することばを史料のなかからつかみ出し、それを手がかりにして「うわさ」の実像にせまっていくという方法をとることにしたのである。

どの史料を開いても、「うわさ」を意味することばに出会った。しかも、そのことばはとても多様で豊かであった。本書の「一 「うわさ」の力」のところで記したが、それを「口」と「言う」、「耳」と「聞く」というように、人間の身体上の器官とその機能という観点でつないでみたところ、「うわさ」を意味することばのほとんどが、この座標軸のなかにおさまってしまうことに気がついた。つまり、「うわさ」を意味する多様なことばは、人びとの口で話され耳で聞かれて広がっていくという、

「うわさ」の基本的な性格に根ざしたところから生み出されてきたものだということがハッキリしてきた。しかも、「口で話す」という行為の方が「うわさ」を広めていく場では能動的であって、「耳で聞く」という方は受身的である。その点を反映したのか、この「ことば集め」の座標軸では、「口」と「話す」「説く」「歌う」という軸の方に数多くのことばが集中して、アンバランスな座標軸ができあがってしまった。もちろんこれは、「うわさ」が広がっていくときの人びとの行為そのものを映し出した鏡である。そのアンバランスのなかにこそ、「うわさ」の実像がある。

ところで、ここにあげた多くのことばのうち、同じ「うわさ」を意味するものでも、その情報としての信頼度には微妙な違いがある。たとえば、「風聞《ふうぶん》」と「巷説《こうせつ》」や「雑説《ぞうせつ》」とを並べてみると、「巷説」や「雑説」の方はその内容に信頼度が低く、「風聞」の方が信憑性が高いと考えられていたようである。また、「物言《ものいい》」というのは、まだ起こっていない事件についての予言的な「うわさ」であって、他のことばとはすこし違った内容を含んでいる。それぞれのことばのニュアンスという点については、今あげたようなことがわずかにわかってきた程度で、おのおののことばの意味内容の相違点や差異を浮かびあがらせるには、まだまだ注意深く史料のすじ道を追いかける作業が必要である。

ニュースとしての「うわさ」

先に触れたように、中世社会において「うわさ」を意味することばは、とても数が多い。それは今日の社会とは比較にならないほど多様である。この点について私は、それは中世社会における「うわさ」の役割が、今とはくらべものにならないほど大きかったためであろうと考えている。

「うわさ」として語られ広まっていくもののなかには、今日ならばニュースとしてテレビで取りあげられ、新聞の一面で報じられるような出来事から、ほんのかぎられた集団内部の口コミとして存在するようなものまで、ありとあらゆるものがある。中世社会の「うわさ」は、とても広い守備範囲をもっていた。それだからこそ、あれほど多種多様なことばが史料のなかにあふれかえっているのである。ここに、中世の「うわさ」がもっていた第一の特徴が示されている。

ニュースがもっぱら人びとの口から耳へと口頭伝達で広まっていくような時代には、情報の伝わり方に一定の時間的なズレがあり、またその内容にも微妙な違いが生じてくる。今日のように、マスメディアを通じて同じ内容のニュースが同時に伝えられていくのとは違って、京都とその郊外というような隣接した地域の差であっても、伝えられる内容に違いがでてくる。

たとえば、応永三十二年（一四二五）に起こった「相国寺炎上《しょうこくじ》」の場合、火元のすぐ近くにその亭があった中山定親《なかやまさだちか》は、とても危険だというので家族を避難させ、家に伝わる記録などもよそに預けたという。その日記『薩戒記《さつかいき》』には、

未《ひつじ》の始めの刻、北方に火あり、……早鐘の音しきりに聞こゆ、……乱風たちまち起き、飛炎数町に及ぶ、……火は相国寺僧堂に付き、僧堂より惣門に付き、次いで方丈、次いで法堂、次いで仏

殿、次いで山門、次いで風煙鎮守八幡宮に及び、ことごとく焼く、北風しきりに吹き、……と記されている。未のはじめころ（午後二時ごろ）、北の方で火事が起こった。火の勢いは強く、飛炎は数町にも及び、賢徳院《けんとくいん》から出た火は、またたく間に相国寺の建物すべてを焼きつくした。火の手がつぎつぎと堂舎に燃え広がるありさまを、「僧堂より惣門に付き、次いで方丈、次いで法堂、次いで仏殿、次いで山門」と、臨場感あふれる表現で描き出している。

禁裏《きんり》も仙洞御所《せんとうごしょ》も煙におおわれている。これでは、天皇や上皇も危険だ、というので、定親は馬に乗って後小松院《ごこまついん》のところに馳せ参じた。「諸人鼓騒し、武士等門内に満つ」と、貴族も武士も、男も女も、大騒動するなかで、上皇は庭園の池の中の橋の上にいて難を避けている。内裏はどうだろうと、またも馬を走らせる。ここでも、称光《しょうこう》天皇が避難するための輿を清涼殿巽方《せいりょうでんたつみがた》に用意して、万一の事態に備えていた。

北野神社の清和院に参籠中だった将軍足利義持《あしかがよしもち》が、侍所《さむらいどころ》に命じて、消火のために一条東洞院の家々を打ちこわさせた。延焼をくいとめるためである。それが効を奏したのか、火はおさまる気配を見せた。火が鎮まって、中山定親が内裏を退出したのは、午後七時を過ぎていた。

一方、同じとき、京都南郊の伏見荘にいた貞成《さだふさ》親王は『看聞日記《かんもんにっき》』に、

未の剋、京に焼亡あり、一時ばかり焼けおわんぬ、在所不審のところ、晩に及び風聞す、相国寺鹿苑院《ろくおんいん》以下塔頭《たっちゅう》々々ことごとく炎上すと云々、……今出川《いまでがわ》以東、富小路《とみのこうじ》以北、万里小路《までのこうじ》以西、

一条以北焼けおわんぬ、……禁裏仙洞へ余烟すでに火燃え付き、公武の人々大勢馳せ参じて打ち消し、無為無事なり、室町殿清和院《せいわいん》地蔵に参籠の折節なり、仰天々々、西北の風吹き、ほそくづ此の辺りまで飛来す、あわせて天魔の所為勿論なり、後に聞く、関東武将亭この日焼失すと云々、信濃善光寺《しなののぜんこうじ》も焼失すと云々、ただし巷説にて、つまびらかならざるなり、

京都で火事が起こったのが「未の刻」。これは、中山定親の日記と一致する。火の手や煙などが伏見荘からも目撃できたのにちがいない。けれども、いったい京都のどこで火災が発生したのかという点になると、正確なところはまったくつかめていない。やっと晩になってから「風聞」によって情報が伝わってきた。「相国寺は全焼し、一条大路より北、富小路や万里小路のあたりも焼けてしまったそうだ」とか、「天皇のいる内裏や院の御所にも火が燃え移って、公家も武家も大勢が馳せ参じて消火にあたり、なんとか無事だった」「将軍はちょうど参籠中だったそうだ」などと「風聞」が伝わってきて、ようやく事件の全貌が見えてきた。大火事で、火の粉がここまで飛んできている。さらに、もっと後になってから聞こえてきたのは、「この日、関東の武将の亭も焼けたそうだよ」「信濃の善光寺だって焼失したそうだ」などなど。こうして、相国寺炎上というニュースは、「風聞」となって、さまざまな場所に伝えられていく。

この出来事を記録した二つの日記をくらべてみて明らかなように、その書き手が、事件の現場からどれくらい離れたところにいるのか、事件とどうかかわったのか、直接体験したのか、「風聞」によ

って情報をえたのか、それが記録の内容を大きく左右する。『薩戒記』には、その現場に居合わせた者にしか書けない貴重な内容が記されているし、『看聞日記』からは、「風聞」が波及してくる時間的な差異や、「うわさ」に尾ひれがついていく様子が読みとれる。

これからも、「うわさ」によってニュースが伝わっていく経過を、もっと詳細に文字史料から復元してみることが必要であるが、それぞれの史料の地理的・社会的位置をはかったうえで、「うわさ」のすじ道を追いかけ、内容の比較を行ない、その違いを明らかにしていかなければならない。

「うわさ」の重層構造

中世の「うわさ」の具体像を追いかけていると、ひとことで「うわさ」といっても、多様な姿を見せることに気がつく。

中世社会のさまざまな諸階層や社会集団のあいだを、横断的に縦横に駆けめぐる「うわさ」がある。他方、特定の社会集団内部の「うわさ」にとどまっていて、けっして外部の諸集団へは拡大していかない「うわさ」もある。そしてもちろん、この両極端をなす二つの「うわさ」のあいだに、多様な「うわさ」がひしめき合っている。

戦争や反乱、災害や疫病の流行や飢饉、一揆や相論、喧嘩や犯罪など、多くの人びとの生活を左右させる出来事についての「うわさ」は、社会階層や集団の違いを越えて、驚くほど迅速に拡大し、人びとのなかに広まっていく。ニュースとしての「うわさ」がもっている力の大きさを、思い知らされる。応仁《おうにん》の乱前夜の不穏な動きのなかで、「大乱勃発か」というニュースは、京都にいる人びとの想像をはるかに超えて、畿内や近国のさまざまな社会階層、社会集団のなかに浸透していった。「京や田舎の物言」が、どれほど荘園の人びとを動かす起爆剤になるかを、領主側は敏感に感じ取っていた。またたく間に、社会を横断して広がっていく「うわさ」の力を、恐れていたからである。

一方、貴族社会や寺院社会、在地領主の家中、村落などの在地社会というような、一定の社会集団内部の、狭い濃密な人間関係のなかでのみ広がっていく「うわさ」がある。その「うわさ」は、外部の社会にほとんど拡大していかない。その内部の人びとにのみ共有される「うわさ」である。これは、外部の人間にとって、いささかもその生活をおびやかされるものではない。しかし、その集団内部の者が、ひとたびその渦中に巻き込まれると、自身の名誉や権威を揺るがされ、これまでの生活のすべてを失ってしまうような重大事にも発展する。決して軽々に対応できるものではない。ときには、いったい誰がこの「うわさ」を最初に言い出したのか、徹底的に糺明せよ、ということになり、「言口」が流罪に処せられる事態さえ引き起こす。

社会全体に横断的に広がって大きな影響力を及ぼすような「うわさ」から、狭い範囲の集団内部に限定される「うわさ」まで、中世社会の「うわさ」は、多様で複雑な姿を見せる。ここに、中世社会の「うわさ」がもっていた第二の特徴を見出すことができる。

「うわさ」の発端となり発火点となるのは、ある出来事である。ある出来事が起こって、そこから「うわさ」がスタートする。その出来事がどのようなものか、どのような場所で起きたのか、それが、その後の「うわさ」の動きを決定する。その出来事が、どれだけ多くの人びとの関心をひく内容であるのか、どれだけ多くの人びとの生活を左右するものであるのか、それによって「うわさ」は社会横断的な広範なものにもなれば、狭い範囲の「うわさ」にとどまることもある。「うわさ」の重層構造を生み出すのは、その出来事の内容である。それが、「うわさ」と、その広がりを媒介する人びととの関係を決定づける。

今日のあり方を考えてみても、新聞やテレビなどマスメディアを通じて知る情報、近隣の地域的な場で得られる情報、職場やそのほか社会的な接点で入ってくる情報、家族内部の情報など、多種多様な情報の重層構造のなかで生活している。そして今日、「うわさ」は、そのうちのほんのひとにぎりのものにすぎない。けれども、中世社会では「うわさ」が、伝えられてくる情報の大部分を占めていた。それゆえ、「うわさ」そのものに重層性が生まれてきているのであって、今日の情報の重層性と、実態として大きな違いがあるわけではない。

さて問題は、「うわさ」の内容の多様性や異質性、またその広がり方の範囲の大小などが、それを意味する多くのことばの違いとしてあらわれているのかどうか、という点である。これについては、かならずしもそうとはいえない。「風聞」といい「雑説」といっても、それが「うわさ」の及ぶ範囲の広がり方の差異を示してはいないし、人びとへの影響力の大小を反映してもいないようである。しかしこれは、もっと多くの事例を分析してみて答えの出る問題で、この点の解明は今後の課題として残されている。

神慮を問う

「うわさ」を媒介し拡大させていくのは、人びとの口であり耳である。けれども、「うわさ」はしばしば当の人びとの想像を超えたところまで広がっていく。しかも、人びとが思っているよりも、ずっと早く。そのため中世の人びとは、「うわさ」の背後に、人間を超越した存在の影を意識せずにはいられなかった。

「うわさ」の広がりには、神の手がかかわっているにちがいないと考えたのである。そうした認識を示す話については、最初の方でいくつか取り上げてみたが、説話のなかにも物語のなかにもとてもたくさんある。ここから、「うわさ」に対する信頼感も生まれてくるし、「うわさ」に大きな力が付与されることにもなる。

隠された真実を呼びさますために、神は人の口を借りて、「うわさ」のかたちでメッセージを送ってきているのだ。それに対するアンテナは、高くあげておかなければならない。このようにして、「うわさ」は絶対的な力をともなって、人びとの生活に入り込んでくる。ここに、中世社会の「うわさ」がもっていた第三の特質がある。

「国中風聞」という事実が殺害事件の真実に迫る重要な証言とされるのも、「人口《じんこう》に乗る」ことが悪党である徴証のひとつにあげられるのも、「落書《らくしょ》起請《きしょう》」で犯人を特定する際に「実証」と並んで「風聞」にも一定の席が用意されているのも、すべて、中世の「うわさ」に付与されていた力、神慮の世界との密接なかかわりによる。

そして同時に、「うわさ」されている内容をくつがえそうとする場合には、やはり「神慮を問う」ための手続きが必要とされた。「うわさ」が神の意志による問題提起であるのならば、それへの答えも、神の意志を問うことなくしてえられるはずがない。こうして、中世社会では、「うわさ」された内容を否定するためのルールや手続きが決められていた。そのひとつが、精進潔斎したうえで神前に籠もり、「起請文」を書いて一定の期間内に「失」があらわれるか否かを問う「参籠起請」である。人びとは、そうした手続きをふめば、かならず神は返答してくれるものだと信じていた。その結果、嫌疑が晴れることもあれば、「うわさ」が追認される場合もあった。しかし、いずれにしても、それは神の返答であって、誰にも異議をさしはさむ余地はなかった。

「うわさ」をめぐる事例を見ていると、キーポイントとなる場面でいく度も「起請文」が登場してくる。「落書起請」もそのひとつである。それは、「うわさ」のもつ神的な力と「起請文」のもつ神的権威とが対立し拮抗して、人びとの前に真実を披瀝する決定的瞬間である。

身体的な直接性

「うわさ」が広がるとき、そのメディア（媒体）となるのは、なま身の人間の口であり耳である。人びとの口が語り、耳が聞いて、「うわさ」は広がっていく。

さまざまな機械メディアが媒介する今日の情報伝達システムとは違って、それは個々の人間の身体的な機能性に支えられていた。これを、中世社会の「うわさ」がもっていた第四番目の特徴としてあげておきたい。

人びとが口や耳を使って主体的にかかわらないかぎり、「うわさ」は広がっていかない。そこでは、メディアを誰かが独占的に支配して情報をコントロールすることなど不可能である。人びとは、自分の身体的な器官を機能させて、自前の手段を使って、「うわさ」を広げていく。そこには巨大なマスメディアなどはなく、ただ等身大の世界がつながって拡大していくだけである。「高札」をめぐる土一揆と権力側との対応を見てきて明らかなように、中世では、情報を発信する手段やネットワークが、独占的でもないし、求心的でもないし、権力的でもないのである。なま身の人間の身体が機能する範囲から、それほど乖離することなく、すべてが行なわれる。

悪党禁断令を見てきてわかるように、中世の人びとは、単に「隠してはいけない」というところを、わざわざ「見隠し聞き隠しをしないで」というように、「見ること」「聞くこと」といった身体の機能や役割を強調する傾向がある。「見懲り聞き懲りのため」という言い方もある。寛正二年（一四六一）

七月十三日の「近江菅浦惣荘掟」(『中世政治社会思想　下』)には、

地下を煩らわす輩お、かえって惣庄として、見こりきこりのために、堅く罪過行なわるべきものなり、

とある。「荘内の人びとに迷惑をかけるような者は、惣荘として懲らしめのためにきびしく処罰をする」という意味なのだが、ここでもわざわざ、みんなを困らせるような不届き者が二度と出ないように、「見懲らしめ聞き懲らしめ」のために、きびしい処罰を行なうといっているのである。今日では「見せしめ」とはいうが、「聞かせて、懲らしめる」という意味のことばはない。ともかく、中世では一事が万事この調子であった。

明徳五年(一三九四)正月、播磨国矢野荘《はりまのくにやののしょう》の名主《みょうしゅ》・百姓らは、政所明済《まんどころめいさい》の支配のしかたが非法であると批判して、名田《みょうでん》を領主に返上して逃散《ちょうさん》するという行動に出た。そのとき、彼らは、政所の明済を以後けっして代官とは認めないし、その支配に従うつもりはないと、強く拒絶している。その意志を表明するのに、

以後においては、此の政所を見申すべからず候、

(「矢野荘名主百姓等連署起請文」六八七号/『教王護国寺文書　二』)

と書く。「以後、けっしてこの政所に会うつもりはない」と強い決意を示すのに、「この政所を、決して見るつもりはない」と、ことさらに「見る」という行為を強調する。同じときに書かれた矢野荘名

主百姓等申状でも、

此の政所方、向後において、対面向顔申すべからざるものなり、

と、わざわざ「政所には、今後決して対面したり顔を向けたりしない」と、自分自身の身体をもって行なう行為をもって、排斥の意志を強調している。

「見合い」ということばも、史料によく出てくる。この同じ名主百姓等申状にも、政所方は「逃散の百姓等を見相いに打擲刃傷する」と述べられている。この「見相（見合）いに」というのは、「出くわしたならば、すぐにその場で」「見つけ次第に」というような意味である。出くわしたなら、ただちにその場で打擲し刃傷に及ぶというのだから、物騒この上ない。

たしかに、「合う」ことは、目で「見る」という行為と同時に起きる。ただ、私たちは「合う」ことと「見る」ことの同時性をとくに意識したりはしない。しかし、中世の人びとにとっては、「合う」ことは「見る」ことであり「顔を向ける」「対面する」ことであった。彼らは、「合う」という行為を、自分の身体の機能や動きと不可分のものとしてとらえ、その一体性を強く意識していたのである。

「起請文」の、「もしここに言うことに偽りがあったなら、自分のなま身のこの身体の八万四千の毛穴のことごとくに、神の罰を蒙るべし」という強烈な表現にはじめて接したときも、たじろぐ思いがした。もちろん、「八万四千」というのは、数の多さをあらわす常套語句であって、たとえば煩悩の多さを「八万四千の塵労」と表現するように、決して具体的な数字を示しているわけではない。けれ

ども、仏教的な教義にのっとった表現であるとしても、自分の身のひとつひとつの毛穴ごとに罰を罷り蒙るべしと書く際の、その感覚を思うとき、中世の人びとの身体に対するこだわりと独自の意識世界の存在とを痛感せずにはいられない。

今、見てきたような表現はすべて、中世の人びとの、自分自身の身体に対する鋭敏な感覚に裏打ちされたものであった。彼らは、今の私たちよりもはるかに、自身の身体を直接に使って行動していた。身体の機能をフルに回転させて生きていた。

情報伝達という行為ひとつとってみても、今日の私たちは、技術の進歩の恩恵に浴して、多くの間接的な機械的な手段に取り囲まれて、自分自身の身体をほんのすこししか使わないで済ませている。しかし中世の人びとは、自身の身体を動かし、耳で聞き、目で見、口で話すという直接的な行為をすることなしには、なにも伝えられないし、なにも知ることができなかった。彼らはつねに、自分自身の身体という等身大の世界を手離すことなく、日々の生活を送っていた。

膨れあがった間接的な関係に包囲され、閉じこめられ、窒息させられつつある私たちから見れば、中世の人びとの自前のやり方は、たいへん魅力的である。そこでは、人間の身体の力というものが、生き生きとした生命力をもっている。よく聴く耳（聴耳《ききみみ》）やよく利く口（利口《りこう》）に大きな価値がおかれている。多くの衆口が集まって、「人口に乗る」という現象が生まれる。それが「うわさ」の源であり力であった。自然の脅威を前にしては、私たちよりもはるかに無力で、すべての面において神の呪縛にからめ取られた不自由な存在であるかに見える彼ら。しかし彼らは、人間の身体がもっている能力をフルに発揮し、等身大の世界を手離さず、対象との直接的な関係を失わずに生きている。それにひきかえ、私たちは今、「見る」「聞く」「話す」「触れる」といった、身体能力の核心部分を失いつづけているのではないだろうか。

音声の世界

中世社会のなかで、「音声の世界」は、たいそう大きな広がりをもっていた。もちろん今日の私たちは、直接その音声に触れることはできない。しかし、残された文書や記録を通して、中世の人びとの「音声の世界」を追いかけることはできる。

たとえば、笠松宏至氏が「《日付のない訴陳状》考」で、あざやかに取り出した、「状」に先立つ「音声」の世界の存在、また、「言葉戦い」という語を軸にすえて、中世社会のあらゆる局面で姿を見せる「言葉と音声の習俗」を、見事に浮かびあがらせた藤木久志氏、さらに、打ちならされる鐘の音がもっていた役割と意味とを明らかにした神田千里氏、「喧騒」という語をキーワードにして中世民衆独自の「音声の世界」に切りこみ、その意識のありようをクローズアップさせた千々和到氏、「口承の世界」や「情報の伝播経路」など、情報史の視角から興味あふれる問題を提起した西岡芳文氏、「豊凶情報」という具体例を追いかけるなかで、それが領主百姓間の交渉でいかに重要な役割を果たしたかを明らかにした榎原雅治氏、などなど、じつに多様で豊かな成果を私たちはもっている。

中世の「うわさ」も、こうした広がりと奥行きをもった「音声の世界」の一環を成し、それと深くかかわって存在していた。それゆえ、「うわさ」は、この「音声の世界」全体のなかに位置づけて、考えなければならない。

ところが、中世の「うわさ」に興味をもって以来、もうずいぶん時間がたつというのに、まだ私は中世の「うわさ」のシッポすらつかめないでいる。「うわさ」が中世社会のなかで果たしていた役割の輪郭ぐらいが、やっとおぼろげながら浮かんできたにすぎない。「音声の世界」とかかわらせて、その全体像を組み立てるには、まだまだ程遠い。

今後は、この章をまとめるなかで、すこし見えはじめてきたところを新たな手がかりにして、できるかぎり、その核心に迫ってみたいと願っている。

参考文献

一 「うわさ」の力

瀬田勝哉「神判と検断」(『日本の社会史 5』一九八七年、岩波書店)
ジャン・ノエル・カプフェレ『うわさ もっとも古いメディア』(一九八八年、法政大学出版局)
戸田芳実「中世文化形成の前提」(『日本領主制成立史の研究』一九六七年、岩波書店)
神戸説話研究会『続古事談注解』(一九九四年、和泉書院)

二 事件と「風聞」

ジャン・ノエル・カプフェレ前掲書
渡辺澄夫「中世社寺を中心とせる落書起請に就いて」(『史学雑誌』五六―三、一九四五年)
千々和到「中世民衆の意識と思想」(『一揆 4』一九八一年、東京大学出版会)
藤木久志「落書・高札・褒美」(『戦国の作法』一九八七年、平凡社)
酒井紀美「中世社会における風聞と検断」(『歴史学研究』五五三、一九八六年)

三 「言口」をさがせ

エドガール・モラン『オルレアンのうわさ』(一九七三年、みすず書房)
横井清『看聞御記』(一九七九年、そしえて)
同「《落書》の構造」(『朝日百科日本の歴史 一三』一九八六年、朝日新聞社)

東京国立博物館編『内山永久寺の歴史と美術』(一九九四年、東京美術)
藤木久志『豊臣平和令と戦国社会』(一九八五年、東京大学出版会)
宝月圭吾『中世灌漑史の研究』(一九五〇年、目黒書店)
黒田日出男「中世農業と水論」(『絵図にみる荘園の世界』一九八七年、東京大学出版会)
久留島典子「中世後期の《村請制》について」(『歴史評論』四八八、一九九〇年)
酒井紀美「村落間相論の作法」(『日本村落史講座　1』一九九一年、雄山閣出版)

四　未来の「うわさ」

H・M・エンツェンスベルガー『スペインの短い夏』(一九七三年、晶文社)
久留島典子「領主の一揆と中世後期社会」(『岩波講座日本通史　9』一九九四年、岩波書店)
酒井紀美「《物言》について」(『日本歴史』五三九、一九九三年)

五　一揆と高札

ジャック・ルゴフ「歴史学と民族学の現在」(『思想』六三〇、のち『歴史・文化・表象』一九九二年、岩波書店に再録)
勝俣鎮夫『一揆』(一九八二年、岩波書店)、『中世社会の基層をさぐる』(二〇一一年、山川出版社)
千々和到「中世民衆的世界の秩序と抵抗」(『講座日本歴史　4』一九八五年、東京大学出版会)
水藤真「札を打つ」(『国立歴史民俗博物館研究報告』五〇、一九九三年)
前川祐一郎「壁書・高札と室町幕府徳政令」(『史学雑誌』一〇四―一、一九九五年)
黒田弘子『ミミヲキリ　ハナヲソギ』(一九九五年、吉川弘文館)
酒井紀美「中世後期の在地社会」(『日本史研究』三七九、一九九四年)

六　中世社会と「うわさ」
川田順造『無文字社会の歴史』(一九九〇年、岩波書店)
黒田日出男「中世民衆の皮膚感覚と恐怖」(『歴史学研究一九八二年別冊特集』)
笠松宏至「《日付けのない訴陳状》考」(『日本中世法史論』一九七九年、東京大学出版会)
藤木久志「言葉戦い」(『戦国の作法』前掲)
神田千里「鐘と中世の人びと」(『遙かなる中世』4、一九八〇年)
千々和　到「中世民衆的世界の秩序と抵抗」(前掲)
西岡芳文「《情報史》の構図」(『歴史学研究』六二五、一九九一年)
榎原雅治「損免要求と豊凶情報」(同右)
酒井紀美「情報の伝達はどのように行なわれていたか」(『新視点日本の歴史　4』一九九四年、新人物往来社)

参考史料

『青方文書』二(『日本思想大系　中世政治社会思想　上』一九七二年、岩波書店)
『吾妻鏡』(『新訂増補　国史大系』一九七一年、吉川弘文館)
『宇治拾遺物語』(『新日本古典文学大系』一九九〇年、岩波書店)
「内山永久寺置文」(『内山永久寺の歴史と美術　史料篇』一九九四年、東京美術)
『大嶋神社奥津嶋神社文書』近江大嶋奥津嶋神社蔵(一九八六年、滋賀大学経済学部附属史料館)
『蔭凉軒日録』(『続史料大成』一九五三年、臨川書店)
『嘉元記』影印本(荻野三七彦編『鵤叢書』一九三六年)
「春日神社文書」(『春日大社文書　三』一九八三年、吉川弘文館)

「鎌倉幕府追加法」(『中世法制史料集　一』一九五五年、岩波書店)
「巻子本厳島文書」(『広島県史　古代中世資料編Ⅲ』一九七八年、広島県)
『看聞日記』(『続群書類従』補遺二、一九三〇年、続群書類従完成会)
「教王護国寺文書」(一九六二〜七〇年、平楽寺書店)
『経覚私要抄』(『史料纂集』一九七一年、続群書類従完成会)
「公名公記」宮内庁書陵部蔵(東京大学史料編纂所影写本「西園寺家記録九」による)
『公卿補任』(『新訂増補　国史大系』一九六五年、吉川弘文館)
『建内記』(『大日本古記録』一九六三〜八六年、岩波書店)
「建武記」(『日本思想大系　中世政治社会思想　下』一九八一年、岩波書店)
『今昔物語集』(『古典文学大系』一九六一年、岩波書店)
『後愚昧記』(『大日本古記録』一九八〇〜八四年、岩波書店)
「御成敗式目」(『中世法制史料集　一』一九五五年、岩波書店)
「蔭戒記」東京大学史料編纂所蔵(東京大学史料編纂所架蔵写真帳による)
「聖徳太子伝記」「聖徳太子伝暦」(『聖徳太子全集』一九四四年、龍吟社)
『十訓抄』(『新訂増補　国史大系』一九六五年、吉川弘文館)
「続古事談」(『続古事談注解』一九九四年、和泉書院)
『太平記』(『古典文学大系』一九六〇〜六二年、岩波書店)
「高倉永豊卿記」東京大学史料編纂所蔵(東京大学史料編纂所架蔵写真帳による)
『大乗院寺社雑事記』(一九三一〜三七年、三教書院)
「大東家文書」(『春日大社文書　六』一九八六年、吉川弘文館)
「綱光公暦記」国立歴史民俗博物館蔵(東京大学史料編纂所架蔵写真帳による)
「東寺執行日記」内閣文庫蔵(東京大学史料編纂所架蔵写本による)

「東寺百合文書」京都府立総合資料館蔵（『相生市史　八上』〈一九九二年、兵庫県相生市〉、『大日本古文書』以外のものは、東京大学史料編纂所架蔵影写本・写真帳による）
『東寺文書』（『大日本古文書』三巻・一九三三年、七巻・一九八二年、東京大学出版会）
『東大寺文書　十』（一九七五年、東京大学出版会）
「野坂文書」（『広島県史　古代中世資料編Ⅲ』一九七八年、広島県）
『後法興院政家記』（『増補　史料大成』一九六七年、臨川書店）
「伏見宮系譜」（『大日本史料　八―七』一九二一年、東京大学出版会）
『碧山日録』（『増補史料大成』一九八一～八二年、臨川書店）
「法隆寺文書」（東京大学史料編纂所架蔵写真帳による）
『本朝世紀』（『新訂増補　国史大系』一九六四年、吉川弘文館）
「益田家文書」東京大学史料編纂所蔵（東京大学史料編纂所架蔵写真帳による）
『満済准后日記』（『続群書類従　補遺一』一九二八年、続群書類従完成会）
「室町幕府追加法」（『中世法制史料集　二』一九五七年、岩波書店）
『師郷記』（『史料纂集』一九八五～八八年、続群書類従完成会）
『康富記』（『増補史料大成』一九六五年、臨川書店）

あとがき

卒論を大山喬平先生に、大学院時代を河音能平先生に御指導いただいて、日本中世史の勉強をはじめた。以来、主に中世後期の村落について考えてきた。ここ数年は、中世の「うわさ」、中世の情報伝達のあり方に興味をもち、いくつかの小文を書いてきた。それを軸に、新しく考えたことなども加えて、全面的に書き改めたのが本書である。

大学院を終えたのちも、多くの先輩諸氏の御指導を得て、遅々たる歩みながらも研究を続けることができた。関東に転居後、幸いなことに、立教大学の藤木久志氏がゼミへの参加を許可して下さった。以来十年あまりの間、ゼミに御参会の方々から数多くの御助言をいただくことができた。また、東京大学史料編纂所の非常勤職員として勤務し、影写本や写真帳に接する機会を得たことも、私にとって大きな経験となった。所員の方々から頂戴した御教示は数えきれない。なかでも、高橋敏子氏・久留島典子氏・保立道久氏らから、お昼を御一緒しながら教えていただいた多くのことは、私のとても貴重な財産である。

この間、立教大学・東京学芸大学・成蹊大学・相模女子大学で、講義をする機会を与えられた。そこで話したことが、本書をまとめるうえで一つのステップとなった。そのような機会を下さった藤木久志氏・佐藤和彦氏・木村茂光氏・池上裕子氏・蔵持重裕氏に、お礼を申しあげたい。

本書をまとめる直接のきっかけは、吉川弘文館の斎藤信子氏が、『日本歴史』に書いた私の小文に目をとめられ、「中世のうわさ」というテーマで一冊にまとめるようにと、おすすめ下さったことによる。原稿や図版の内容など、すべてにわたって御尽力をいただき、本当に感謝している。

一生のうちに一冊、自分の本を出せたら、と願ってはいたが、思いがけなく、それが叶うことになった。本書がどのように受けとめられるのか、不安と期待が交錯している。最後に、おぼつかない歩みを続けるうえで、つねに私を支えてくれた西と東の二つの家族と、亡き母に、心からの「ありがとう」を。

一九九六年十一月二十八日

酒井紀美

解　説

私が日本中世のうわさについて考え始めたきっかけは、中世の人々が書き残した日記や文書の中に、「風聞」ということばがとても数多く見い出せることに気づいたからである。古くから「風のたより」などと言われるように、何となく自然に耳に入ってくるもの、文字で表されることなく人の口から耳へと伝わってくるもの、それこそが中世の人々の得ていた情報の大部分を占めていたのではないか、そのような思いにかられて史料を集めてみると、そこには、じつに豊かな世界がひろがっていた。

何か興味深い話を聞けば、それを誰かに話したいと思うのは人の常で、これが、うわさを生み出す原動力である。しかも、マスメディアによるニュースの伝達が日常となっている今日の社会とは違って、中世では、戦争や大事件や災害や飢饉が起こっても、どこからも公的な見解がもたらされることはなく、すべては、うわさによって伝えられた。

それだけに、うわさを意味することばも多種多様で、たとえば、「口遊（くゆう・くちずさみ）」は、今日使われているような歌を口ずさむといったものではなく、個々の人間の意志を越えて、それ自体がまるで生き物のように口から口へと勝手に広がっていくうわさを意味することばであった。広範囲に広がるうわさについては、「都鄙名誉の」とか「国中謳歌す」「人口に乗る」などと表現されることもあった。また、うわさの信頼度の違いに応じて、「流言」「雑説」「巷説」「荒説」「浮説」「伝説」などと、微妙なニュアンスの違いが加味されて、さまざまなことばが生み出されている。

「物言（ものいい）」は、ものを言うこと、口をきくこと、ことば遣い、もののいい方などの意味で用いられるが、中世では、「近いうちに何か大きな事件や戦争が起きるぞ」といううわさを指すことばとして使われた。社会を揺るがすような大事が近い将来に勃発すると予言する「物言」は、人々の不安をかきたて日々の生活に大きな影響を与えるものであったから、秩序を維持したい為政者の側からは、しばしば「物言の禁止」が命じられた。しかし、それは社会の奥深いところで何度も繰り返し醸造され、鋭い社会批判の声を芽生えさせる土壌となった。

「落書（らくしょ）」も中世のうわさを考える上でのキーワードである。それには差し出し人の名が書かれておらず、いったい誰が発信者であるのかを明らかにしないで物事を告発する、それが「落書」であった。今日のらくがきとは違って、中世の落書は匿名の投書のようなもので、匿名性を保持することによって発信者は権力の弾圧から自分の身を守ることができる。しかしながら、当の本人が自身の顔を隠したままで発信した告発は、信憑性に欠ける。そこで、中世の人々が考え出したのが、「落書起請（らくしょきしょう）」という方法であった。それは、もしも落書に書いた内容に嘘偽りがあれば、神仏からの罰がわが身に及んでもかまわないと誓約する（起請する）ことによって、自らのことばの正しさを明示するというもので、まさに神仏の存在を信じ、神慮を信じて生きていた中世人ならではのやり方である。「童謡（わざうた）」も、人の口を借りて神仏などが自らの意志を伝えたものだととらえられた。うわさの広がりについては、「天に口無し、人のさえずりをもってす」と考えられ、それが人々のあいだに広がるうわさに大きな力を付与した。まさに、中世の人々は神慮の世界に生きていたのだった。

ところで、中世のうわさは、人々が自分自身の口や耳を使って直接に関わらない限り、決して広がってはいかない。自分の口から音声を発し、それが他者の耳に入りこみ、鼓膜を通じて伝わっていく。もちろん、そこには、音声だけではなく、「高札（たかふだ）」に書かれた文字を介して伝わっていくこともあったけれど、それはあくまでも、うわさの拡大を手助けする役割を果たすものだった。中世のうわさには、生身の人間の身体的な直接性が不可欠の要素をなしていた。中世のうわさは、個々の人間の願いや望み、心配や恐れなどがないまぜになった、言うならば手作りの織物のようなものであった。

そうしたあり方の対局にあるのが、今日の情報空間を縦横無尽にかけめぐる「うわさ」の姿である。考えてみると、本書を書いた二十世紀末の時期から、二十年余りの時が過ぎた。この間、私たちを取り巻く情報世界は、驚くほどに変化した。日本でも二十一世紀に入るとすぐに、インターネットを通じて、パソコンやスマートフォンで、家族や友達、さらには見ず知らずの第三者と文章による情報交換をしたり、写真や動画を共有してコミュニケーションをとることができるＳＮＳ（ソーシャルネットワーキングサービス）が提供されるようになり、ライン、ツイッター、フェイスブック、インスタグラム、ユーチューブ、ブログなどで様々な情報交換が日々なされている。そこでは誰もが、情報の発信者であり伝達者であり受信者である。その点では、中世のうわさのあり方と似ているように見えるかもしれない。

しかし、そこには決定的な違いがある。そこで飛び交っている文字も映像も音声も、実際に生身の人間が発したそのままのものではなく、すべてがインターネット空間を通じて電子化され「複製」されたものばかりである。互いに直接に対面し自分で声を発して対話することのないまま、私たちは多くの他者とコミュニケーションをとっている。しかも、その間接性を実感しないで、あたかも身近に相手がいるかのように錯覚しながら。

そこでは、ややもすると、ヘイトスピーチのように過激で扇動的な意見が増殖する傾向がある。自身の顔をさらすことなく情報発信ができるとなると、普段は抑えられていた衝動が表に出てきて、より刺激的で逸脱した内容の情報が氾濫することになるのかもしれない。ずいぶん以前に、別役実が脚本を書いた「うわさの委員会」というテレビドラマを見たことがある。団地内の心ないうわさに悩む夫婦が、うわさの委員会なるものの存在を知り、そこに出かけていって、今広がっているうわさを消滅させてほしいと依頼する。すると、確かにその最初のうわさは消えてしまうのだが、代わって次に、更に悪意に満ちた別のうわさが広がり、夫婦は以前よりもいっそう窮地に陥ってしまうという、とても皮肉な結果に終わった。いったん広がったうわさを消し去るのには、それよりも更にインパクトのある過激な内容のものが必要だというわけで、今日の情報空間がはらんでいる危うさを先取りしたようなドラマである。

中世のうわさの世界では、その真実性を支えるものとして、神仏の存在があった。当時の人々が持っていた神慮への信頼は絶大なものがあり、それが、氾濫するうわさに、ある秩序を与えていた。虚偽の情報を発信すれば、その者の身には必ず神仏の罰が訪れると信じられており、それが、中世のうわさに、ひとつの大きな歯止めをかけていた。

真実も虚偽もすべてを巻き込んで、今日の情報空間を飛び交っている膨大な数の情報に、いったい誰が歯止めをかけることができるのだろうか。私たちは既に、神仏への信仰も信頼も持ってはいない。世界に存在するのは、今生きている人間たちだけである。だとすれば、氾濫する情報に一定の倫理性と秩序を与えることができるのは、今の世に生きている人間以外にはありえない。

このたび、思いがけなく、私にとって最初の単著である『中世のうわさ』の新装版を出していただけると知らされ、本書が発刊された二十世紀末から二十一世紀初めの現在へと、ここ二十年余りの時間の流れを改めて強く感じることになった。本書が「うわさ」というテーマを取り上げたものだったために、新装版の解説を書く段になって、この間の情報社会の変貌ぶりが、とりわけ明瞭に私自身の中に印象づけられたのかもしれない。

ところで、中世のうわさは、誰かが声を発し、それを別の誰かが耳で受けとめるところから始まり、その膨大な連鎖によって広がっていく。ただし、声による伝達は直接的で、その場限りの一回性の行為である。「過去の声」は発せられたとたんに消え失せてしまい、それ自身は時間の壁を越えることができない。それなのに、後の時代に生きている私たちが声で伝達された中世のうわさについて知りうるのは、それが当時の日記や記録の中に文字で記されていたからである。つまり、声が文字に「複製」されることによって、それは時間の壁を乗り越えて今の私たちのもとに届く。

そうした点に注目すれば、中世のうわさをめぐる考察の次なる課題が浮かび上がってくる。まずは、中世社会において人々が発した声のことばが、どのようにして文字で表記されるに至るのかを、その場に即して具体的に追究しなければならない。今に伝わる文字史料を手がかりにして、そこに残されている声の痕跡を探り出すこと、そして、どのような場面で発せられた声のことばがどのような文字のことばとして表記されるのか、声と文字の「あわい」に目を向けながら、できるだけ具体的に両者の関係を明らかにすること、それが重要になってくる。

二〇一九年十一月二十八日

著　者

著者略歴

一九四七年　大阪市に生まれる
一九七六年　大阪市立大学大学院文学研究科博士課程単位取得退学
元　茨城大学教育学部教授

主要著書
『日本中世の在地社会』（吉川弘文館、一九九九年）
『応仁の乱と在地社会』（同成社、二〇一一年）
『戦乱の中の情報伝達』（吉川弘文館、二〇一四年）
『夢の日本史』（勉誠出版、二〇一七年）
『経覚』（人物叢書、吉川弘文館、二〇二〇年）

中世のうわさ〈新装版〉
情報伝達のしくみ

一九九七年（平成九）三月一日　第一版第一刷発行
二〇二〇年（令和二）三月一日　新装版第一刷発行

著　者　酒《さか》井《い》紀《き》美《み》
発行者　吉川道郎
発行所　株式会社吉川弘文館
郵便番号一一三―〇〇三三
東京都文京区本郷七丁目二番八号
電話〇三―三八一三―九一五一〈代表〉
振替口座〇〇一〇〇―五―二四四
印刷＝明和印刷株式会社
製本＝ナショナル製本協働組合
装幀＝河村　誠

ISBN978-4-642-08378-2

酒井紀美著

戦乱の中の情報伝達 使者がつなぐ中世京都と在地

（歴史文化ライブラリー） 四六判・二五六頁／一八〇〇円

応仁の乱前夜、戦乱の時代。備中国新見庄と東寺の間では頻繁に文書が行き交い、年貢の未納、百姓等の集団示威行動など、さまざまな情報交換が行われていた。その担い手である使者たちの活動を追いつつ、今に残る注進状・書下などの膨大な史料から、在地に生きる人びとの思想と行動を分析。鄙と京をつなぐコミュニケーションの実態に鋭く迫る。

経覚（人物叢書）

四六判・三二八頁 二三〇〇円

室町時代中期の僧侶。九条家に生まれ、若くして興福寺大乗院門跡を嗣ぐ。醍醐寺三宝院の満済に政治姿勢を学びながら大和国支配に力を注ぐが、将軍足利義教によって追放される。復帰後は大和国内の武士たちの対立に積極的に加わり、波瀾の人生を送った。応仁の乱の戦況にも大きな関心をもち、日記『経覚私要鈔』に克明に記録したその生涯を描く。

吉川弘文館

新刊ご案内　2022年9月

〒113-0033・東京都文京区本郷7丁目2番8号　振替 00100-5-244（表示価格は10%税込）
電話 03-3813-9151（代表）　ＦＡＸ 03-3812-3544　http://www.yoshikawa-k.co.jp/

人物を知れば、古代史が広がる、深まる、面白い！

『内容案内』送呈

人物で学ぶ日本古代史　全3巻

新古代史の会編

A5判
各二〇九〇円

気鋭の研究者が最新の成果をふまえてわかりやすく解説し、謎めいた古代人の魅力に迫る。これから古代史を学ぼうとする人にはもちろん、もっと知識を深めたい人にもおすすめ！

1 古墳・飛鳥時代編

卑弥呼、ヤマトタケル、聖徳太子らおなじみの人物から、歴史の教科書にもほとんど出てこないようなマイナーな人物まで、わかりやすく解説する。
二七六頁

続刊

2 奈良時代編

有名人物から地方豪族、下級官人まで。
（9月中旬発売）

3 平安時代編

（11月発売）

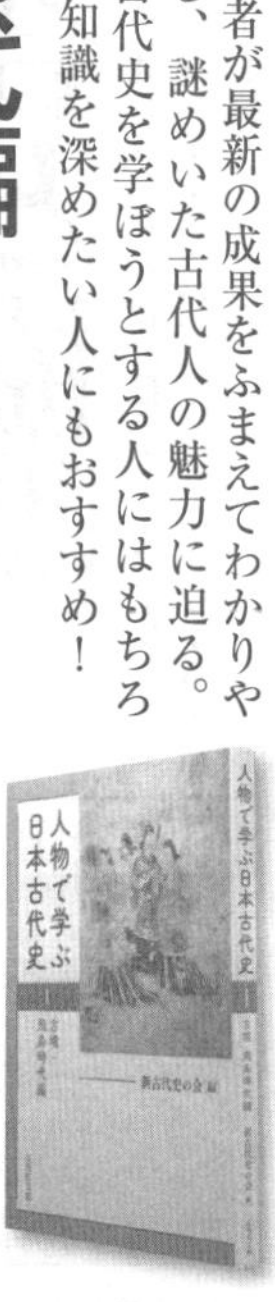

運慶
鎌倉幕府と三浦一族

横須賀美術館・
神奈川県立金沢文庫編

運慶が遺した東国の仏像たち

運慶八百年遠忌記念　共同特別展公式図録

B5判・一四四頁／二二〇〇円

平安時代末期から鎌倉時代初期の大仏師運慶。奈良での造仏が知られるが、鎌倉幕府と結びついて東国でも活躍した。運慶とその工房作と見られる仏像を多数収め、鎌倉幕府と三浦一族の歴史と文化に迫る。

4 南北朝内乱と京都

山田　徹著

鎌倉幕府の滅亡後、建武政権の興亡、南北朝分立、観応の擾乱と、京都は深刻な状況が続く。全国の武士はなぜ都に駆けつけて争い、それは政治過程にどのような影響を与えたのか。義満の権力確立までの六〇年を通観する。

5 首都京都と室町幕府

早島大祐・吉田賢司・大田壮一郎・松永和浩著

人口一千万人の列島社会で、室町殿を中心に公家・武家・寺社が結集し繁栄する首都京都。人やモノの往来の活性化で社会も大きく変化した。天皇家や御家人制の行方、寺社勢力の変質、幕府の資金源に迫る新しい室町時代史。

6 戦国乱世の都

尾下成敏・馬部隆弘・谷　徹也著

戦国時代、室町幕府や細川京兆家は弱体化し、都の文化人は地方へ下った。一方、洛中洛外では新しい町が形成され、豊臣・徳川のもとで巨大都市化が進む。政治・都市・文化の様相を描き出し、戦国乱世の都の姿を追う。

●続刊

7 変貌する中世都市京都

山田邦和著

〈12月刊行予定〉

古城ファン必備！

北陸の名城を歩く 全3冊

好評のシリーズ待望の北陸編

A5判・原色口絵各四頁／各二七五〇円　『内容案内』送呈

【既刊の2冊】

福井編

山口　充・佐伯哲也編　本文二七二頁

斯波・朝倉・一色氏ら、群雄が割拠した往時を偲ばせる空堀や土塁、曲輪が訪れる者を魅了する。福井県内から精選した名城五九を越前・若狭に分け、豊富な図版を交えてわかりやすく紹介する。

富山編

佐伯哲也編　本文二六〇頁

神保・上杉・佐々氏ら、群雄が割拠した往時を偲ばせる空堀や土塁、曲輪が訪れる者を魅了する。富山県内から精選した名城五九を呉西・呉東に分け、豊富な図版を交えてわかりやすく紹介する。

【続刊】

石川編

向井裕知編

武者から武士へ

兵乱が生んだ新社会集団

森 公章著

武士はどのようにして誕生したのか。平将門の乱から源平合戦までの争乱を通じて、古代社会に登場した武者が、武士という新社会集団を形成し武家政権に発展させるまでを描く。武士誕生の歴史に一石を投じる注目の一冊。

四六判・三二八頁／二二〇〇円

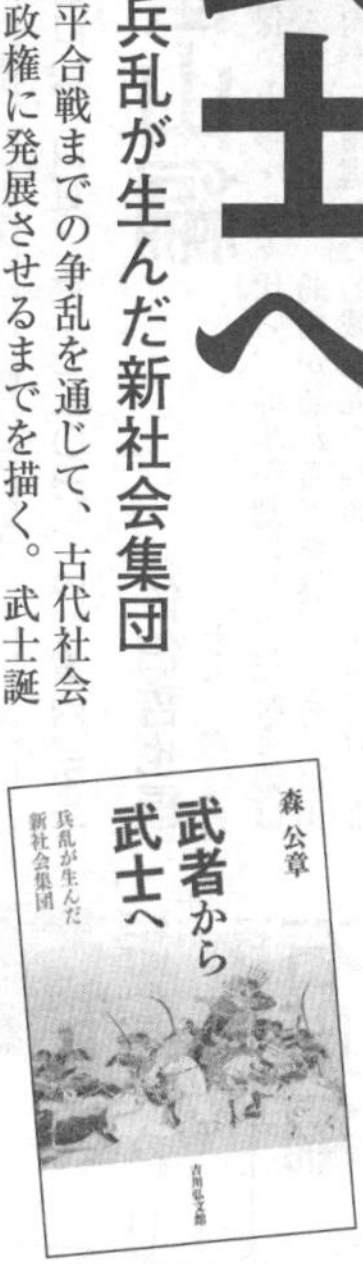

奥羽武士団

関 幸彦著

陸奥・出羽の地で覇を競った武士たちの出自や活動、系譜などを解説した初の本格的通論。中世を画する治承・寿永の乱と南北朝の動乱による影響、地域領主としての役割や経営基盤となった所領にも触れ、その盛衰を描く。

A５判・二二四頁／二四二〇円

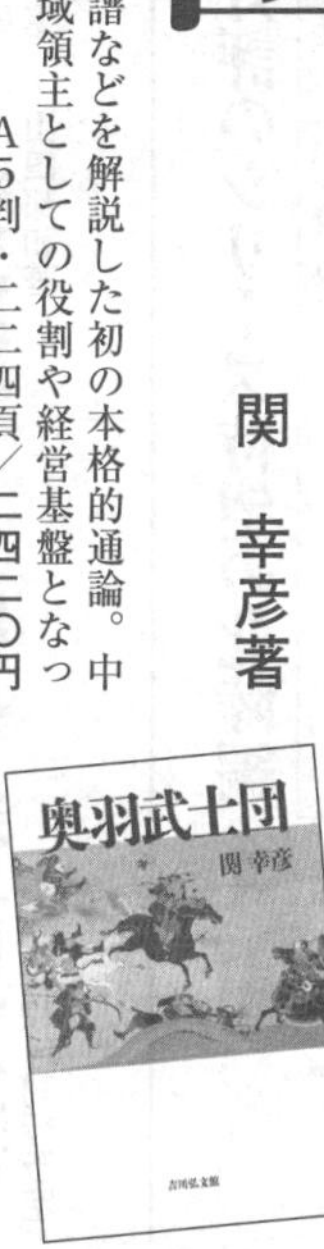

近世都市〈江戸〉の水害

災害史から環境史へ

渡辺浩一著

多くの水害に見舞われた本所・深川などの江戸低地。幕府の対策マニュアルや避難状況、災害復興の中長期的都市政策、埋立・堤防など人為的な自然環境の改変を解明。災害を自然と人間との相互関係として捉える注目の書。

A５判・二四〇頁／三九六〇円

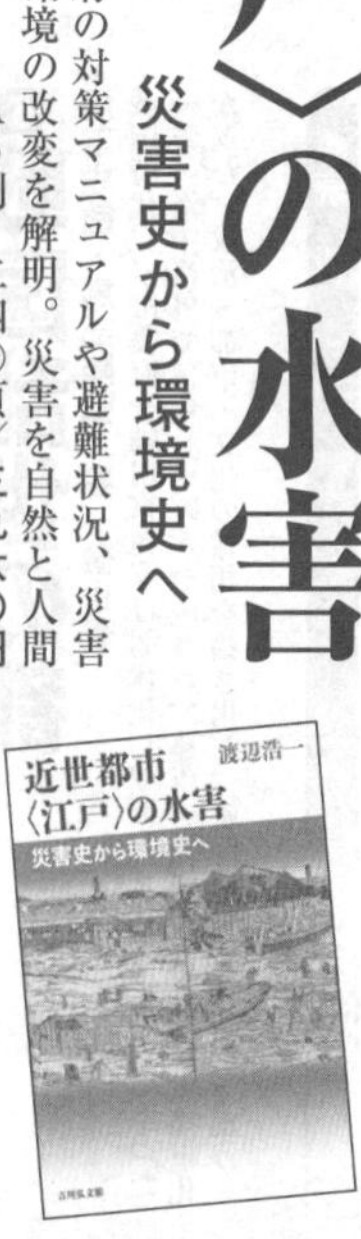

東アジアの米軍再編

在韓米軍の戦後史

我部政明・豊田祐基子著

戦後行われてきた東アジアの米軍再編。朝鮮半島情勢は米・韓・日の関係にどんな影響を与えたのか。在韓米軍の削減、韓国軍の作戦統制権をめぐる構図を解明。在日米軍との連動性を俯瞰し、東アジアの安全保障の道筋を探る。

四六判・二七二頁／二九七〇円

さまざまな生涯を時代とともに描く

人物叢書 新装版

日本歴史学会編集　四六判・平均300頁

●最新刊の3冊

遠山景晋《かげみち》

藤田　覚著

三二八頁　二五三〇円

江戸後期の幕臣。名奉行遠山金四郎景元の父。目付・長崎奉行・勘定奉行等を歴任。蝦夷地・長崎・対馬と東奔西走し、対外政策の転換を最前線で担った。教養と人間味溢れた有能だが遅咲きの生涯を、対外関係史と重ねて描く。（通巻313）

里見義尭《よしたか》

滝川恒昭著

三二〇頁　二五三〇円

房総に一大勢力を築いた戦国大名。上総の要衝久留里城を本拠に、上杉謙信と連携して江戸湾支配をめぐり北条氏と対立。下総香取海にも侵攻し、東国の水運掌握を目論む。限られた史料をいかし、その軌跡と人物像に迫る。（通巻314）

黒田孝高《よしたか》

中野　等著

三六〇頁　二六四〇円

官兵衛、如水の名で知られる武将。秀吉に仕え、九州平定後は豊前での領国経営に尽力。家督を長政に譲った後も豊臣政権を支えたが、関ヶ原の戦いでは徳川方に与して独自の戦いをおこなう。「軍師」とされた実像に迫る。（通巻315）

歴史文化ライブラリー

●22年5月～8月発売の8冊

四六判・平均二二〇頁　全冊書き下ろし

人類誕生から現代まで／忘れられた歴史の発掘／常識への挑戦／学問の成果を誰にもわかりやすく／ハンディな造本と読みやすい活字／個性あふれる装幀

549 大奥を創った女たち

福田千鶴著

江戸城本丸の大奥で、歴代将軍を支えた女性たち。家康から綱吉に至る妻妾や女親族、女中たちの日々の暮らし、その役目を探り全貌を解明する。キャリアの様相から、江戸時代の女性の生きざまを歴史のなかに位置づける。

二八八頁／二〇九〇円

550 土砂留め奉行　河川災害から地域を守る

水本邦彦著

淀川・大和川水系の土砂流出現場を巡回した土砂留め奉行。彼らの残した日誌や御触書、絵図資料から、山地荒廃の実態や土木工事の様子、奉行の所属藩や権限について解明。災害と人間社会の関係を歴史のなかで考える。

二四〇頁／一八七〇円

551 東京の古墳を探る

松崎元樹著

都心から多摩地域を含む古代武蔵野には、多様な古墳墓が存在した。都心や多摩川流域に築かれた墳墓の変遷を探る。石室墳や横穴墓の構造・副葬品・埋葬の実態から、造墓集団の性格や地域社会の変容・文化の交流に迫る。

二七二頁／一九八〇円

552 古代の人・ひと・ヒト　名前と身体から歴史を探る

三宅和朗著

古代国家が作成した戸籍・計帳からは窺えない有名無名の人々の世界。『日本霊異記』などを手がかりに、人名、障害や病気、身長、顔まで、個性ある一人一人と向き合いつつ人々の心のうちを解明する、環境への心性史。

二四〇頁／一八七〇円

553 皇位継承と藤原氏
摂政・関白はなぜ必要だったのか
神谷正昌著

摂関政治は、天皇制の危機を回避するものだったと見直されている。幼帝の即位など皇位継承がゆらぐなか、藤原氏はいかなる役割を果たしたのか。摂政・関白が創出された経緯や、外戚政治の真相を探り、明らかにする。

二四〇頁／一八七〇円

554 もう一つの平泉
奥州藤原氏第二の都市・比爪
羽柴直人著

奥州藤原氏の拠点平泉の北方に存在した中核都市「比爪《ひづめ》」。近年の発掘調査で平泉に匹敵する姿がみえてきた。文献も駆使し、都市構造や統治のあり方、平泉との関係などを考察。知られざる比爪系奥州藤原氏の歴史に迫る。

二二四頁／一八七〇円

555 東アジアからみた「大化改新」
仁藤敦史著

「大化改新」は東アジア世界のなかでどのように位置づけられるのか。膨張する隋唐帝国への対応を迫られる高句麗《こうくり》・百済《くだら》・新羅《しらぎ》。三国の動向と外交政策の対立をもとに、古代日本の一大画期を新たな視点から再検討する。

二二四頁／一八七〇円

556 遠野物語と柳田國男
日本人のルーツをさぐる
新谷尚紀著

日本民俗学の出発点『遠野物語』は、山姥や河童・ザシキワラシ、犬・猿・馬などが登場し、臨死体験、神隠しなどの不思議な経験を伝える。伝承にひそむ古来の生活様式やものの見方を知り、日本人の歴史的変遷を探る。

二三八頁／一八七〇円

【好評２刷】

543 鎌倉幕府はなぜ滅びたのか　永井　晋著　二五六頁／一九八〇円

544 気候適応の日本史　人新世をのりこえる視点　中塚　武著　二五六頁／一九八〇円

歴史文化ライブラリー
オンデマンド版 好評発売中

品切書目の一部を、オンデマンド版に随時追加して販売中です。詳しくは『出版図書目録』または小社ホームページをご覧下さい。

読みなおす日本史

毎月1冊ずつ刊行中　四六判

近畿の古墳と古代史

白石太一郎著

二七〇頁／二六四〇円（補論＝白石太一郎）

日本列島の古代国家はいかに形成され展開したのか。当時の政治勢力と密接な関係を持って造られ、貴重な情報を秘めた近畿の古墳からアプローチ。倭国の誕生から交通ルート、神まつりなど、日本古代史の謎を解く。

源頼朝と鎌倉幕府

上杉和彦著

二五四頁／二四二〇円（解説＝西田友広）

伊豆の流人源頼朝は、いかにして武家の棟梁となり鎌倉幕府を開いたのか。将門の乱から承久の乱までを叙述対象に、東国と源氏の結びつきや在地武士団の自己権益をめぐる闘争を重点に描く。後世の幕府観も論じた名著。

大村純忠

外山幹夫著

二五六頁／二四二〇円（解説＝本馬貞夫）

肥前国の戦国大名。有馬氏から養子に入り家督を継ぐ。領国支配に苦悩しつつ宣教師より洗礼を受け、日本最初のキリシタン大名となる。天正遣欧使節を派遣し、長崎を開港してその発展の礎を築いた波乱万丈の生涯を描く。

佐久間象山

源　了圓著

二四八頁／二四二〇円（解説＝坂本保富）

幕末、開国と海防を訴え、西欧近代科学の積極的な受容を主張した時代の先覚者。その生涯を五〇のエピソードで辿り、思想と行動をわかりやすく描く。人間性や生き方の視座から、個性豊かな実像を浮き彫りにした名著。

無縁社会の葬儀と墓 死者との過去・現在・未来

山田慎也
土居　浩　編

直葬・墓じまい・孤立死・無縁社会などのニュースが流れ、伝統的な死者儀礼の衰退・崩壊が喧伝される現在。眼前で勃興し、一方で消滅しつつある、これら死者儀礼の実態・制度・観念を取り上げ、歴史的把握を試みる。　Ａ５判・二六〇頁／四一八〇円

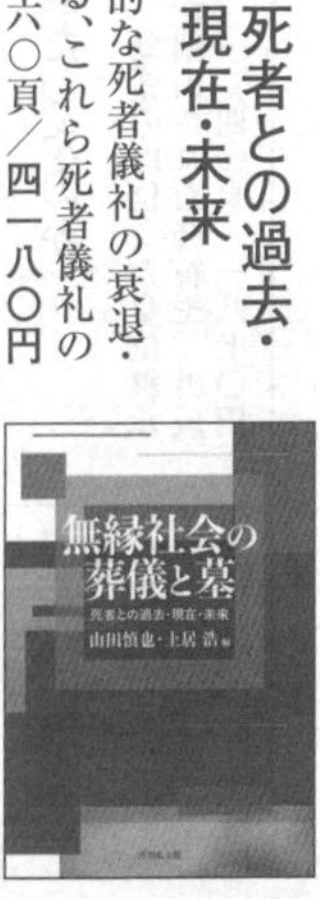

日本建築を作った職人たち 寺社・内裏の技術伝承

浜島一成著

四六判・二一〇頁／二六四〇円

古建築を手がけた職人「木工《こだくみ》」は、伝統技術をいかに保持し今日まで発展させてきたのか。古代から近世に至る造営組織の変遷を追究。東寺・伊勢神宮などで活動した木工の実態に迫り、内裏の大工・木子《きこ》氏にも説き及ぶ。

〈洗う〉文化史 「きれい」とは何か

国立歴史民俗博物館・花王株式会社編

四六判・二二四頁／二四二〇円

私たちはなぜ「洗う」のか。古代から現代にいたるまでさまざまな事例を取り上げ、文献・絵画・民俗資料から分析。精神的な視野も交えて、日本人にとって「きれい」とは何かを考え、現代社会の清潔志向の根源を探る。

イワシとニシンの江戸時代 人と自然の関係史

武井弘一編

四六判・二二二頁／二六四〇円

江戸時代を支える重要な自然の恵み、イワシとニシン。新田開発が進み、人糞や草肥が不足すると、魚肥としても大量に使われた。気候変動と漁の関係、経済、魚肥の流通などから、自然と近世社会との関わりを解き明かす。

近世感染症の生活史 医療・情報・ジェンダー

鈴木則子著

A5判・二五四頁／三五二〇円

江戸時代の日常生活でつねに脅威であった感染症は、暮らしにどんな影響を与えたのか。さまざまな生活環境の移り変わりによる感染症へのまなざしの変化を描き出し、現代にも通じる社会と感染症との共生する姿を考える。

戊辰戦争と草莽の志士 切り捨てられた者たちの軌跡

髙木俊輔著

A5判・一八四頁／二四二〇円

明治維新の変革を目指して、地方・地域を背景に活動した草莽の志士たち。彼らは何を考え、何を契機に決起したのか。新政権樹立をなしとげた一握りの勝者からだけでは描ききれない、戊辰戦争のもう一つの側面に迫る。

中世奥羽の世界 （新装版）

小林清治・大石直正編

四六判・二九八頁／三三〇〇円

郷土史の枠を越えて、地方から中央をみる視点から、奥羽の中世史像を描いた名著を復刊。中世奥羽を六テーマに分け、蝦夷の存在にも触れつつ論述する。陸奥・出羽両国の庄園・国守・地頭一覧や略年表などを附載する。

変体漢文 （新装版）

峰岸　明著

A5判・三九六頁／六六〇〇円

中国語式表記法に日本語的要素を採り入れて日本語文を書き記した変体漢文は、古記録や古文書において常用された。その方法論や表記・語彙・文法・文体を解説。変体漢文を日本語学の観点から概説した名著待望の復刊。

高まるアイヌ文化へのまなざし！
ひと・もの・こころから読み解く初めての総合辞典。

アイヌ文化史辞典

関根達人・菊池勇夫・手塚 薫
北原モコットゥナシ 編

菊判・七〇四頁・原色口絵四頁

一五四〇〇円
『内容案内』送呈

北方世界で長年暮らしてきたアイヌ民族の歴史・文化・社会がわかる、初めての総合辞典。ひと・もの・こころの三部構成から成り、約一〇〇〇項目を図版も交えてわかりやすく解説する。地図・年表・索引など付録も充実。

推薦します
佐々木史郎（国立アイヌ民族博物館館長）
野田サトル（漫画家）

教科書の「あの人物」は「あの時」こんな年齢だったのか！ 自分の年齢の時、偉人たちは何をしていたのだろう？

日本史人物〈あの時、何歳？〉事典

0歳から85歳まで、1,200人の事跡

吉川弘文館編集部編

二二〇〇円

飛鳥時代から昭和まで、日本史上の人物が、何歳の時に何をしていたのかが分かるユニークな事典。年齢を見出しに人物の事跡を解説。生没年を併記し在世も把握できる。巻末に物故一覧と人名索引を付した好事的データ集。A5判・二九六頁

日本女性史大辞典
金子幸子・黒田弘子・菅野則子・義江明子編
四六倍判 九六八頁 三〇八〇〇円

日本仏教史辞典
今泉淑夫編
四六倍判・一三〇六頁／二二〇〇〇円

事典 日本の仏教
箕輪顕量編
四六判・五六〇頁／四六二〇円

神道史大辞典
薗田 稔・橋本政宣編
四六倍判・一四〇八頁／三〇八〇〇円

有識故実大辞典
鈴木敬三編
四六倍判・九一六頁／一九八〇〇円

日本民俗大辞典 上・下（全2冊）
福田アジオ・神田より子・新谷尚紀・中込睦子・湯川洋司・渡邊欣雄編
四六倍判
上＝一〇八八頁・下＝一一九八頁／揃価四四〇〇〇円（各二二〇〇〇円）

精選 日本民俗辞典
菊判・七〇四頁 六六〇〇円

日本史「今日は何の日」事典
吉川弘文館編集部編
367日＋360日・西暦換算併記
A5判・四〇八頁／三八五〇円

年中行事大辞典
加藤友康・高埜利彦・長沢利明・山田邦明編
四六倍判 八七二頁 三〇八〇〇円

日本生活史辞典
木村茂光・安田常雄・白川部達夫・宮瀧交二著
四六倍判・八六二頁 二九七〇〇円

モノのはじまりを知る事典
生活用品と暮らしの歴史
四六判・二七二頁／二八六〇円

徳川歴代将軍事典
菊判・八八二頁／一四三〇〇円

江戸幕府大事典
大石 学編
菊判・一一六八頁／一九八〇〇円

近世藩制・藩校大事典
菊判・一一六八頁／一一〇〇〇円

●近刊

※書名は仮題のものもあります。

日本古代財務行政の研究
神戸航介著
A5判／一三二〇〇円

東国の古墳と古代史（読みなおす日本史）
白石太一郎著
四六判／二六四〇円

郡司と天皇 地方豪族と古代国家（歴史文化ライブラリー557）
磐下　徹著
四六判／一八七〇円

正倉院宝物を10倍楽しむ
山本忠尚著
A5判／価格は未定

橘嘉智子（人物叢書316）
勝浦令子著
四六判／二四二〇円

仁明天皇（人物叢書317）
遠藤慶太著
四六判／価格は未定

安倍・清原氏の巨大城柵 鳥海柵跡・大鳥井山遺跡
樋口知志監修／浅利英克・島田祐悦著
A5判／二六四〇円

中世曹洞宗の地域展開と輪住制
遠藤廣昭著
A5判／一五四〇〇円

足利将軍と御三家 吉良・石橋・渋川氏の世界（歴史文化ライブラリー559）
谷口雄太著
四六判／価格は未定

足利成氏の生涯 鎌倉府から古河府へ
市村高男著
四六判／二九七〇円

天守 芸術建築の本質と歴史
三浦正幸著
A5判／価格は未定

伊達騒動の真相（歴史文化ライブラリー560）
平川　新著
四六判／価格は未定

唱歌「蛍の光」と帝国日本（歴史文化ライブラリー558）
大日方純夫著
四六判／一九八〇円

ビジュアルガイド 東京国立博物館 文化財でたどる150年の歩み
東京国立博物館編
B5判／価格は未定

三笠宮崇仁親王
三笠宮崇仁親王伝記刊行委員会編
菊判／価格は未定

歴史手帳 2023年版
吉川弘文館編集部編
A6判／一三二〇円

各種『内容案内』送呈

伊藤博文から岸田文雄まで、一〇一代の内閣と六四名の首相を網羅！

歴代内閣・首相事典 増補版

東日本大震災、モリカケ問題、新型コロナウイルス流行など、時事項目も増補！

鳥海 靖・季武嘉也編

明治一八年の内閣制度開始以来、政治の中枢を担ってきた総理大臣とそれを支える内閣。伊藤博文内閣から岸田文雄内閣まで、一〇一代の内閣と六四名の首相を網羅し平易に解説した増補版。各内閣に関連する政党、政治・経済・社会上の政策・事件など、初版刊行以降の時事項目を新たに加えた約三二〇項目を収録する。

菊判・九二八頁／一一〇〇〇円

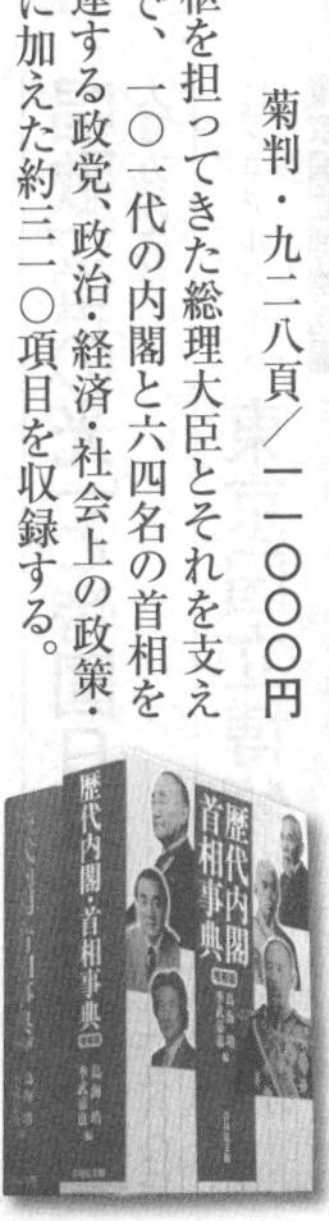

事典 太平洋戦争と子どもたち

浅井春夫・川満 彰・平井美津子・本庄 豊・水野喜代志編

A5判・一九〇頁／二四二〇円

戦争は子どもたちに何をもたらすのか。戦禍だけでなく、暮らしや教育、戦後も含めて振り返る。疎開、沖縄戦、孤児生活など、四七の問いに答えて戦災の惨劇を記憶し平和へ願いを託す。読書ガイドも収め平和学習に最適。

戦後沖縄生活史事典 1945—1972

川平成雄・松田賀孝・新木順子編

菊判・五〇〇頁／八八〇〇円

米軍統治下の戦後沖縄で、激動の波に翻弄されながらもたくましく生きた人びとの暮らしを知る事典。生活に深く関わった出来事一一一項目を多彩なテーマで紹介。随所にコラムをちりばめ、参考文献や索引を付載する。

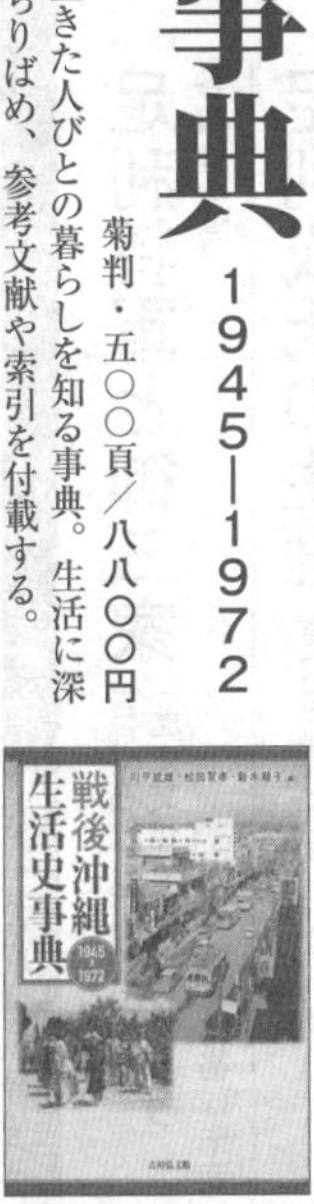

料金受取人払郵便

本郷局承認

5513

差出有効期間
2024年7月
31日まで

郵便はがき

113-8790

東京都文京区本郷7丁目2番8号

吉川弘文館 行

愛読者カード

本書をお買い上げいただきまして、まことにありがとうございました。このハガキを、小社へのご意見またはご注文にご利用下さい。

お買上書名

＊本書に関するご感想、ご批判をお聞かせ下さい。

＊出版を希望するテーマ・執筆者名をお聞かせ下さい。

お買上書店名　区市町　書店

◆新刊情報はホームページで　http://www.yoshikawa-k.co.jp/

◆ご注文、ご意見については　E-mail:sales@yoshikawa-k.co.jp

ふりがな ご氏名	年齢　　歳　男・女
〒 □□□-□□□□ 電話 ご住所	
ご職業	所属学会等
ご購読 新聞名	ご購読 雑誌名

今後、吉川弘文館の「新刊案内」等をお送りいたします(年に数回を予定)。
ご承諾いただける方は右の□の中に✓をご記入ください。 □

注文書

月　日

書　名	定　価	部　数
	円	部
	円	部
	円	部
	円	部
	円	部

配本は、○印を付けた方法にして下さい。

イ．下記書店へ配本して下さい。
(直接書店にお渡し下さい)

(書店・取次帖合印)

書店様へ＝書店帖合印を捺印下さい。

ロ．直接送本して下さい。
代金(書籍代＋送料・代引手数料)は、お届けの際に現品と引換えにお支払下さい。送料・代引手数料は、1回のお届けごとに500円です(いずれも税込)。

＊お急ぎのご注文には電話、FAXをご利用ください。
電話 03−3813−9151(代)
FAX 03−3812−3544

3　成氏の死とその後の公方家

晩年の成氏　成氏が五〇歳半ば過ぎ頃から、中風を患っていたことは、前に述べたとおりである。その後、彼の症状がどうなったのか、史料は何も語っていないが、気になるのは、晩年の成氏の文書がほとんど確認できないことである。政氏に公方の座を譲った長享四年（延徳二、一四九〇）四月十日、秀伝西堂を鎌倉禅興寺住持に任じた公帖（『永徳寺文書』）を最後として、それ以降、成氏が発したことが分かる文書が激減している。長享四年当時、成氏は六〇歳になっており、政氏への代替わりも中風が悪化しつつあったことに起因する可能性もある。前述のように、成氏が鎌倉極楽寺に巻数の受取りを伝え、中風平癒祈禱の礼を述べた書状は、まだそれほどの切迫感がないことから、中風になってまもない五〇歳半ば過ぎか後半のものとみなすことができよう。

成氏の発した文書は、その半分あまりが年号のない書状形式の御書であり、宛名や内容から発行年代が推定可能なものもあるので、全体の六割あまりの年代が分かっている。しかし、簡略な書状になると、年代推定が不可能なものが多く、成氏晩年の文書がないとも断定するのは難しい。とはいえ晩年の成氏文書があったとしても、その数が極端に少ないことは否定できないように思われる。もちろん、その理由を代替わりに求めることもできるが、それとは別に、中風の悪化による言語障害と運動機能障害の進行よるものであったことも念頭に置いておく必要があろう。

その点で注目されるのは、成氏の子政氏も、晩年には中風を患っていたようであり、花押の代わりに方形の朱印と瓢簞《ひょうたん》型の黒印を押した文書が知られており（『真壁文書』）、孫の高基も晩年近くに中風を患ったらしく、通常の花押を木版に刻んだものを使っていた事実がある（『鑁阿寺文書』『小山文書』『阿房神社文書』）。おそらく彼らは中風のため、花押を書くことが難しい状態になっていたのであろう。しかし、成氏の場合は、印も木刻花押もまったく使用していない。それだけに晩年の成氏の症状が気になるが、詳細は今後の課題として残さざるを得ない。

成氏の死と供養　長享の乱が再開される明応二年（一四九三）閏四月、成氏は六三歳になっていた。両上杉氏の再乱では、政氏が山内上杉氏との同盟により参戦し、顕定・顕実父子を援けて優勢に戦っていた。人生の過半を戦乱の中で生き、公方家の立て直しに努めてきた成氏も、ようやく重い任務から解放されることになったのである。

それから四年余り後の明応六年九月晦日、成氏は古河城で六七年の生涯を閉じた。おそらく患っていた中風が悪化したのであろう。戒名は乾亨院殿久山道昌大禅定門《けんこういんでんきゅうざんどうしょうだいぜんじょうもん》であった（『古河公方系図』『鎌倉殿幷古河・喜連川御書様御代々牌名帳』）。

歴代公方の享年をみると、成氏はもっとも長生きであった。彼の父持氏《もちうじ》は四〇歳で自害したので別にしても、初代公方基氏《もとうじ》は二八歳、二代公方氏満《うじみつ》は三二歳、三代公方満兼《みつかね》は四二歳であり、成氏の六七歳は圧倒的に長寿であったことが分かる。また、彼の息子の二代古河公方の政氏は、父に次いで長生きの六五歳であるが、三代古河公方の高基は五〇歳、四代古河公方の晴氏《はるうじ》は四七歳、最後の古河公方義氏《よしうじ》は四二歳で、いずれも成氏に比べて短命であった。

前述のように、成氏が死の床にあった頃、政氏は武蔵鉢形（埼玉県寄居町）に在陣中であり、成氏の葬儀がどのように行われ、政氏がどのように関わったのか不明である。翌七年の一回忌供養も施主となるべき政氏は不在であり、このときは建長寺前住の玉隠英璵《ぎょくいんえいよ》が古河に来て、供養導師を務めた（後述）。成氏は古河城下の乾亨院に葬られている。

政氏による成氏の供養　成氏死後の某年十月朔日、政氏は鎌倉の建長寺前住である玉隠英璵に直筆の書状を発している（『保阪潤治氏所蔵文書』）。この文書は、玉隠が「乾亨院殿仏事」（成氏の法要）のために三度も古河に足を運んでくれたことに感謝し、政氏自らが筆をとったものであった。

この文書は「政氏」という自署があるので、彼が高基との抗争に敗れて実権を失った永正十三年（一五一六）以前に発せられたものである。とすると、政氏が施主となる「乾亨院殿仏事」は、高基に敗北する前に実施されたものであったことになろう。成氏が明応六年（一四九七）九月晦日に死去したことを想起すると、玉隠が「乾亨院殿仏事」のため、古河に三回やってきたのは、明応七年の一回忌供養、同九年の三回忌供養、永正元年の七回忌供養、永正十七年の一三回忌供養あたりが候補となるが、一三回忌供養のとき、政氏は久喜に隠棲しているので、それ以前の三回の供養であったと考えてよかろう。先に紹介した十月朔日付けの書状は、永正元年の成氏七回忌供養の際、年老いた玉隠が、鎌倉から古河まで来てくれたことに対し、心から礼を述べたものであった。

政氏・高基の対立　政氏の嫡子亀王丸は、元服して高氏《たかうじ》（のち高基と改名）と名乗った。彼は大きな

政氏の墓とされる五輪塔（埼玉県久喜市）

時代の転換期に育ったためか、成氏の政策を引き継いだ政氏とはおのずと異なる思考を持っていたようで、二〇歳前後から父と対立するようになった。政氏・高基父子の対立は、山内上杉氏の顕実・憲房の家督争いと絡んで展開し、永正九年（一五一二）、高基に屈した政氏が公方の座を譲って武蔵久喜（埼玉県久喜市）に隠棲し、十余年にわたる断続的抗争に終止符が打たれた。成氏は、この政氏・高基の抗争も、山内上杉氏家督争いに敗北し没落・早世した顕実の不運も知ることなく逝ったのである。

成氏の墓所をめぐって

政氏は久喜に引退したあと、享禄四年（一五三一）七月十八日にその地で死去している。享年は六五歳であった。甘棠院殿吉山道長大禅定門《かんとういんでんきゆうざんどうちょうだいぜんじょうもん》の戒名を得て、自身の館跡に建立された甘棠院に葬られ、この寺が墓所となった（『古河公方系図』『喜連川判鑑』）。甘棠院は現存し、政氏のものとされる五輪塔もあり、出家後の政氏を描いた同寺所蔵の画とともに、政氏という人物の一端に触れることができる。

これに対し、乾亨院は現存しないので不明な点が多い。永禄三年（一五六〇）五月二十三日に死去した成氏の曽孫晴氏（永仙院殿系山道統大禅定門《ようぜんいんでんけいざんどうとうだいぜんじょうもん》）の墓所となり、永仙院と改称されたとの説もある

（山内美男「古河公方『三ヶ院』変遷の考察」）。しかし、晴氏は久喜で葬儀が営まれ（甘棠院であろう）、そこが菩提所とされている（『喜連川文書』）ので、乾亨院を晴氏の墓所に変え、永仙院と改称したとするのは不自然である。晴氏の墓所は関宿《せきやど》にもある（小高春雄「古河公方の墓所・石塔について」）ので、古河に墓所がないとはいえないが、古河公方の祖である成氏の墓所をわざわざ晴氏墓所に変更し、寺名まで変えたとは考えがたい。現在、永仙院跡とされる所にある三伯玄伊《さんぱくげんい》らの石塔は、廃寺と化した乾亨院の跡地に、廃寺直前の永仙院から移されたものである可能性が高く、やがてそこが永仙院跡とされるようになったのではないかと推測される。その辺の事情を確かめるのは難しいが、成氏の重要な役割を思えば、乾亨院は永仙院跡とされる場所に、夢窓派の古天周誓《こてんしゅうせい》を勧請開山、春貞周乾《しゅんていしゅうかん》を開山として創建された、と考えるのが自然ではなかろうか。

満福寺にある成氏の墓（栃木県野木町）

なお、成氏の墓所とされる寺院はほかにもある。野渡《のわた》の満福寺（栃木県野木町）と上野新田の東雲寺（群馬県太田市）がそれである。満福寺は鎌倉円覚寺末の臨済宗寺院として寺山（野渡近辺であろう）に建立され、いったん衰退したあと武蔵成田（埼玉県行田市）の龍淵寺《りゅうえんじ》末の曹洞宗寺院として再興されたという（『古河志』）。現在、境内の一角には、平成三年に立てられた新しい五輪塔を中心にして、宝篋印塔《ほうきょういんとう》・五輪塔の残欠を集めた乱積の塔がある。成氏の没年頃の形を持つ宝篋印塔の笠部もある（現在は不明）が、誰のものか特定するのはかなり難しい状態にある（小高春雄「古河公方の墓所・石塔について」）。

終章　花押に見る成氏の人物像

中世〜近世の文書には、自分が発したものである証として、花押《かおう》が書かれるのがふつうである。戦国時代になると、花押の代わりに印章が押されることが多くなるが、成氏の時代までは、書家・画師や僧などを除けば花押を書くのが当たり前であった。もっとも、成氏のような権力者ともなれば、書記官である右筆《ゆうひつ》が執筆し、本人がその内容などを点検・確認して、最後に花押を書く（仕上げだけの場合もある）のがふつうであった。花押は手書きで書かれるために「書判《かきはん》」とも呼ばれ、その大きさや形はさまざまであった。家格や身分に対応した大きさや家ごとに一定の形態的共通性を持つ傾向がある場合が多いが、それぞれに異なる花押を使用するのが原則であり、それゆえ花押の形には、おのずとその人の性格や思考内容が反映されることが少なくない。

ここでは成氏の花押を観察することにより、彼の人物像に迫ってみることにする。成氏の花押は足利様と呼ばれる伝統的な武家花押様式の一つである。頂部の横線の上にひげのような短い斜線が乗り、その下に二本の垂直線が引かれ、その垂直線を結ぶ二本の斜線を引き、底部には長めの水平状の線が引かれている。二本の垂直線の左側には曲線で三日月状ないし半円状の張り出しをつくり、右側には頂頭部から斜めに引き落とした直線を底部の水平線の右端に繋いでいる。そして、右側につくり出された三角形状の張り出しの中に、中心部上側の斜線の右端と底部の水平線とを緩やかな曲線で繋ぎ、右側の垂直線の下には底部の水平線から緩やかに立ち上がる斜線を引いて、この曲線に繋いでいる。かなり整然とした花押であり、足利様の典型をなすといってよかろう。

成氏は、自らの花押の基本形をほとんど崩さずに、微妙な変化がみられる程度で使用しているので、その変化を読み取るには十分な注意が必要であり、主観のみの観察では誤りが生じやすい。そうした点を踏まえて、丹念な分析を試みた優れた成果がある（千田孝明「足利成氏花押研究ノート」）。この研究は、栃木県立博物館所蔵『那須文書』にある多数の成氏文書の原本を中心に、さらに他の文書にみられる成氏花押にも目配りし、花押中軸線の左右の比率や底部と縦軸の高さの比率を数値化するなど比較の基準を明確化して、客観的な形態変化を跡づけつつ、五つの花押形とその使用時期を提示した。

この研究が解明した五つの花押形とその使用時期を示したものが図7である。まず五つの花押形をみると、基本形に大きな変化は認められず、花押を書いた時の心身の状態による若干の違いがある程度に留まるが、数値をもって示した客観的な分析結果であるだけに、時間の経過とともに微妙に変化していたことが明らかになった。

花押形Ⅰ（以下、筆者の記号化により花押形Ⅱ・Ⅲ・Ⅳ・Ⅴと表記）は、底部の水平線が短いわりに二本の垂直線が長めになっているため、やや背の高い花押になっており、頂部のひげ状の短斜線が乗る線にも丸みがなく、各部の線の引き方も熟れておらず、堅実さがあるとはいえ全体にぎごちなさを感じさせる。花押形Ⅱは底辺線がやや長くなり、二本の垂直線の高さが少し低くなるため、花押の背が心持ち低くなっている。また、頂部のひげ状の短斜線が強調されており、花押形Ⅰの形を引きずりながら、全体に熟れてきて、ぎごちなさが低減している。

花押形Ⅲは、底辺線の長さがさらに長くなる一方、二本の垂直線も短くなるため、全体に横長な印象を与えるようになっている。しかも、垂直線の左側の張り出しが、上部ほど突き出すようになり、垂直線右側の張り出しが長くなることと合わせて、かなり前のめりな花押になっていることも特徴である。シャープな流線型に変化しているので、洗練された形になったという印象とともに、強い緊張感を与える花押になっている。

花押形Ⅳは、底辺の長さがやや短くなり、二本の垂直線が少し長くなるので横長感が減退し、花押の背の高さが増している。それに対応して、垂直線の左側の張り出し上部の緊張感が和らぐとともに、右側の三角状の張り出しにも丸みが加わってくる。そのため花押形Ⅲにみられた前のめりの緊張感が和らいで、全体に安定感が増してくる。

花押形Ⅴは、Ⅳに現れた傾向がさらに顕著になる。とりわけ垂直線の左側の張り出しが丸みを帯びて大きくなり、それに対応して右側の張り出しが丸みを増しながらやや小ぶりになり、底辺線がほぼ水平線となることと相まって安定感が一段と増している。

花押形Ⅰは、成氏が鎌倉に帰還してまもない宝徳二年（一四五〇）十月には使用されており、享徳の乱が始まる享徳三年（一四五四）十二月頃まで使用されている。花押形Ⅱは、成氏が鎌倉を出陣し

図7　足利将軍家・公方家歴代の花押

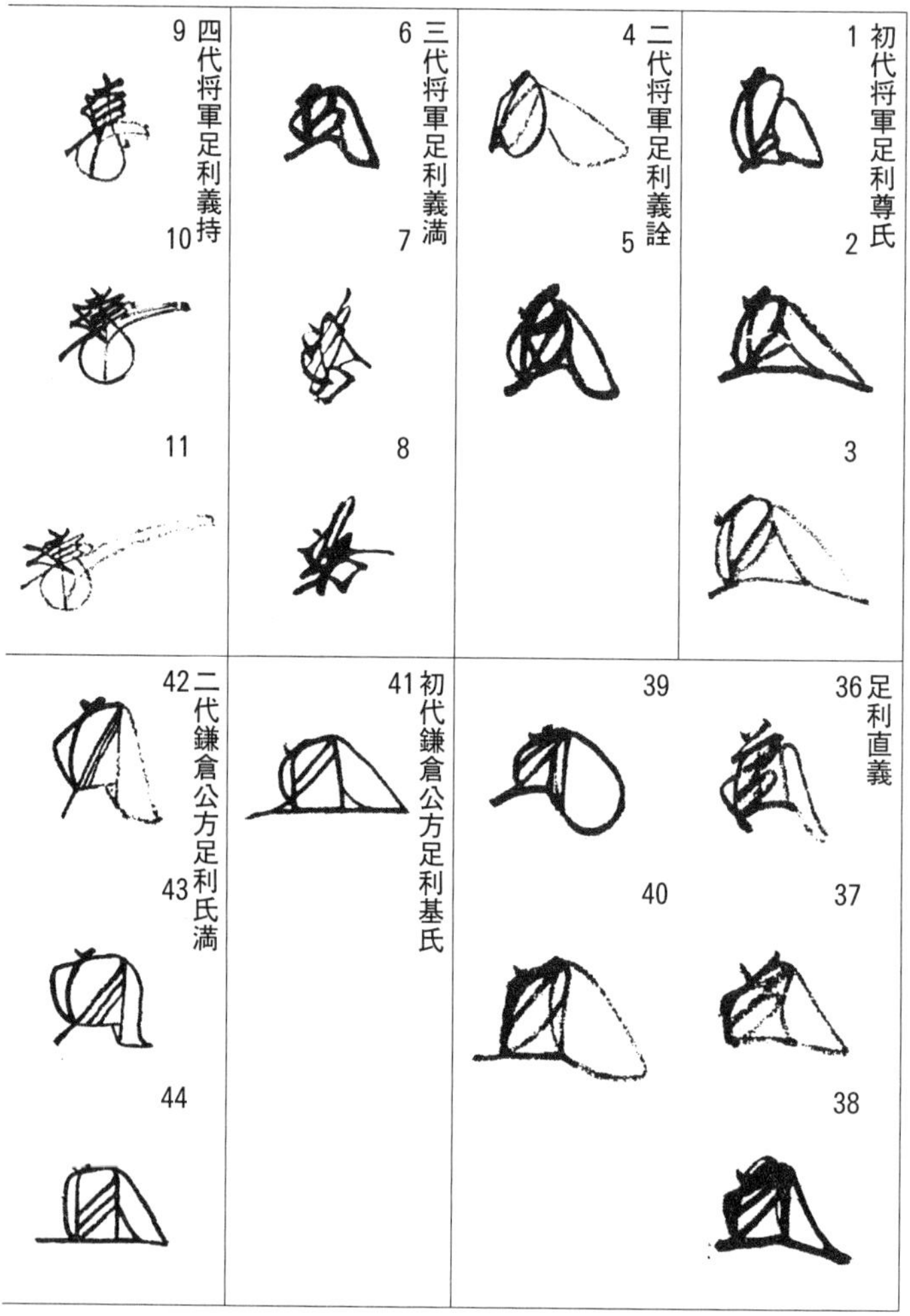

12 五代将軍足利義量

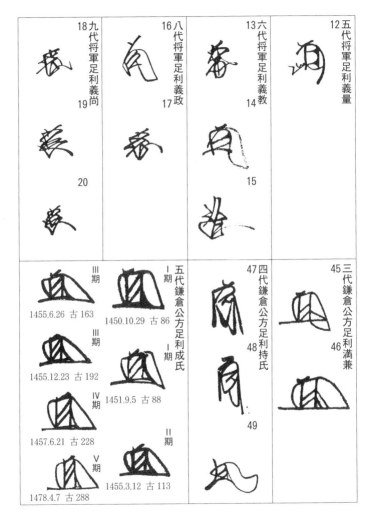

六代将軍足利義教

13

14

15

八代将軍足利義政

16

17

九代将軍足利義尚

18

19

20

三代鎌倉公方足利満兼

45

46

四代鎌倉公方足利持氏

47

48

49

五代鎌倉公方足利成氏

I期

1450.10.29 古 86

I期

1451.9.5 古 88

II期

1455.3.12 古 113

III期

1455.6.26 古 163

III期

1455.12.23 古 192

IV期

1457.6.21 古 228

V期

1478.4.7 古 288

十代将軍足利義稙

21

22

十一代将軍足利義澄

23

24

25

十二代将軍足利義晴

26

27

28

十三代将軍足利義輝

29

30

二代古河公方足利政氏

54

55

三代古河公方足利高基（高氏）

56 高氏

57 高氏

58 高基

59 高基

60 高基

四代古河公方足利晴氏

63

64

十四代将軍足利義栄

十五代将軍足利義昭

31

32

33

34

35

69 足利藤氏（足利義氏の兄）

五代古河公方足利義氏

65

66

67

68

千田氏作成の図を一部改変し、作成した。

た享徳四年正月に使われ始め、小栗城の攻防戦が始まる同年三月頃までの短期間に使用され、同四年閏四月頃になると花押形Ⅲに変化し、この花押形が康正二年（享徳五年、一四五六）四月頃まで使用される。つまり花押形Ⅲは、幕府軍が成氏討伐に出陣した頃から使用され、鎌倉を占領されて古河に在陣し、およそ一年ほど経過した頃まで使われたことになる。

花押形Ⅳは、古河在陣中の康正二年五月頃からみられるようになり、長禄二年（享徳七年、一四五八）頃まで使用され、翌三年（享徳八年、一四五九）頃からあとは一貫して花押形Ⅴが使われた。花押形Ⅳが現れる時期は、将軍義政の庶兄政知《まさとも》が新たな「鎌倉殿」（堀越公方《ほりごえくぼう》）として伊豆に向かった時期に重なり、花押形Ⅴが現れるのは上杉方の五十子《いかっこ》陣が形成され、これに対峙する成氏の意識の中に古河定着の思いが現れる時期に当たる。

このように、成氏花押の変化の背景をみると、花押形ⅠからⅡへの変化には享徳の乱の開始が絡み、花押形ⅡからⅢへの変化には小栗城の攻防戦、成氏追討軍の出陣と鎌倉占領が絡んでいた。そして、花押形ⅢからⅣへの変化には、幕府軍による鎌倉占領と堀越公方政知の伊豆入りが影を落としており、花押形ⅣからⅤへの変化には、五十子陣の形成と成氏の古河定着の意識の高まりが絡んでいたのである。成氏の花押は微妙な変化に留まるとはいえ、政治的な変化にかなり明確に対応していたことがうかがえる。

さらに興味深いのは、政治的変化に対応した花押の変化の背後に、成氏の意識の変化が垣間見えることである。花押形Ⅰは、成氏が鎌倉公方に就任してまもない時期のもので、ぎごちなさが目立つのは、二〇代前半の新米公方として片意地を張っていた一面が現れたものであろう。花押形Ⅱになると、ぎごちなさが薄れる反面、やや前のめりの傾向が現れ、花押形Ⅲになると一段と前のめりになるのは、享徳の乱が始まり、幕府・上杉方に強く身構える意識が現れたからである。二〇代半ば過ぎの血気盛んな時期だけに、苦難の時代に身につけた柔軟性を持ちながら、花押には本音の一端が現れたといえよう。

しかし、二〇代後半から三〇歳の声を聞く頃、花押形Ⅳ・Ⅴのように、前のめり感がしだいに薄れる一方、丸みを帯びた柔和さと安定感を増した花押に変わり、この花押形が最後まで使用され続ける。おそらくそれは成氏の精神的な成長の結果であり、同時に鎌倉帰還のこだわりが消え、古河に本拠を置く「鎌倉殿」（鎌倉公方）として生きる決断をし、それまでの鬱とした迷いが消え、おのずと得られた精神的安定の反映であろう。

それにしても、成氏の花押形Ⅰ〜Ⅴから感じることは、その基本形が墨守されていたことである。これは成氏の思考内容が、強い信念と一貫性を有していたことを示す。換言すれば彼はぶれない性格の持ち主であった。もちろんその一貫性には頑固さも含まれるが、折に触れてみたように、彼の政治的交渉には柔軟性があり、その点からみれば、自分の信念なしに時流に流されることのない、良い意味での頑固さである。

成氏以降の古河公方の花押形を概観すると、父の背中を見て育った政氏《まさうじ》は、成氏花押形Ⅴに酷似した花押を使用しており、父の理念や政策を引き継いでいたことが分かる。その子高基《たかもと》は、政氏と対立・抗争した事実が示すように、足利様の花押（成氏・政氏とはやや趣を異にする）も使用するが、妻の父宇《う》都宮《つのみや》成綱《しげつな》ら宇都宮氏の花押に似た縦長の特徴的な花押を使用している。高基の嫡子晴氏《はるうじ》は父と対立し、祖父政氏や曽祖父成氏に近い典型的な足利様の花押に回帰するが、その背景には、小田原《おだわら》北条《ほうじょう》氏に古河を追われ、彼自身と嫡子藤氏《ふじうじ》の正当性を主張する必要があったからであろう。藤氏も典型的な足利様花押を使用し、次男義氏も一時期、公方家の伝統的花押を使用していた。

このようにみると、公方家には足利様の花押を使う伝統が息づいており、とりわけ成氏・政氏父子にその指向性が強く、それ以降の公方たちも、程度の差はあるものの、足利様の花押を強く意識する傾向があったことは間違いない。これは鎌倉公方歴代に通じる明確な傾向であり、成氏の父持氏《もちうじ》が若くして関東管領犬懸《いぬがけ》上杉朝宗《ともむね》の影響を受け、足利様花押を使わなかった（一時期、変則的な足利様花押を使用する）が、それを除けば、初代基氏《もとうじ》、二代氏満《うじみつ》、三代満兼《みつかね》の歴代公方が典型的な足利様花押を使用しており、成氏もその伝統をしっかりと継承していたことを示す。

初代公方基氏は、父尊氏《たかうじ》と叔父直義《ただよし》の背中を見ながら育ったが、関東で新たな幕府形成に尽力した叔父直義の影響を強く受けたとされ（佐藤進一『花押を読む』）、花押のデザインを考える際にも直義の花押を意識していた形跡がある。基氏が使った花押形が、その後の公方たちの花押に大きな影響を与えたのである。

ところが京都の将軍家は様相が異なっており、二代将軍義詮《よしあきら》は尊氏や直義に近い足利様花押を使い、三代将軍義満も最初は足利様花押を使用したが、京都で天皇・院・摂関家などを幕府のもとに編成する過程で、公家様の花押を使い始め、それが義持《よしもち》・義教《よしのり》・義政《よしまさ》・義尚《よしひさ》・義稙《よしたね》・義澄《よしずみ》・義晴《よしはる》・義昭《よしあき》らにも継承されていった。もちろんこれらの将軍の多くも足利様花押を使用する時期があったが、天皇や公家らの政権を組織するためには、法制や儀式・典礼などにおいて幕府より多くの蓄積を有し、伝統を伝える力を持つ（本郷恵子『将軍権力の発見』）彼らの世界に入り込むことが必要であり、公家様の花押を使用する思考を生み出したと考えられる。

その意味で幕府は、政治的には公家の世界を取り込みながら、その一方で公家社会の伝統文化の影響に強く染色されることになった（天皇・院・公家の伝統世界に取り込まれたともいえる）。具体的にいえば、京都の幕府は、年中行事や儀式・典礼などの面で、公家世界の影響を強く受け、武家社会の伝統や儀礼などを変質させることになり、かえって鎌倉府のほうが儀式・典礼や年中行事などで、武家政権の伝統や文化が良く保存されることになったのである。成氏が鎌倉府を古河に移転し再建した政権、すなわち古河府は、縮小し変質したとはいえ、東国の武家政権の伝統を幕府以上によく伝えていたのはそのためである。

あとがき

本書では、足利成氏を主役に据え、その波乱に富んだ生涯を明らかにした。彼の人生の半ばは永享の乱・結城合戦や江ノ島合戦・享徳の乱など相次ぐ戦乱の渦中にあった。とりわけ享徳の乱は、成氏本人が約三〇年にわたって幕府・上杉方と戦った出来事であり、それゆえ彼の人生は享徳の乱とともにあったかのように考えられがちである。

確かに成氏の人生で享徳の乱の占める比重が大きいことは間違いないが、その間の成氏が日々戦争に明け暮れ、それ以外に何もしなかったわけではなかろう。彼が鎌倉に帰還したのは、断絶した公方家と崩壊した鎌倉府を再建するためであり、享徳の乱の中で下総古河に移転・定着し、中断した鎌倉府再建事業をこの地で実現した。しかも、成氏の主たる活動期である一五世紀半ばから後半は、室町的支配体制が動揺し、政治と社会の全体が戦国という新時代に動き出す時代に当たっており、彼が下総古河で造り上げた再興鎌倉府、すなわち古河府も新たな潮流の洗礼を受けることになった。それゆえ成氏の人物像を明らかにするには、政治・軍事に限定せず、彼の生きた時代相を総合的に提示しつつ、その中に成氏という人物を位置づけつつ評価していくことが必要であろう。

近年、中世の歴史に関する関心が高まり、さまざまな戦乱や武将たちの系譜や活躍の様子を事細かに書いた書物が多数刊行され、歴史ブームと呼びうる状況が現出している。それ自体は歓迎されてよいが、社会の上層部に関心が集中する傾向が強く、地方・地域や民衆への眼差しが後景に退くようになったことは否定できないように思う。これは最近の歴史ブームに明確にみられる特徴であり、そして問題点でもあるといえよう。

また、近年の研究では、禅宗・禅僧や倭寇・宣教師らが東アジア交流で果たした役割、硫黄や日本銀などの生産・流通を通じた国際交易に関する研究、古琉球史の研究の深化など、グローバルな視点を必要とする問題も進展し、注目すべき成果が蓄積されつつある。一国史を越える視点は、グローバル化への対応で不可欠なものであることは間違いない。

しかし、新自由主義によるグローバル化の進展は、さまざまな問題を生み出し、世界各地で進展した一極集中、それに伴う地域間格差・経済格差の拡大、貧困層の増大、多様性に対する非寛容な風潮の高まりなど、負の問題を顕在化させた。二一世紀になると、ナショナリズムと親和的な反グローバリズムが拡がりをみせ、コロナパンデイミックと重なって起こったロシアのウクライナ侵攻により、世界中が不安定な政治・社会状況に覆われるようになった。こうした現実にどう向かい合っていくかは重要な問題であり、意識するか否かにかかわらず現在の研究にも影響を与えている。

一般に室町時代の歴史は、幕府や将軍を中心に据えて語られることが多く、その舞台も京都が中心になるが、本書では足利成氏を主役にして、主たる舞台も鎌倉・下総古河を中心とする関東に置いている。また、将軍や首都京都など中央重視の視点を相対化し、地方・地域からみた当該期社会の全体像をも、可能な範囲で提示することに努めた。これは関東からみた幕府・将軍とは何であったのかを問い、地域や民衆も射程に捉えながら中央と社会の上層部中心の歴史とは異なるものを描こうとする意図に基づくものである。

さらにいえば、歴史学など人文科学を軽視する昨今の風潮に対し、歴史を考えることの意味を多少なりとも示そうとしたものである。歴史は学んでも役に立たないとの意見が多い中で、面白おかしい歴史書が歓迎される状況をみるにつけ、歴史学軽視の風潮に抗うことの難しさを感ぜざるを得ないが、それでも歴史学の存在意義や学ぶことの意味を私なりに示そうと努めた。もとより、十分に意を尽くせなかった点が少なくないが、歴史ブームの背後で風化しつつある歴史学の役割・存在意義を考えるためにも、しばらくこうした視点で研究をつづけていきたいと思う。

二〇二二年六月吉日

飯盛山麓近くの寓居で「人新生」について考えつつ

市村高男

参考文献

論文・図書

相澤正彦・橋本慎司編著『関東水墨画』国書刊行会、二〇〇七年
青盛　透「南山城における二つの翁猿楽（上・下）」『芸能』二七―一一・一二、一九八五年
阿部能久『戦国期関東公方の研究』思文閣出版、二〇〇六年
阿部能久「浄妙寺と鎌倉公方御所」高橋慎一朗編『鎌倉の歴史』高志書院、二〇一七年
網野善彦「常陸国の文書」『網野善彦著作集』第一四巻、岩波書店、二〇〇九年
新井浩文「戦国期関東における本山派修験の勢力伸長について」『文書館紀要』六、埼玉県立文書館、一九九二年
新井浩文『関東の戦国期領主と流通』岩田書院、二〇一二年
荒川善夫『戦国期北関東の地域権力』岩田書院、一九九七年
家永遵嗣『室町幕府将軍権力の研究』東京大学日本史学研究室、一九九五年
家永遵嗣「北条早雲研究の最前線」『奔る雲のごとく　今よみがえる北条早雲』北条早雲フォーラム実行委員会、二〇〇〇年
家永遵嗣「応仁二年の『都鄙御合体』について」『日本史研究』五八一、二〇一一年
石　弘之『感染症の世界史』洋泉社、二〇一四年
石田晴男『戦争の日本史9　応仁・文明の乱』吉川弘文館、二〇〇八年
伊地知鐵男「関東下向と関東武士との交渉」『伊地知鐵男著作集I』汲古書院、一九九六年

磯部祐親『磯部稲村神社と謡曲桜川』私家版、一九七五年
市村高男「古河公方の権力基盤と領域支配」『古河市史研究』一一、一九八六年
市村高男「室町・戦国期における関東奉公衆の動向」『栃木史学』六、一九九二年
市村高男「中世の鋳物師の集団と集落」網野善彦編『中世を考える　職人と芸能』吉川弘文館、一九九四年
市村高男「中世東国における内海水運と品川湊」『品川歴史館紀要』一〇、一九九五年
市村高男「中世港湾都市那珂湊と権力の動向」『茨城県史研究』八七、二〇〇三年
市村高男「鎌倉府奉公衆の系譜」峰岸純夫編『日本中世史の再発見』吉川弘文館、二〇〇三年
市村高男「当主の居城と前当主（または継嗣）の居城」千葉城郭研究会編『城郭と中世の東国』高志書院、二〇〇五年
市村高男「中世日本の港町」歴史学研究会編『シリーズ港町の世界史2　港町のトポグラフィ』青木書店、二〇〇六年
市村高男「古代中世における自然大災害と社会の転換」荒武賢一郎・太田光俊・木下光生編『日本史学のフロンティア2　列島の社会を問い直す』法政大学出版局、二〇一五年
市村高男「中世宇都宮氏と美濃・伊予」江田郁夫編『中世宇都宮氏』戎光祥出版、二〇二〇年
市村高男「室町・戦国期の千葉氏と本佐倉城跡」『敵を阻む城、にぎわう城下』千葉県酒々井町・佐倉市、二〇二〇年
市村高男「中世土岐氏の成立と展開」『瑞浪市陶磁資料館資料集』六、二〇二一年
伊藤一美「江ノ島合戦と公方足利成氏の動座」『鎌倉』一二〇、二〇一六年
伊藤啓介・田村憲美・水野章二編『気候変動から読みなおす日本史4　気候変動と中世社会』臨川書店、二〇二〇年

伊藤裕偉「熊野と東国品川」『品川歴史館紀要』二四、二〇〇九年
井上宗雄『中世歌壇史の研究 南北朝期』改訂新版、明治書院、一九八七年
井上宗雄『中世歌壇史の研究 室町前期』改訂新版、風間書房、一九八四年
今枝愛眞『中世禅宗史の研究』東京大学出版会、一九七〇年
今谷 明「室町幕府御内書の考察」『室町幕府解体過程の研究』岩波書店、一九八五年
今谷 明「願阿弥」『中世奇人列伝』草思社、二〇〇一年
植田真平『鎌倉府の支配と権力』校倉書房、二〇一八年
植田真平「成氏期の奉行人」黒田基樹編著『関東足利氏の歴史第5巻 足利成氏とその時代』戎光祥出版、二〇一八年
内山俊身「戦国期簗田氏城下水海の歴史的位置」『そうわの文化財』四、一九九五年
内山俊身「戦国期古河公方周辺の流通に関わる人々」『茨城県立歴史館報』二九、二〇〇二年
梅田千尋「陰陽道祭文の位置」赤澤春彦編『新陰陽道叢書 第二巻 中世』名著出版、二〇二一年
江田郁夫「武力としての日光山」『日本歴史』六三八、二〇〇一年
江田郁夫『室町幕府東国支配の研究』高志書院、二〇〇八年
江田郁夫『下野長沼氏』戎光祥出版、二〇一二年
榎原雅治・清水克行編『室町幕府将軍列伝』戎光祥出版、二〇一七年
小川剛生『武士はなぜ歌を詠むか』角川学芸出版、二〇〇八年
奥田 勲「連歌師の旅」峰岸純夫編『地方文化の日本史5 地方文化の新展開』文一総合出版、一九七八年
奥田 勲『宗祇』人物叢書（新装版）、吉川弘文館、一九九八年
小国浩寿「永享記と鎌倉持氏記」『鎌倉』九六、二〇〇三年

小高春雄「古河公方の墓所・石塔について」『古河歴史博物館紀要　泉石』八、二〇〇七年
表　章「長命猿楽考」永島福太郎先生退職記念会編『日本歴史の構造と展開』山川出版社、一九八三年
小和田哲男『小和田哲男著作集　第五巻　中世の伊豆国』清文堂出版、二〇〇二年
垣内和孝『室町期　南奥の政治秩序と抗争』岩田書院、二〇〇六年
風間　洋「関東奉公衆宍戸氏について」『鎌倉』八九、一九九九年
笠松宏至『徳政令』岩波書店、一九八三年
勝俣鎮夫『一揆』岩波書店、一九八二年
『神奈川県史　通史編1　原始・古代・中世』（田辺久子・百瀬今朝雄執筆分）一九八一年
金子金治郎『連歌師兼載伝考』新版、桜楓社、一九七七年
金子金治郎『心敬の生活と作品』桜楓社、一九八二年
金子金治郎『連歌師と紀行』桜楓社、一九九〇年
金子金治郎『連歌師宗祇の実像』角川書店、一九九九年
河野眞知郎『鎌倉考古学の基礎的研究』高志書院、二〇一五年
川瀬一馬『増補新訂　足利学校の研究〈新装版〉』吉川弘文館、二〇一五年
『騎西町史　通史編』（市村高男執筆分）二〇〇五年
木下　聡『中世武家官位の研究』吉川弘文館、二〇一一年
木下　聡『室町幕府の外様衆と奉公衆』同成社、二〇一八年
久保健一郎『列島の戦国史1　享徳の乱と戦国時代』吉川弘文館、二〇二〇年
久保賢司「享徳の乱における古河公方の戦略的配置と御旗」『古河歴史博物館紀要紀要　泉石』四、一九九八年
久保賢司「享徳の乱における足利成氏の誤算」『中世東国論上　中世東国の政治構造』岩田書院、二〇〇七年

黒田基樹『長尾景仲』戎光祥出版、二〇一五年
小池勝也「室町期日光山別当考」『歴史と文化』二三、二〇一四年
小池勝也「室町期鶴岡八幡宮寺における別当と供僧」『史学雑誌』一二四―一〇、二〇一五年
『古河市史 通史編』（佐藤博信・山口美男氏執筆分）茨城県古河市、一九八八年
呉座勇一「永享九年の『大乱』」『鎌倉』一一五、二〇一三年
後藤　淑「長命大夫考」『中世的芸能の展開』明善堂出版、一九五九年
小森正明「『常陸志料』所収「真家氏文書」について」『日本史学集録』四、一九八七年
小森正明『室町期東国社会と寺社造営』思文閣出版、二〇〇八年
近藤祐介「戦国期関東における幸手不動院の台頭と鎌倉月輪院」『地方史研究』三一五、二〇〇五年
近藤祐介「聖護院門跡の成立と展開」『中世の門跡と公武権力』戎光祥出版、二〇一七年
斎藤夏来『禅宗官寺制度の研究』吉川弘文館、二〇〇三年
斎藤夏来『五山僧がつなぐ列島史』名古屋大学出版会、二〇一八年
酒井シヅ『病が語る日本史』講談社、二〇〇二年
桜井英治『日本の歴史12 室町人の精神』講談社、二〇〇一年
桜井英治「応仁二年の『都鄙和睦』交渉について」『日本史研究』五五五、二〇〇八年
佐藤進一『古文書学入門』法政大学出版局、一九七一年
佐藤進一『花押を読む』平凡社、一九八八年
佐藤博信『古河公方足利氏の研究』校倉書房、一九八九年
佐藤博信『続中世東国の支配構造』思文閣出版、一九九六年
佐藤博信『江戸湾をめぐる中世』思文閣出版、二〇〇〇年

佐藤博信『中世東国 足利・北条氏の研究』岩田書院、二〇〇六年
佐藤博信「鎌倉公方足利成氏の『御連枝』の動向」『鎌倉』一二四、二〇一八年
中叔舟著・田中健夫訳注『海東諸国紀』岩波書店、一九九一年
島津忠夫・井上宗雄編『雲玉和歌抄』古典文庫、一九六八年
清水克行「まぼろしの鎌倉公方」『駿台史学』一五七、二〇一六年
末柄 豊「応仁・文明の乱」『岩波講座日本歴史第8巻 中世3』岩波書店、二〇一四年
杉山一弥『室町幕府の東国政策』思文閣出版、二〇一四年
杉山一弥「応仁・文明期『都鄙和睦』の交渉と締結」黒田基樹編『関東足利氏の歴史第5巻 足利成氏とその時代』戎光祥出版、二〇一八年
『総和町史 通史編 原始・古代・中世』（村上慈朗・内山俊身・盛本昌広執筆分）二〇〇五年
園田英弘『「みやこ」という宇宙』NHKブックス、一九九四年
高橋良雄『廻国雑記の研究』武蔵野書院、一九八七年
滝川恒昭編『房総里見氏』戎光祥出版、二〇一四年
滝川恒昭「戦国前期の房総里見氏に関する考察」『鎌倉』一一九、二〇一五年
田辺久子「年中行事にみる鎌倉府」『神奈川県史研究』四九、一九八二年
谷口雄太「足利成氏の妻と子女」黒田基樹編『関東足利氏の歴史第5巻 足利成氏とその時代』戎光祥出版、二〇一八年
谷口雄太『中世足利氏の血統と権威』吉川弘文館、二〇一九年
玉村竹二・井上禅定『円覚寺史』春秋社、一九六四年
玉村竹二「中世前期の美濃に於ける禅宗の発展」『金沢文庫研究紀要』一二、一九七五年

千々和到「中世東国の『私年号』」『歴史評論』三四八、一九七九年
千々和到『板碑とその時代』平凡社、一九八八年
千田孝明「足利成氏花押研究ノート」『栃木県立博物館研究紀要』八、一九九一年
千田孝明「応永・永享期の日光山」地方史研究協議会編『宗教・民衆・伝統』雄山閣出版、一九九五年
千田孝明「桜本坊宗安と『日光山往古年中行事帳』」『栃木県立文書館だより』二〇、一九九六年
柘植信行「中世品川の信仰空間」『品川歴史館紀要』六、一九九一年
柘植信行「中世品川有徳人鈴木氏と連歌師」『品川歴史館紀要』三〇、二〇一五年
飛田英世『鹿島中世回廊』鹿島町文化スポーツ振興事業団、一九九二年
戸谷穂高「享徳の乱前後における貴種足利氏の分立」『関東足利氏と東国社会』岩田書院、二〇一二年
長塚　孝「足利義氏政権に関する一考察」『駒澤大学史学論集』一五、一九八五年
長塚　孝「古河公方足利氏の古河支配権をめぐって」『史報』八、一九八七年
長塚　孝「古河公方足利氏と禅宗寺院」『三郷市史研究　葦のみち』二、一九九〇年
長塚　孝「鎌倉御所に関する基礎的考察」広瀬良弘編『禅と地域社会』吉川弘文館、二〇〇九年
坪井良平『日本古鐘銘集成』角川書店、再版一九七八年
貫達人・川副武胤『鎌倉廃寺事典』有隣堂、一九八〇年
広瀬良弘「臨済宗法燈派の越中進出」『禅宗地方展開史の研究』吉川弘文館、一九八八年
平井良直「古河公方ゆかりの美術」古河歴史シンポジウム実行委員会編『古河の歴史を歩く』高志書院、二〇一二年
福島金治「中世神奈川湊の構成とその住人」山本光正編『東海道神奈川宿の都市的展開』文献出版、一九九六年
福島金治「鎌倉善宝寺地図小考」『愛知学院大学文学部紀要』四七、二〇一七年

藤木久志『豊臣平和令と戦国社会』東京大学出版会、一九八五年
藤木久志「鎌倉公方の春」『六浦文化研究』七、一九九七年
藤木久志『戦国の村を行く』朝日新聞社、一九九七年
藤木久志『飢餓と戦争の戦国を行く』朝日新聞社、二〇〇一年
藤木久志編『日本中世気象災害史年表稿』高志書院、二〇〇七年
藤木久志『戦国民衆像の虚実』高志書院、二〇一九年
藤田弘夫『都市の論理』中公新書、一九九三年
二木謙一『中世武家儀礼の研究』吉川弘文館、一九八五年
二木謙一『武家儀礼格式の研究』吉川弘文館、二〇〇三年
本郷恵子『将軍権力の発見』講談社、二〇一〇年
松尾剛次『中世都市鎌倉を歩く』中公新書、一九九七年
松本一夫『東国守護の歴史的特質』岩田書院、二〇〇一年
松本一夫『下野中世史の世界』岩田書院、二〇一〇年
三鬼清一郎「織田政権の権力構造」『講座日本近世史1　幕藩制国家の成立』有斐閣、一九八一年
峰岸純夫「東国における十五世紀後半の内乱の意義」『中世の東国　地域と権力』東京大学出版会、一九八九年
峰岸純夫「中世城館跡の調査と保存・活用」『里見氏稲村城跡をみつめて』第二集、一九九七年
峰岸純夫「災異と元号と天皇」『中世　災害・戦乱の社会史』吉川弘文館、二〇〇一年
峰岸純夫『新田岩松氏』戎光祥出版、二〇一一年
峰岸純夫『享徳の乱』講談社、二〇一七年
村岡典嗣校訂・新井白石著『読史余論』岩波書店、一九九五年

村上慈朗「河川流路の変遷から見た古河地域」古河歴史シンポジウム実行委員会編『古河の歴史を歩く』高志書院、二〇一二年
百瀬今朝雄「応仁・文明の乱」『岩波講座日本歴史7 中世3』岩波書店、一九七六年
百瀬今朝雄「足利成氏の幼名」『日本歴史』四一四、一九八二年
森田真一「享徳の乱期の五十子陣について」江田郁夫・簗瀬大輔編『北関東の戦国時代』高志書院、二〇一三年
森田真一『上杉顕定』戎光祥出版、二〇一四年
盛本昌広「戦国初期の神奈川郷と山内・扇谷上杉氏家臣」『中世南関東の港湾都市と流通』岩田書院、二〇一〇年
盛本昌広『贈答と宴会の中世』吉川弘文館、二〇〇八年
両角倉一『連歌師宗祇の伝記的研究』勉誠出版、二〇一七年
安井重雄「木戸正吉『和歌会席作法』翻刻と校異」『龍谷大学論集』四五七、二〇〇一年
山口美男「古河公方『三ヶ院』変遷の考察」『古河市史研究』二、一九九七年
山路興造『翁の座 芸能民たちの中世』平凡社、一九九〇年
山田邦明『鎌倉府と関東』校倉書房、一九九五年
山田邦明『鎌倉府と地域社会』同成社、二〇一四年
山田邦明『敗者の日本史8 享徳の乱と太田道灌』吉川弘文館、二〇一五年
山田　烈「岩松尚純像と連歌」『群馬県立歴史博物館紀要』一六、一九九五年
山田　烈「古河公方と室町水墨画」『日本美術史襍稿』明徳出版社、一九九八年
山本尚友「民間陰陽師の発生とその展開」村山修一ほか編『陰陽道叢書3 近世』名著出版、一九九二年
湯山　学『関東上杉氏の研究』岩田書院、二〇〇九年

湯山　学『鎌倉府の研究』岩田書院、二〇一一年
吉田賢司『室町幕府軍制の構造と展開』吉川弘文館、二〇一〇年
和氣俊行「古河公方袖加判申状からみる関東足利氏権力の変遷」『古文書研究』五八、二〇〇四年
和氣俊行「文明三年（一四七一）の足利成氏房総動座をめぐって」『千葉史学』五〇、二〇〇七年
和氣俊行「『足利政氏書札礼』の歴史的性格をめぐって」荒川善夫・佐藤博信・松本一夫編『中世下野の権力と社会』岩田書院、二〇〇九年
鷲尾政市「古河公方の史跡を歩く」古河歴史シンポジウム実行委員会編『古河の歴史を歩く』高志書院、二〇一二年
渡邊平次郎『現代語訳　結城御代記　上』渡邊平次郎氏遺稿刊行会、一九九三年

史料集・報告書・図録

『南北朝遺文　関東編』第一巻〜第六巻、東京堂出版、二〇〇七〜一三年
『戦国遺文　古河公方編』東京堂出版、二〇〇六年
『戦国遺文　房総編』第一巻〜第四巻、東京堂出版、二〇一〇〜一三年
『戦国遺文　下野編』第一巻〜第三巻、東京堂出版、二〇一七〜一九年
『戦国遺文　後北条氏編』第一巻〜第六巻、東京堂出版、一九八九〜九五年
『梅花無尽蔵注釈』第一巻〜第四巻、続群書類従完成会、一九九三〜九四年
『大日本古記録　建内記一〜一〇』岩波書店、一九六三〜八九年
『新訂増補　言継卿記　第二』続群書類従完成会、一九七二年
『言継卿記　第四』続群書類従完成会、一九九八年
『史料纂集　古記録編　師郷記一〜六』続群書類従完成会、一九八五〜八八年、二〇〇一年

『史料纂集 古記録編 松陰私語』八木書店、二〇一一年
『増補史料大成 康富記一～四』臨川書店、一九八三年
『増補続史料大成 古記録編 蔭凉軒日録一～五』臨川書店、一九八〇年
『増補続史料大成 大乗院寺社雑事記一～十二』臨川書店、一九七八年
『増補続史料大成 鎌倉年代記 武家年代記 鎌倉大日記』臨川書店、一九七九年
『鶴岡叢書 第二輯 鶴岡社務記録』鶴岡八幡宮社務所、一九七八年
『鶴岡叢書 第四輯 鶴岡八幡宮寺諸職次第』鶴岡八幡宮社務所、一九九一年
『群書類従』第二十・二十二・二十三輯（三版）、群書類従完成会、一九八九～九三年
『続群書類従』第三輯下・九輯下・十三輯下・二十輯上・二十七輯上、続群書類従完成会、一九七二～八三年
『新訂増補国史大系 尊卑分脉 第二篇』吉川弘文館、一九八三年
『日蓮宗宗学全書』第五巻・第十八巻、山喜房仏書林、一九六八年
『大日本地誌大系 新編武蔵国風土記稿』第十冊、雄山閣、一九三三年
『大日本地誌大系 新編相模国風土記稿』第五巻、雄山閣、一九八五年
『私家集大成 第5巻 中世Ⅲ』明治書院、一九八三年
『貴重古典籍叢刊12 宗祇句集』角川書店、一九七七年
『茨城県史料 中世編Ⅰ～Ⅵ』茨城県、一九七〇～一九九六年
『茨城県立歴史館史料叢書11・12 鹿島神宮文書Ⅰ・Ⅱ』茨城県立歴史館、二〇〇八～〇九年
『茨城県立歴史館史料叢書22 税所文書・芹沢文書・鳥名木文書』茨城県立歴史館、二〇一九年
『牛久市史料 中世Ⅰ 古文書編・中世Ⅱ 記録編』茨城県牛久市、二〇〇〇～〇二年
『小山市史 史料編 中世』（古文書・記録編）栃木県小山市、一九八四年

『神奈川県史　資料編3　古代・中世（3上・下）』神奈川県、一九七五〜七九年
『鹿沼市史　資料編　古代・中世』鹿沼市、一九九九年
『鎌倉市史　寺社編』吉川弘文館、一九七二年
『北区史　資料編　古代中世1・2』東京都北区、一九九四〜九五年
『近代足利市史　第三巻　史料編』栃木県足利市、一九七九年
『群馬県史　資料編5中世1・資料編6中世2・資料編7中世3』群馬県、一九七八〜八六年
『古河市史　資料　中世編』茨城県古河市、一九八一年
『喜連川町史　第五巻　資料編5　喜連川文書上・下』栃木県喜連川町、二〇〇七年
『幸手一色氏』（幸手市史調査報告書第九集）二〇〇〇年
『信濃史料　第八巻』信濃史料刊行会、一九七〇年
『白河市史　第五巻　資料編2　古代・中世』福島県白河市、一九九一年
『新編埼玉県史　資料編8　中世4　記録2』埼玉県、一九八五年
『関城町史　史料編Ⅲ　中世関係史料』茨城県関城町、一九八五年
『総和町史　資料編　原始・古代・中世』茨城県総和町、二〇〇二年
『新編高崎市史　資料編4　中世Ⅱ』群馬県高崎市、一九九四年
『戸田市史　資料編一　原始・古代・中世』埼玉県戸田市、一九八一年
『栃木県史　史料編　中世一〜四』栃木県、一九七三〜七九年
『新潟県史　資料編3〜5　中世一〜三』新潟県、一九八二〜八四年
『結城市史　第一巻　古代中世史料編』茨城県結城市、一九七八年
『龍ケ崎市史　中世史料編』茨城県龍ケ崎市教育委員会、一九九三年

『大井城　大井城関係文献史料集』長野県佐久市教育委員会、一九八四年
『関東戦国の大乱』（群馬県立歴史博物館　展示図録）二〇一一年
『古河市史資料　第10集　古河城・鴻巣館遺構調査・発掘調査報告書』古河市、一九八五年
『古河公方展　古河足利氏五代の興亡』（古河歴史博物館　展示図録）一九九七年
『古河城　水底に沈んだ名城』（古河歴史博物館　展示図録）二〇一〇年
『古河市埋蔵文化財調査報告書　本田耕地遺跡』古河市教員委員会、二〇一三年
『本土寺と戦国の社会』（松戸市立博物館　展示図録）二〇一七年
『戦国の争乱と関宿』（千葉県立関宿城博物館　展示図録）二〇〇一年
『東京湾と品川　よみがえる中世の港町』（品川区立品川歴史館　展示図録）二〇〇八年
榎原雅治・木下　聡・谷口雄太・堀川康史「『高倉永豊卿記』の翻刻と紹介」『東京大学日本史学研究室紀要』一八、二〇一四年
遠藤珠紀・須田牧子・田中奈保・桃崎有一郎「綱光公記―文安六年（宝徳元年）四月〜八月記―」『東京大学史料編纂所研究紀要』二七、二〇一七年
村井章介・戸谷穂高編『新訂　白河結城家文書集成』高志書院、二〇二二年
早稲田大学中央図書館蔵「伊地知鐵男文庫」デジタル版

鎌倉公方・古河公方系図

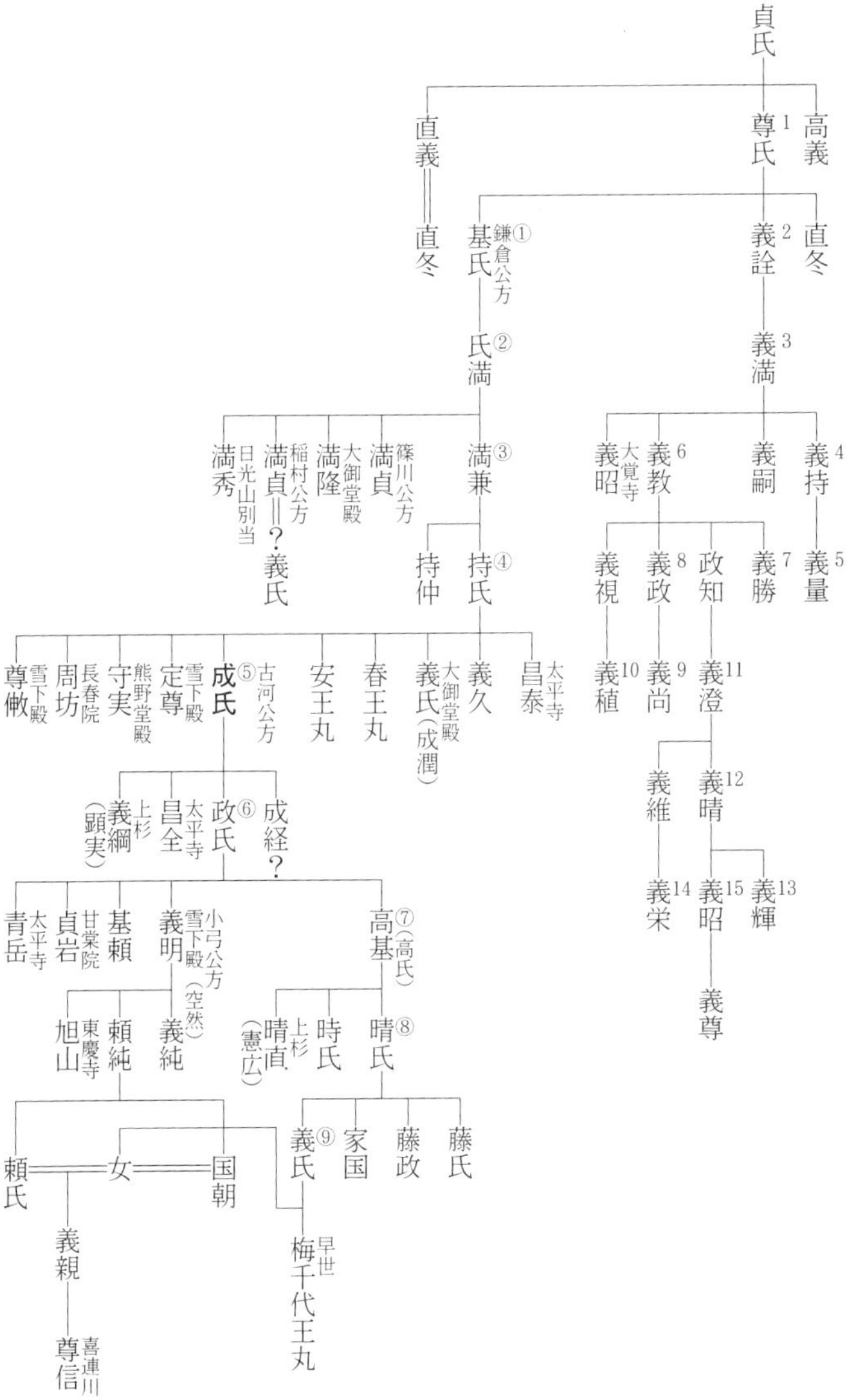
貞氏
高義
尊氏 1
直義
直冬
義詮 2
直冬
基氏 鎌倉公方 ①
義満 3
氏満 ②
義持 4
義嗣
義教 6
義昭 大覚寺
義量 5
義勝 7
政知
義政 8
義視
義尚 9
義稙 10
義澄 11
義晴 12
義維
義輝 13
義昭 15
義栄 14
義尊
満兼 ③
満貞 篠川公方
満隆 大御堂殿
満貞 稲村公方
満秀 日光山別当
？義氏
持氏 ④
持仲
昌泰 太平寺
義久
義氏（成潤） 大御堂殿
春王丸
安王丸
成氏 古河公方 ⑤
定尊 雪下殿
守実 熊野堂殿
周昉 長春院
尊敒 雪下殿
成経？
政氏 ⑥
昌全 太平寺
義綱（顕実） 上杉
高基（高氏） ⑦
義明 小弓公方
雪下殿（空然）
基頼
貞岩 甘棠院
青岳 太平寺
晴氏 ⑧
時氏
晴直（憲広） 上杉
義純
頼純
旭山 東慶寺
藤氏
藤政
家国
義氏 ⑨
梅千代王丸 早世
国朝
女
頼氏
義親
尊信 喜連川

上杉氏略系図

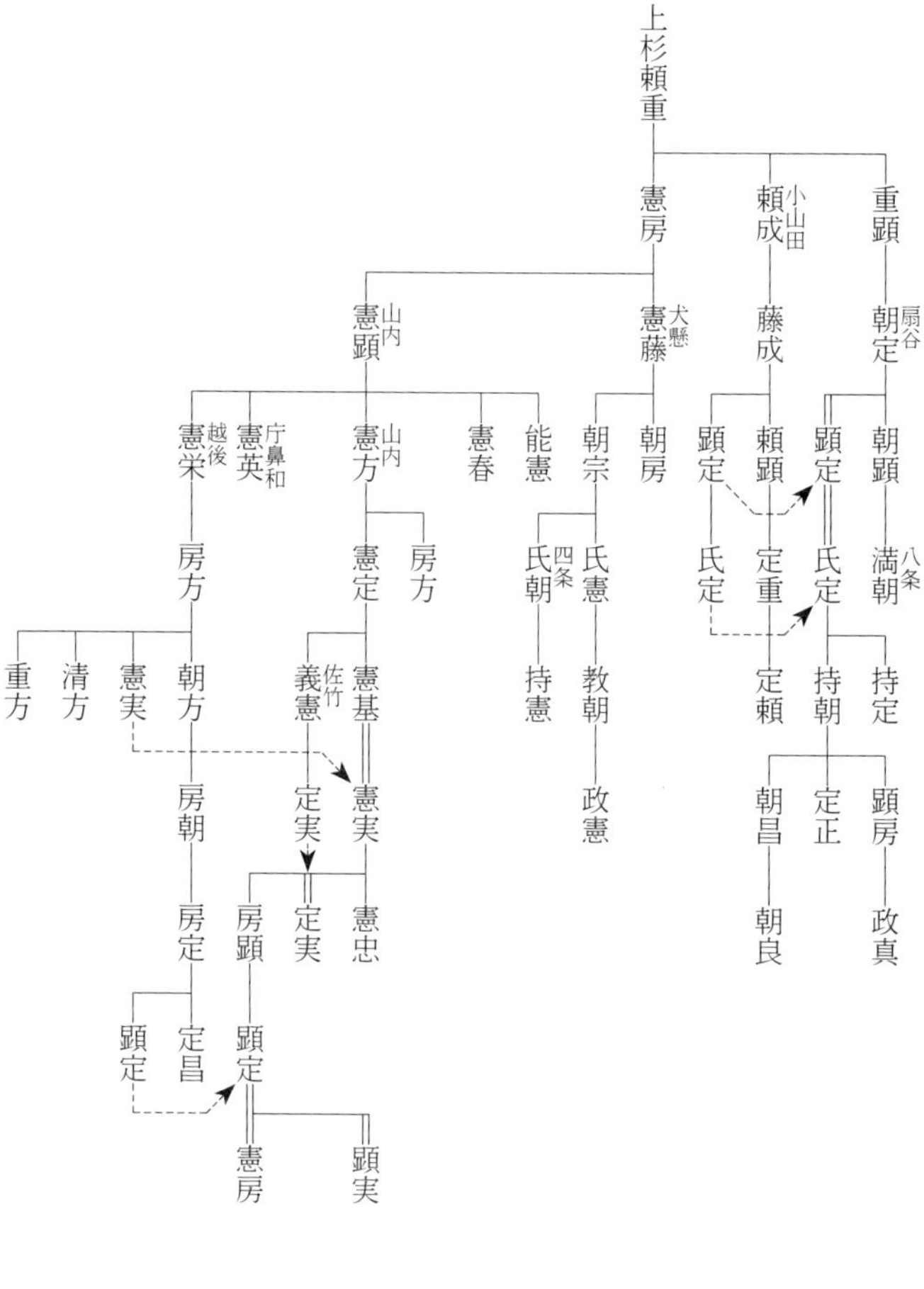

上杉頼重
重顕
小山田 頼成
憲房
扇谷 朝定
藤成
犬懸 憲藤
山内 憲顕
朝顕
顕定
頼顕
顕定
朝房
朝宗
能憲
憲春
山内 憲方
庁鼻和 憲英
越後 憲栄
八条 満朝
氏定
定重
氏定
氏憲
四条 氏朝
房方
憲定
房方
持定
持朝
定頼
教朝
持憲
憲基
佐竹 義憲
朝方
憲実
清方
重方
顕房
定正
朝昌
政憲
憲実
定実
房朝
政真
朝良
憲忠
定実
房顕
房定
顕定
定昌
顕定
顕実
憲房

足利成氏関係年表

年号(西暦)	成氏の活動内容と関連事項	年齢
永享三（一四三一）	四月二日、成氏、持氏の子として誕生、万寿王丸と命名される。	一
永享一一（一四三九）	二月一〇日、持氏、永享の乱で敗北後、上杉方に攻撃され鎌倉永安寺で自害。万寿王丸、信濃佐久の大井氏を頼る。滞在先は安養寺。	九
永享一二（一四四〇）	兄の春王丸・安王丸ら常陸中郡で挙兵、下総結城城に立て籠もる。万寿王丸を擁立する大井氏、上杉方に関東入りを阻止される。	一〇
嘉吉元（一四四一）	結城落城し春王丸・安王丸ら捕縛。京都へ護送途中、美濃垂井金蓮寺で殺害。弟乙若は嘉吉の乱で生き延び、土岐氏京都屋敷に預けられる。	一一
文安元（一四四四）	冬、万寿王丸、信濃佐久で代始めを行う。	一四
文安四（一四四七）	八月半ば、万寿王丸、信濃佐久から上野国府へ入り、鎌倉帰還の準備を整える。 八月二七日、万寿王丸、鎌倉帰還。宇都宮辻子に御所を置く。この頃兄義氏も帰還、成潤と名乗り勝長寿院門主就任。武蔵・上野で水害・飢饉・疫病発生。	一七
文安六（一四四九）	六月、万寿王丸、将軍義成(のちの義政)の偏諱を得て成氏と名乗り、翌月元服。 七月、宝徳に改元。この頃、第一子の成経が誕生か。	一九
宝徳元（一四四九）	八月二七日、成氏、従五位下・左馬頭となる。公方として政務開始。扇谷上杉持朝や長尾・大田氏らと対立を表面化させる。 この頃、成氏弟乙若が鎌倉帰還。定尊と名乗り鶴岡八幡宮社務に就任。 一二月下旬、成氏、幕府公認のもと結城氏朝遺児成朝を復帰させる。	
宝徳二（一四五〇）	二月二八日、成氏、従四位下・左兵衛督に昇進する。 四月二一日、成氏、長尾昌賢・太田道真らと江ノ島で戦う。成氏兄成潤、不審な動きを見せる。成氏優勢のうちに合戦終息。	二〇

享徳二（一四五三）	五月上旬、幕府、成氏の弁明を全面的に認めるが、持朝・昌賢・道真の処罰なし。 八月、成氏、桐谷の御所に帰還。これより先、宇都宮辻子から移転か。 九月、成氏、鎌倉府再建を再開。鶴岡八幡宮など寺社保護策を推進する。 一一月、成氏、港町品川掌握のため、海商鈴木道胤に倉役免除の特権を与える。 成氏、この頃から翌年にかけて、桐谷から西御門に御所を移転する。	二三
享徳三（一四五四）	五月八日、成氏、品川妙国寺を祈願所に指定し、品川の掌握を進める。 一二月二七日、成氏、西御門御所に上杉憲忠を呼び寄せ、殺害する(享徳の乱の起点)。	二四
享徳四（一四五五）	正月五日、成氏、上杉方を討つため鎌倉を出陣する。 正月六日、成氏、相模島河原の戦いで勝利する。 正月二一・二二日、成氏、武蔵高幡・分倍河原の激戦で勝利する。 二月末～三月初め、長尾昌賢、常陸小栗籠城。成潤、日光山に陣館を構え成氏に抵抗する。 三月三日、成氏、下総古河鴻巣に着陣。小栗に軍勢派遣、自らも小栗近くに進陣。 三月中旬、幕府、成氏討伐の綸旨・御旗を得て、討伐軍を進発させる。 五月半ば、成氏、小栗城攻略。逃走した昌賢討伐のため弟定尊を足利に出陣させる。 成潤、小栗を没落し美濃へ逃れる。 五月晦日、成氏、小山に着陣、下野只木山に籠もる昌賢打倒を目指す。 六月半ば、今川氏らの幕府軍、成氏不在の鎌倉に侵攻、占領する。 六月下旬、成氏、足利に着陣、凶徒退治を祈願、上杉方と上野三宮原に戦い敗北。 七月二五日、享徳から康正に改元。成氏に改元伝えられず、反発して享徳元号を使う。 一二月半ば、成氏、古河鴻巣に帰陣。この頃関宿・野田・幸手などに重臣らを配置。	二五
康正二(享徳五)（一四五六）	正月、この頃、鶴岡八幡宮供僧七坊が古河に移る。禅僧らの移住も進む。 四月二七日、成潤、幕府の許可を得て関東へ向かう。	二六

	六月、海老名季高、鎌倉御所の年中行事についてまとめる。 七月、この頃、武蔵五十子で上杉方の本陣建設が始まる。	
長禄元（享徳六）（一四五七）	六月、成氏、円覚寺黄梅院の当知行を安堵する。 一〇月、成氏、古河鴻巣から改修なった古河城に移転、本陣とする。 一二月、将軍義政、舎兄政知を成氏に替わる公方とし、京都を出発させる。 この頃、成潤、五十子陣に入って上杉方の旗頭となる。その後陣中で病死。	二七
長禄二（享徳七）（一四五八）	三月一四日、成氏「御息成経」の名が見える。 六月初め、政知、伊豆到着、奈古屋の国清寺に御所を置く。鎌倉で大風被害発生。 一〇月上旬、成氏、古河攻撃を図る上杉方を破る。この年武蔵大旱魃、死者多数。	二八
長禄三（享徳八）（一四五九）	一〇月一五日、成氏方、上野海老瀬・羽継原などで上杉・幕府軍を撃破する。 一一月、成氏方、常陸信太荘で上杉・幕府方に勝利する。 一二月九日、成氏の名を刻んだ梵鐘が日光山本宮に掛けられる。 この頃、奉公衆・公方人らの長期在陣と寺社再建による古河城下の整備が進展。	二九
長禄四（享徳九）（一四六〇）	四月、成氏、今川軍の鎌倉撤退の隙を突き、伊豆の国清寺を焼き討ちする。 一二月、寛正に改元。政知、伊豆北条に移り、堀越に御所を構える（堀越公方）。	三〇
寛正六（享徳一四）（一四六五）	九月、成氏、武蔵太田荘へ出陣する。 この年、諸国で大飢饉発生。成氏、この頃に古河定着の意思を固める。	三五
文正元（享徳一五）（一四六六）	二月、鎌倉の大風雨で八幡宮若宮・六浦瀬戸社顚倒の被害発生。 閏二月、成氏軍、武蔵北根原で上杉・幕府方と戦う。 七月、将軍義政の親政挫折。細川・山名氏らの対立が激化する。 一一月、鎌倉の長尾景人、足利荘幕府代官として入部する（足利長尾氏の起点）。 この年、成氏の継嗣政氏が誕生する。	三六
文正二（享徳一六）（一四六七）	正月、畠山政長と同義就が洛中で戦闘開始（応仁の乱）。成氏、東西分裂した幕府の状況を	三七

	踏まえ、山名宗全を中心とする西幕府に和睦を申入れる。 三月、応仁に改元。 一〇月下旬、成氏と西幕府との和睦が成立する。 一二月、成氏、西幕府が義政弟義視擁立を機に、上杉方と本格的な戦闘を開始。	
応仁二（一四六八） （享徳一七）	八月、鎌倉で台風被害。寿福寺と極楽寺の十三重塔倒壊。民屋破損無数。 一〇月八日、成氏、上野綱取原・毛呂島で上杉・東幕府方と戦い勝利する。	三八
文明二（一四七〇） （享徳一九）	成氏かその近臣、心敬の句集「ささめごと」の一本を入手する。 この年前後、連歌師宗祇、古河殿中で成氏に対面し、句について問答する。	四〇
文明三（一四七一） （享徳二〇）	四～五月、将軍義政、両上杉氏、関東・南奥の大名・国人らに出陣を命ず。 この間、上杉方が下野八椚・赤見・樺崎城を攻略、上野館林城に迫る。 五月下旬、将軍義政、関東・南奥の大名・国人に出陣を命ず。上杉方は古河城攻撃。 六月二四日、成氏、古河城を脱出。下総千葉氏の分国に退避する。 この年、上野など諸国で麻疹流行し死者多数。朝鮮王朝で申叔舟『海東諸国紀』が完成、撰進される。その中に「鎌倉殿」「東都」の記載がみえる。	四一
文明四（一四七二） （享徳二一）	春、成氏、千葉・結城・那須氏らの支援を受け古河に復帰する。 五月、成氏、上野新田荘出陣。東幕府・上杉方と二ヶ月に及ぶ攻防戦を展開。 五月以降、東幕府方に転じた関東・南奥の大名・国人らが相次いで成氏に帰参。 この年、下総・常陸をはじめとする諸国で飢饉発生・餓死者多数、疫病大流行。	四二
文明五（一四七三） （享徳二二）	三～五月、山名宗全・細川勝元が相次いで死去。応仁・文明の乱の転機となる。 六月下旬、山内上杉氏家務長尾景信が死去。家務職の後任選びが難航する。 この頃、成氏、東幕府との和睦を見通し、美濃土岐氏の守護代斎藤妙椿と親交。 一一月下旬、成氏、山内上杉氏家務空位の隙を突き五十子陣を攻撃。長尾景春抗戦。焦った上杉氏、後任家務に景信弟景忠を選出。景春これに不満を示す。	四三

	この前後の某年一〇月、聖護院門跡道興、成氏に東幕府との和睦成就に助力すると申し送る。	
文明七（一四七五）(享徳二四)	景春、五十子陣退去、武蔵鉢形城に入る。成氏、山内上杉家務職（それより上位の職か）を条件に景春を誘引。上野などで飢渇、死者多数出る。	四五
文明九（一四七七）(享徳二六)	正月、景春、五十子陣を攻撃、山内上杉顕定・越後上杉定昌・扇谷上杉定正ら、五十子陣から撤退する（五十子陣の崩壊）。 五月、顕定、扇谷軍とともに武蔵用土原・針谷原で景春軍を撃破。景春後退。 七月、成氏、景春に加勢し武蔵に出陣する。上杉方を破り形勢を逆転させる。 九月、成氏、鎌倉の報国寺とその塔頭休畊庵の当知行を安堵する。 一二月下旬、成氏、上野広馬場原に陣取り、上杉方に対峙。大雪で戦闘不能になる。	四七
文明一〇（一四七八）(享徳二七)	正月、成氏、東幕府との和睦交渉を条件に上杉方と和睦する。その見返に弟守実を「証人」とする。上杉方の交渉進まず。太田道灌ら扇谷軍、景春・千葉孝胤の攻撃を続行する。	四八
文明一二（一四八〇）(享徳二九)	二月下旬、成氏、上杉顕定に不満を示し、領土協定を踏まえ上杉方の和睦交渉を開始させる。細川勝元の回答なし。交渉回路を増やし交渉を続行する。	五〇
文明一四（一四八二）(享徳三一)	一一月下旬、成氏と義政、上杉分国伊豆と成氏御料所の一部を政知の知行分とすることを条件に和睦。成氏、和睦を機に享徳年号の使用を止める。	五二
文明一五（一四八三）	八月、成氏、竺雲顕騰を鎌倉禅興寺の住持に任ずる。	五三
文明一六（一四八四）	各地で麻疹が大流行、常陸では一五歳未満の子供の多くが死去する。	五四
長享元（一四八七）	閏一一月、山内上杉氏と扇谷上杉氏が抗争を始める（長享の乱）。	五七
長享二（一四八八）	一一月、政氏、家臣に感状を発す（政氏最初の公文書）。	五八
延徳二（一四九〇）(長享四)	二月、建長寺の子純得幺、成氏継嗣政氏が祥啓に描かせた富嶽図に着賛する。 四月、成氏、秀伝西堂を鎌倉禅興寺の住持に任ずる（成氏最後の公文書）。	六〇

	四月前後、成氏、政氏に公方の座と家督を譲る。 一二月、両上杉氏、和睦。その後まもなく成氏の子顕実が山内上杉顕定の養嗣となり、古河・山内同盟が成立する。	
明応三（一四九四）	七月、両上杉氏の抗争再開。政氏、顕定の後方支援に武蔵へ出陣する。 この年、岩松尚純、長楽寺松陰を伴い政氏に出仕する。	六四
明応六（一四九七）	九月晦日、成氏、古河で死去する。政氏、顕定の要請で武蔵上戸に着陣する。	六七

著者略歴

一九五一年　茨城県に生まれる
一九八三年　東京都立大学大学院人文科学研究科博士課程単位取得退学、博士（史学）
現　在　高知大学名誉教授

〔主要編著書・論文〕
『中世港町論の射程　港町の原像　下』（共編著、岩田書院、二〇一六年）
『中世石造物の成立と展開』（編著、高志書院、二〇二〇年）
「地域的統一権力の構想」（『岩波講座日本歴史第9巻中世4』岩波書店、二〇一五年）
「科学運動と地域史認識」（『歴史学が挑んだ課題　継承と展開の50年』大月書店、二〇一七年）

足利成氏の生涯
鎌倉府から古河府へ

二〇二二年（令和四）十月十日　第一刷発行

著　者　市《いち》村《むら》高《たか》男《お》
発行者　吉川道郎
発行所　株式会社　吉川弘文館
郵便番号一一三—〇〇三三
東京都文京区本郷七丁目二番八号
電話〇三—三八一三—九一五一〈代表〉
振替口座〇〇一〇〇—五—二四四番
http://www.yoshikawa-k.co.jp/
印刷＝株式会社 理想社
製本＝誠製本株式会社
装幀＝渡邉雄哉

ISBN978-4-642-08419-2

市村高男著

東国の戦国合戦

四六判・三三六頁・原色口絵四頁／二五〇〇円

十五世紀末の公方家、管領家の抗争の中で幕が上がる戦国の動乱。北条、越後上杉、武田氏が台頭するなか、千葉、小田、佐竹氏ら東国諸氏は、独自の地位を築く。武士団を中心に「東」の戦国時代を大きなスケールで描く。

（戦争の日本史）